Zeit der Globalisierung

03.10.1991:
Deutsche Wiedervereinigung

1985 1990 1995 2000 2005 2010 2015 2020

1980er-Jahre:
Versorgungsmängel
in der DDR

Herbst 1989:
Friedliche Revolution
in der DDR

seit 2014:
Ukrainekonflikt

seit 2011:
Krieg in Syrien

1993:
Gründung der EU

2002:
Einführung des Euro

1980er-Jahre:
Strategie der Abschreckung

11.09.2001:
Terroranschlag
in New York

2003–2011:
Besetzung des Irak

1979–1988
Besetzung Afghanistans
durch UdSSR

2001–2021:
Besetzung Afghanistans
durch NATO/USA

westermann

Die Reise in die Vergangenheit

Band 9

Bearbeitet von:
Wera Barth
Dr. Elmar Geus
Ulrike Lohse

Mit Beiträgen von:
Rolf Breiter, Dieter Christoph, Sonja Giersberg, Denise Gottschild, Stefan Holland, Enrico Jahn, Andreas Klingeberg, Christian Machate, Christiane Nestler, Wolfgang Pankratz, Karsten Paul, Cathrin Schreier, Karin Schröfel, Heike Schuster, Reinhard Trummer, Andrea Wellenhofer, Dana Wittig

Vorbereiten. Organisieren. Durchführen.
BiBox ist das umfassende Digitalpaket zu diesem Lehrwerk mit zahlreichen Materialien und dem digitalen Schulbuch. Für Lehrkräfte und für Schülerinnen und Schüler sind verschiedene Lizenzen verfügbar. Nähere Informationen unter **www.bibox.schule**.

westermann GRUPPE

Druck A[1] / Jahr 2022
Alle Drucke der Serie A sind im Unterricht parallel verwendbar.

Redaktion: Tobias Hinrichs
Umschlaggestaltung: LIO Design GmbH, Braunschweig
Druck und Bindung: Westermann Druck GmbH, Georg-Westermann-Allee 66, 38104 Braunschweig

ISBN 978-3-14-**104984**-8

Liebe Schülerinnen und Schüler,

vor euch liegt euer neues Buch für das Fach Geschichte. Es soll euch helfen, selbstständig Geschichte zu entdecken. Das Buch bietet euch verschiedene Hinweiszeichen, die euch dabei helfen, euch im Buch zurechtzufinden.

Unbekannte oder schwer verständliche Wörter sind im Text unterstrichen. Sie werden euch am Rand der jeweiligen Seite erklärt. Auf den Seiten 196–201 findet ihr noch weitere Worterklärungen.

Arbeitsnorm

Mit dem Buchstaben **Q** sind Textquellen gekennzeichnet. In diesen Texten haben Menschen ihre Gedanken aufgeschrieben. Diese Textquellen müsst ihr genauer untersuchen.

Q1

Der Buchstabe **M** bezeichnet alle Materialien, die den Text ergänzen und mithilfe der Arbeitsaufgaben erschlossen werden. **M** kann ein Bild, eine Karte, eine Zeichnung, eine Tabelle oder ein Diagramm sein.

M1

Alle digitalen Ergänzungen zu deinem Buch erkennst du an diesem Symbol. Dazu zählen Audiotracks, Videoclips, Podcasts, Weblinks und die Lösungen der Kompetenzchecks. Gehe auf **www.westermann.de/webcode** und gib den gewünschten Webcode ein. Du kannst auch den QR-Code scannen.

WES-104984-108
Filmclip über die „Stasi"

Dieses Symbol schlägt euch vor, eine gewählte Aufgabe mithilfe einer bestimmten kooperativen Lernform zu erarbeiten. Eine Übersicht und Erläuterung zu diesen Lernformen findet ihr auf den Seiten 208–211.

Dieses Symbol weist darauf hin, dass ihr auf den Seiten 202–207 eine Hilfe zur Lösung der Aufgabe findet. Die drei Balken vor den Aufgaben geben einen Hinweis auf den Schwierigkeitsgrad. Hier soll eine Auswahl zwischen den Aufgaben getroffen werden.

HILFE

AUSWAHL I II III

Dieses Symbol verweist auf Aufgaben oder Seiten, auf denen euch Kenntnisse zum Umgang mit Medien vermittelt werden. Hier sollt ihr z. B. etwas im Internet recherchieren oder mit dem Computer arbeiten.

Hier stellen wir euch Methoden und Arbeitstechniken des Faches Geschichte vor. Mit diesen Seiten könnt ihr Schritt für Schritt lernen, wie ihr z. B. Zeitzeugen befragt, eine Online-Präsentation erstellt oder Spielfilme analysiert.

Methode

Diese Seiten enthalten Anregungen zum Ausprobieren, Selbermachen und Entdecken. Ihr könnt z. B. lernen, wie man eine „History in a box" erstellt.

Projekt

Hier könnt ihr Näheres über die Geschichte eurer Region und eures Bundeslandes erfahren.

Heimatgeschichte

Auf dieser Seite findet ihr eine Zusammenfassung mit allen wichtigen Informationen/Grundbegriffen des Kapitels sowie eine Zeitleiste.

In Kürze

Am Ende jedes Kapitels findet ihr Aufgaben mit verschiedenen Schwierigkeitsgraden. Damit könnt ihr euren Wissensstand selbst überprüfen.

Kompetenzcheck

WORLD'S HIGHEST STANDARD OF LIVING
There's no way like the American Way

Die Mauer – ein Symbol für die Teilung Deutschlands, Europas und der Welt

Die bedingungslose Kapitulation des Deutschen Reichs am 8. Mai 1945 beendete den Zweiten Weltkrieg.
Die Alliierten teilten Deutschland auf und richteten Besatzungszonen ein. Sie bestimmten, wie es wirtschaftlich und politisch weitergehen sollte.
Die wachsenden Spannungen zwischen den USA und der Sowjetunion ließen für Deutschland keinen gemeinsamen Neubeginn zu.
Zwei sehr unterschiedliche Staats- und Gesellschaftssysteme bestimmten für lange Zeit die Teilung Deutschlands und die Trennung der Welt.

Blick von West-Berlin in den Ostteil der Stadt nach dem Mauerbau im August 1961 (Foto um 1961)

M1 Blick auf die zerstörte Innenstadt von Dresden (Foto, 1945)

Deutschland ist vom Krieg zerstört

Das Kriegsende

bedingungslose Kapitulation: Kriegsende, bei dem die unterlegene Seite keine Forderungen mehr stellen kann

Am 8. Mai 1945 endeten mit der bedingungslosen Kapitulation für das Deutsche Reich die nationalsozialistische Diktatur und der Zweite Weltkrieg.

Besonders in den letzten Kriegsmonaten waren durch Bombardierungen und Beschuss viele Städte und Dörfer noch stark zerstört worden. Vielerorts türmten sich die Schuttberge der Häuser und Fabriken aufeinander. Diese prägten die Jahre nach dem Krieg. Die Menschen mussten ihr Leben an die Umstände anpassen.

Zerstörte Straßen und Versorgungswege

Die meisten Verkehrswege, Straßen und Eisenbahnlinien waren beschädigt, viele Brücken nicht mehr nutzbar. Lokomotiven, Waggons und Lastkraftwagen waren kaputt:

- Der Personen- und vor allem der Güterverkehr zwischen den Regionen kamen praktisch zum Erliegen.
- Ein Warenaustausch konnte nur eingeschränkt stattfinden, so dass auch Lebensmittel nicht mehr transportiert wurden.

Auch die Energieproduktion, die Wasserversorgung, das Stromnetz oder die Gasleitungen funktionierten kaum. Ebenso waren wichtige öffentliche Gebäude stark beschädigt. So konnten z. B. in Arztpraxen oder Krankenhäusern die Patienten nur unter großen Schwierigkeiten notdürftig versorgt werden.

M2 Fähre über die Donau.
Aufgrund der zerstörten Brücken waren Flüsse wie z. B. die Elbe nur noch mit Booten zu passieren.
(Foto, 1946)

M3 Eine notdürftige Kochstelle im Freien zwischen Trümmern (Foto, 1945)

Wohnen zwischen Trümmerbergen

Die Wohnungsnot belastete die Bürgerinnen und Bürger stark. Vor allem in den Städten wohnten viele in den zerbombten Häusern. Andere lebten in Kellern oder hatten notdürftig zwischen den Trümmerbergen eine Zuflucht gefunden. In den einigermaßen intakten Wohnungen mussten oft mehrere Familien miteinander leben. Dies wurde meist nur widerwillig hingenommen und führte zu Konflikten in den beengten Unterkünften.

Q1 **Ein damals 25-jähriger Zeitzeuge aus Bremen erinnerte sich an den Winter 1945/1946:**

Es gab vor allem in dem Winter 1945/46 sehr viele Tote, die an Hunger und Kälte starben, auch weil es viele Menschen gab, die nicht in der Lage waren, sich irgendwie einigermaßen ausreichend zu versorgen. Das Elend war in vielen Fällen so groß, dass es auch zu Selbstmorden kam. Die Verzweiflung war oftmals wirklich so grenzenlos, dass manche Menschen nicht mehr weiterleben wollten, auch weil sie es nicht mehr konnten. Von einem normalen Leben konnte keine Rede mehr sein [...].

M4 Wohnen in Kriegsruinen (Foto, 1945)

Aufgrund der schlechten Transportmöglichkeiten fehlte Kohle als Brennstoff. Heizmaterial war sehr knapp, und es konnte auch kein warmes Essen gekocht werden. Besonders die Stadtbewohner litten in den zerstörten Häusern unter der Kälte.

ARBEITSAUFTRÄGE

1 Zähle anhand von M1 und M2 die Kriegszerstörungen auf.
Stühletausch

2 I Stelle mithilfe von M1 und M3 die Wohnsituation in den Städten vor.
II Benenne Alltagsschwierigkeiten anhand von M3 und M4.
III Erläutere das Leben der Stadtbevölkerung bei Kriegsende mithilfe der Bilder M1–M4. HILFE

3 Begründe die in der Quelle Q1 beschriebene Hoffnungslosigkeit.
Think-Pair-Share

Leben mit Trauer, Hunger und Schuld

Zerrissene Familien

Die Kriegsjahre hatten für viele Erwachsene, aber auch für Kinder traumatische Erfahrungen gebracht. Zerstörung, Gewalt und Tod waren bestimmend gewesen. Im Durcheinander der letzten Kriegsmonate wurden Familien oft getrennt oder verloren sich während der Flucht aus den Augen. Manche Kinder und Jugendliche hatten keine Verwandten mehr oder waren zu jung, um diese zu kennen. Sie wuchsen als Waisen in Kinderheimen auf.

M1 Suchdienst des Roten Kreuzes, um Angehörige zu ermitteln. Auch heute steht der Suchdienst noch für Auskünfte und Nachforschungen zur Verfügung. (Foto, 1947)

Die Menschen hungern

Da viele Bauern und Knechte im Krieg gefallen, verletzt oder in Kriegsgefangenschaft geraten waren, fehlten Arbeitskräfte in der Landwirtschaft. Viele Felder konnten kaum wie üblich bestellt werden und Ernteerträge fielen geringer aus. Aufgrund der zerstörten Verkehrswege konnten die wenigen produzierten Lebensmittel auch nicht in die Städte transportiert werden. Deshalb litten deren Einwohner noch stärker als die Landbevölkerung, die selbst Nahrungsmittel anbaute. Um nicht zu verhungern, blieb manchmal kein anderer Ausweg, als Lebensmittel zu stehlen.

M2 Diebstahl von Braunkohle für die Heizung und Lebensmitteln aus einem haltenden Güterzug (Foto, 1946)

Q1 Ein damalige Mutter hinterfragte ihr eigenes Verhalten in den Nachkriegsjahren:

In dieser Zeit konnte ich meine Kinder bestimmt nicht so erziehen, wie ich es wollte. Meine Kinder klauten z.B. wie die Raben aus Nachbars Garten Äpfel, Mohrrüben usw. Aber ich konnte ja wohl auch kein strahlendes Vorbild bieten, weil ich selbst ständig Kohlen klaute.

Beim sogenannten „Hamstern“ versuchten die Städter, bei den Bauern des Umlands Lebensmittel zu erbetteln. Geld war zwar nicht wertlos, doch meistens tauschten sie Wertgegenstände wie Zigaretten oder Alltagsgüter gegen Lebensmittel oder Brennmaterial.

M3 Wöchentliche Lebensmittelration eines Erwachsenen (Foto, 1946)

Trümmerfrauen

Bereits während des Kriegs waren die meisten Frauen auf sich selbst gestellt. Die Not bei Kriegsende mussten sie ebenfalls allein bewältigen und für die Familie sorgen. Sie gestalteten den Neubeginn zwischen den Ruinen. Neben ihrem alltäglichen Leben räumten diese „Trümmerfrauen" Schutt beiseite, sortierten brauchbare Steine und Baumaterial aus den Schuttbergen heraus. Dafür bekamen sie eine warme Mahlzeit und einige zusätzliche Lebensmittel.

Trümmerfrauen: Bezeichnung für die Frauen, welche die Kriegsschäden beseitigten

M4 Trümmerfrauen in Dresden (Foto, 1945)

ARBEITSAUFTRÄGE

1 Fasse mithilfe von M1 Kriegsfolgen für Familien und Kinder zusammen.

2 I Gib mithilfe von Q1 die Gewissenskonflikte in der Nachkriegszeit wieder.
II Schildere mit Q1 und M2 das Überleben in der Nachkriegszeit.
III Begründe das in Q1 und M2 dargestellte Handeln. HILFE

3 Stelle dir vor, du lebst in der Nachkriegszeit. Schildere mithilfe der Bilder M1–M4 deine Hoffnungen und deine Verzweiflung. Bienenkorb

M1 Essensausgabe an Kinder (Foto, 1946)

Die Nachkriegszeit in Sachsen

Hunger und Not

M2 Frau wäscht ihre Kinder (Foto, 1945)

Q1 Herr Günther Flehmig, bei Kriegsende zehn Jahre alt, erzählte über die Stunde Null:

Mutter ging als Trümmerfrau, damit wir etwas zu essen hatten, und ich musste wieder zur Schule. An diese Schulzeit denke ich nur ungern zurück. Wir hatten ständig Hunger, froren vor Kälte [...]. Meine Mutter ernährte uns beide, wobei meine Großeltern sie immer unterstützten. Ich sah sie oft traurig, manchmal weinte sie leise. Ich denke, dass sie nicht wusste, dass ich es merkte. Sagen konnte ich es ihr aber auch nicht, das gehörte sich nicht für einen Jungen, der stark sein musste.

M3 Ernte von essbaren Feldkräutern (Foto, 1945)

Q2 Herr Dieter Schmitt, geboren 1941, erinnert sich an seine Kindheit in Leipzig:

Um Lebensmittel zu erhalten, wurden Wertgegenstände getauscht [...] und mein Vater reparierte Radioapparate oder baute aus mehreren defekten Geräten ein neues und arbeitete neben seiner Tätigkeit noch bei einem Bauern. Mir fällt ein: Wir sitzen alle an dem Küchentisch und aßen; ich beobachtete meine Mutter beim Essen, hatte jedoch das ungute Gefühl, dass sie nur so tat, als ob sie esse. Leider konnte ich nie in Erfahrung bringen, ob dieses zutraf.
Mein Bruder und ich werden nachts durch Stimmen und Geräusche geweckt, und nicht zum ersten Mal, wir gehen auf den Hof und sehen unsere Eltern und andere Leute, wie von Handwagen, im Winter von Schlitten, Gegenstände abgeladen werden. Tags darauf sind im Keller oder Schuppen Kohlen, Bretter oder Kartoffeln vorzufinden. Meine Eltern waren – wie so oft – „organisieren"; eine Tätigkeit, welche zur damaligen Zeit eine [...] Notwendigkeit zum Überleben bedeutete.

M4 Sammeln von Brennholz
(Foto, 1945)

M5 Kinder beim Wasserholen
(Foto, 1945)

M6 Suche nach Beeren im Wald
(Foto, 1945)

M7 Lebensmittelverteilung in Meißen
(Foto, 1945)

ARBEITSAUFTRÄGE

Gestaltet in einer Gruppenarbeit ein Plakat zum beschwerlichen Leben der Kinder in der Nachkriegszeit in Sachsen.

a) Beschreibt das Alltagsleben der damaligen Kinder, deren Hunger, Wohnsituation und Umgang mit den damaligen Verhältnissen.

b) Benutzt dabei die Quellen und Materialien. Recherchiert dazu auch in den örtlichen Archiven und Museen nach Bildern, Erinnerungen von Zeitzeugen oder z.B. Gegenständen und anderen Erinnerungsstücken aus der Nachkriegszeit.

c) Stellt euer Plakat als Gruppenergebnis in der Klasse vor.

WES-104984-101
Methode Gruppenarbeit

M1 Konferenz von Potsdam, von links: Winston Churchill (1874–1964, GB), Harry Truman (1884–1972, USA), Josef Stalin (1878–1953, UdSSR) (Foto, 1945)

Die Aliiierten bestimmen den Neuanfang

Deutschland wird aufgeteilt

Der Krieg gegen die nationalsozialistische Diktatur hatte die Alliierten verbunden. Im Sommer 1945 trafen sich die Regierungschefs der Siegermächte USA, Großbritannien und Sowjetunion (UdSSR). Auf der Potsdamer Konferenz beschlossen sie, das Gebiet des ehemaligen Deutschen Reichs in Besatzungszonen zu unterteilen.

Nach der Potsdamer Konferenz gab es keinen eigenständigen deutschen Staat mehr. Er war aufgeteilt und wurde vollständig von den Alliierten kontrolliert. Obwohl Frankreich an den Verhandlungen nicht beteiligt wurde, erhielt es eine Besatzungszone.

M2 Besatzungsmächte und ihre Gebiete. Auch die Stadt Berlin wurde unter den Alliierten aufgeteilt.

Weitere Beschlüsse der Alliierten

Gemeinsam einigten sich die Alliierten auch darauf, dass
- die Partei NSDAP und alle Unterorganisationen wie z. B. die Hitlerjugend verboten wurden,
- es in Deutschland keine Armee und keine Waffen mehr gab,
- jede Besatzungsmacht aus ihrer Zone Industrieanlagen, Maschinen, Lebensmittel oder Rohstoffe für sich entnehmen durfte und
- es keinen deutschen Staat mit eigener Regierung mehr geben sollte.

WES-104984-102
Filmclip über die Potsdamer Konferenz

M3 Die fünf Beschlüsse der Potsdamer Konferenz

Die Vertreibung der deutschstämmigen Bevölkerung

Im Potsdamer Abkommen waren Gebiete an Polen und die Sowjetunion übertragen worden. Die deutsche Bevölkerung musste diese Gebiete verlassen. Auch aus der Tschechoslowakei, Ungarn und anderen osteuropäischen Staaten wurden die deutschen Minderheiten ausgewiesen.

Die Vertreibung geschah häufig sehr kurzfristig und wurde gewaltsam umgesetzt. Von ihrem Besitz durften und konnten die Vertriebenen nur sehr wenig mitnehmen. Häufig blieb kaum Zeit, um die notwendigsten Dinge zusammenzupacken. Rund 12 Millionen Deutsche mussten nach Westen weichen und kamen in die Besatzungszonen.

Vertreibung: Begriff für die erzwungene Umsiedlung der deutschstämmigen Bevölkerung

Q1 Ein damals 11-Jähriger erinnerte sich an die Vertreibung seiner Familie aus Polen:

Innerhalb einer guten Stunde hatten wir mit einem Handgepäck das Haus zu verlassen [...]. [Wir wurden] sofort in Güterwagen verfrachtet [...]. Das Ziel der Reise erfuhren wir erst kurz vor unserer Abfahrt. Verpflegung gab es nur unregelmäßig [...]. Kam der Zug unterwegs [...] mal zum Stehen, sprangen die Menschen aus den Waggons, um auf den Feldern etwas Essbares zu ergattern oder um auch ihren natürlichen Bedürfnissen nachzukommen.

M4 Vertreibung aus den ehemals deutschen Ostgebieten (Foto, 1946)

ARBEITSAUFTRÄGE

1 a) Beschreibe anhand der Karte M2 die Aufteilung Deutschlands.
b) Benenne die Besatzungsmacht, die in Sachsen bestimmte.

2 Ordne den fünf Begriffen in M3 eine Erklärung zu und schreibe sie auf.
Bushaltestelle

3 I Fasse mithilfe von Q1 zusammen, was den Vertriebenen befohlen wurde.
II Begründe mithilfe von Q1, warum die Personen im Bild M4 so wenig Gepäck bei sich haben.
III Vergleiche das Bild M4 mit dem Zeitzeugenbericht Q1. Arbeite Übereinstimmungen heraus. HILFE

4 Diskutiert die Vertreibung der deutschstämmigen Bevölkerung.

Schuldige müssen sich verantworten

Führende Nationalsozialisten werden angeklagt

Ein wichtiges gemeinsames Ziel der Alliierten war, die Schuldigen der nationalsozialistischen Verbrechen zu bestrafen. Die führenden Nationalsozialisten wurden in den Nürnberger Prozessen von den Alliierten angeklagt und verurteilt.

Nürnberger Prozesse: wichtigste Anklagepunkte waren: Verbrechen gegen die Menschlichkeit, Kriegsverbrechen und Verbrechen gegen den Frieden.

Die Beteiligung von Beamten, Richtern, Ärzten und Lehrern am NS-Staat wurde überprüft. Es folgte eine Reihe von Prozessen gegen KZ-Ärzte, SS-Angehörige, NS-Juristen und Industrielle, die am Krieg und dem Holocaust verdient hatten. Doch nur wenige der verurteilten Täter durften aufgrund der verübten Verbrechen nicht mehr im alten Beruf arbeiten. Vor allem Ärzte oder Beamte kehrten nach kurzer Zeit wieder in leitende Positionen zurück, weil sie gebraucht wurden.

Leben mit der Verantwortung

WES-104984-103
Filmclip über die Nürnberger Prozesse

Die Alliierten konfrontierten die deutsche Bevölkerung mit deren Verstrickung in die nationalsozialistische Diktatur. In Filmen, auf Wandzeitungen und bei Besuchen der ehemaligen Konzentrationslager zeigten sie schonungslos die verübten Verbrechen auf. Viele Deutsche hatten diese mit angesehen, gebilligt oder an ihnen mitgewirkt und von Verbrechen an der Front durch Erzählungen der Soldaten gehört. Doch die Alltagssorgen der Deutschen waren zu groß. Daher verdrängten viele, über das zurückliegende eigene Handeln nachzudenken.

M1 Konfrontierung mit den verübten Verbrechen im befreiten Konzentrationslager Buchenwald (Foto, 1945)

Die Überprüfung der Bevölkerung

Als Teil der Denazifizierung mussten die Erwachsenen den Militärbehörden der Besatzungszonen in einem Fragebogen Auskunft über ihr Verhalten ab 1933 geben: Ob sie Mitglied in der NSDAP waren und wie sie sich in der NS-Zeit verhalten hatten. Unbelastete Deutsche entschieden mit den Militärbehörden über die Strafe.

Viele beschafften sich entlastende Zeugenaussagen. Diese wurden nach einem Waschmittel als „Persilscheine“ bezeichnet. So konnte eine „weiße Weste“ vorgetäuscht werden. Durch ein scheinbar untadeliges Verhalten befreiten sich viele von ihrer Vergangenheit.

Der öffentliche Kläger
beim Entnazifizierungshauptausschuß
für den Kreis Plön

Plön, den 25. Febr. 1949
Ge.

Entlastungszeugnis

Hiermit wird bestätigt, daß Herr
Vor- und Zuname Leo de Laforgue, geb. 9.2.02
Anschrift Laboe, Krs. Plön
auf Grund der Vorschriften des Gesetzes zur Fortführung und zum Abschluß der Entnazifizierung § 6 als entlastet in die Gruppe V eingestuft worden ist.

Öffentlicher Kläger — Vorsitzender

Entnazifizierungshauptausschuss für den Kreis Plön

Willi Wittko DF 106 Lütjenburg 3787 1000 9 48 Kl A

M2 Urteil zur Denazifizierung (Foto, 1947)

Speziallager in der sowjetischen Besatzungszone

In der sowjetischen Besatzungszone gab es besondere Gefängnisse, sogenannte „Speziallager“. Ohne Gerichtsurteil hielten die Sowjets dort Kritiker gefangen, die sich ihren Anweisungen widersetzt hatten, etwa Sozialdemokraten, Unternehmer, Großgrundbesitzer, Journalisten. Sie wurden in ehemaligen Konzentrationslagern wie im thüringischen Buchenwald oder Gefängnissen wie im sächsischen Bautzen untergebracht. Zwischen 1945 und 1950 mussten in diesen Speziallagern rund 180 000 Häftlinge z. B. im Steinbruch Zwangsarbeiten verrichten. Außerdem wurden sie körperlich misshandelt und litten unter Hunger, Kälte und Krankheit.

M3 Erinnerung an das Speziallager Buchenwald.
Die über 1000 nummerierten Metallsäulen erinnern an die 28 000 Insassen, von denen über 7000 starben. (Foto, 2012)

M4 Speziallager in der sowjetischen Besatzungszone

ARBEITSAUFTRÄGE

1 a) Fasse die Denazifizierung der deutschen Bevölkerung zusammen.
b) Begründe die in M1 dargestellte Aufklärung der Bevölkerung über die Verbrechen in der Zeit der NS-Diktatur durch die Alliierten.

2 Gruppenpuzzle
a) Recherchiert in Gruppen zum sowjetischen Speziallager in Buchenwald. HILFE
b) Erstellt eine Collage und präsentiert euer Ergebnis der Klasse. HILFE
c) Begründet, warum auch die Erinnerung an das sowjetische Speziallager wichtig ist.

M1 Karikatur zur deutschen Teilung: li. die Politiker der Westalliierten, re. der sowjetische Staatschef Josef Stalin (2009)

Erste Schritte zur Spaltung Deutschlands

Unterschiedliche Interessen der Großmächte

Trotz der Beschlüsse der Potsdamer Konferenz konnten sich die Alliierten nicht auf einen Weg einigen, um die Ziele zu verwirklichen. Die USA, Großbritannien und Frankreich wollten eine freiheitliche Wirtschaft und Demokratie in ihren Besatzungszonen. Dagegen wollte die Sowjetunion eine sozialistische Wirtschaft mit einer bestimmenden Partei nach ihrem Vorbild. Beide Seiten, West und Ost, übertrugen diese sehr unterschiedlichen Vorstellungen auf ihre Gebiete in Deutschland.

Kommunismus/Sozialismus: im 19. Jh. entwickelte politische Lehre: Fabrik- und Landbesitzer werden enteignet, ihr Besitz wird vom Staat verwaltet.

In der östlichen Besatzungszone

Die Sowjetunion setzte die Demontagen sehr stark um. Gut erhaltene Maschinen wurden abgebaut, andere als Rohstoffe in die Sowjetunion gebracht. Ebenso wurden Eisenbahnschienen und -schwellen demontiert oder sogar die geringen Kohleförderungen abtransportiert. Der Wiederaufbau der Wirtschaft wurde dadurch behindert. Um das sozialistische Wirtschaftssystem einzuführen, wurden Handwerks- und Industriebetriebe ihren Besitzern weggenommen. Die sowjetische Besatzungsbehörde bestimmte nun in dem Betrieb.

In den westlichen Besatzungszonen

Die Westalliierten wollten die Marktwirtschaft in ihren Gebieten wieder in Gang bringen. Die Regierung der USA startete daher ein wirtschaftliches Wiederaufbauprogramm, den sogenannten Marshallplan:

- Kredite, Rohstoffe und Maschinen wurden aus den USA eingeführt.
- Nahrungsmittellieferungen verminderten die Not in den Zonen.

Die Betriebe und Bauernhöfe blieben Privateigentum. Die Eigentümer mussten zwar mit den Besatzungsbehörden zusammenarbeiten, durften aber selbst in ihrem Betrieb über die Produktion bestimmen.

Marktwirtschaft: Voraussetzungen sind Privateigentum und freier Wettbewerb der Unternehmen

Tipp:
Weitere Informationen zum Marshallplan findest du auf S. 142.

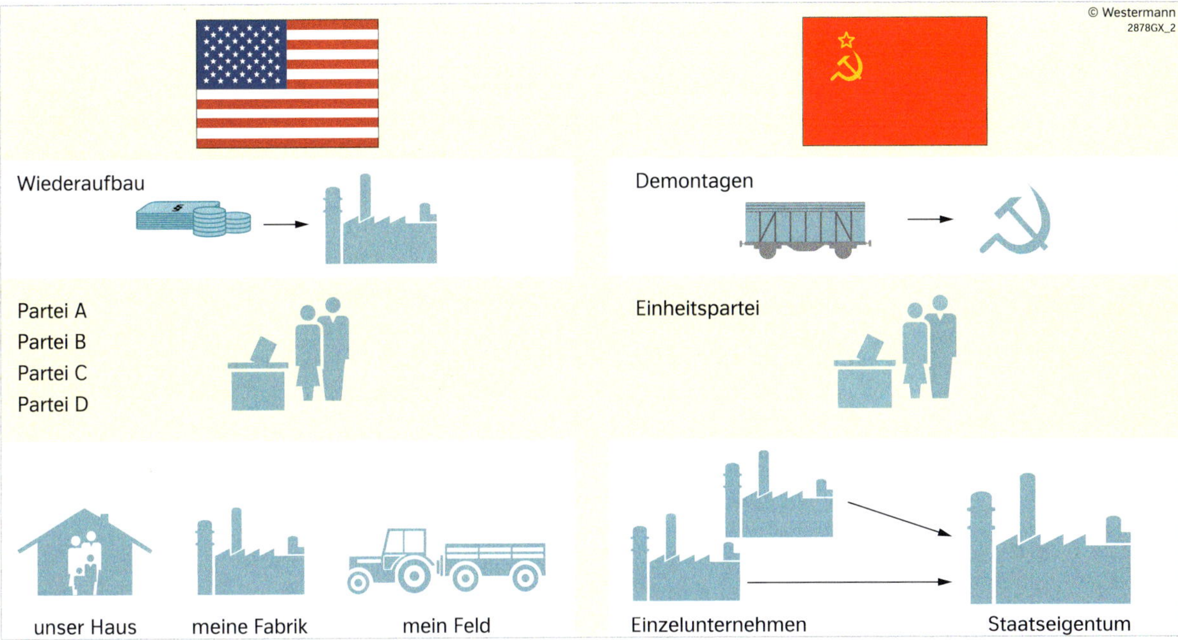

M2 Schaubild zur unterschiedlichen Wirtschafts- und Gesellschaftspolitik der Besatzungsmächte

Die Folgen für Deutschland

Die Einigkeit der Anti-Hitler-Koalition war zu Ende und auch ihre angestrebte, gemeinsame Politik für Deutschland. Daher entwickelten sich die drei westlichen und die östliche Besatzungszone wirtschaftlich und politisch immer weiter auseinander.

M3 Der Tannbach fließt durch das Dorf Mödlareuth. Seit 1945 bildete der Bach die Grenzlinie zwischen der amerikanischen und sowjetischen Zone. (Foto, 1949)

ARBEITSAUFTRÄGE

AUSWAHL **1** I Benenne die Vorstellungen der Besatzungsmächte für ihre Zone.
II Erkläre die Karikatur M1 mithilfe der unterschiedlichen wirtschaftlichen Vorstellungen und Maßnahmen. HILFE
III Stelle die wirtschaftlichen Vorstellungen der USA und der Sowjetunion mithilfe des Schaubilds M2 einander gegenüber.

2 Stelle dir vor, du bist ein Einwohner von Mödlareuth (M3). Schildere einem Journalisten die Auseinanderentwicklung des Dorfes.
Reporter HILFE

In den westlichen Besatzungszonen

Politischer Neubeginn in den Westzonen

Die Westalliierten suchten bereits unmittelbar nach Kriegsende in den Gemeinden nach politisch Unbelasteten. Sie sollten den demokratischen Neubeginn mitgestalten. Politisches Leben wurde seit dem Frühjahr 1946 unter alliierter Aufsicht wieder zugelassen:

- Demokratische Parteien wurden gegründet.
- Bürgermeister wurden demokratisch gewählt.
- Es entstanden Länder mit Landtagen als politische Vertretung.

Die Ministerpräsidenten und Bürgermeister wurden aber noch von den alliierten Behörden kontrolliert und mussten ihre Anweisungen befolgen. Auch freie Medien, Zeitungen und Zeitschriften sowie Radiosendungen oder Nachrichtenfilme in den Kinos durften von den Deutschen gestaltet werden, unterlagen aber der Aufsicht durch die Alliierten.

Die Westzonen bekommen eine eigene Währung

Ein wichtiger Bestandteil des Marshallplans bestand für die USA darin, die Wirtschaft in ihren Besatzungszonen zu fördern. Dazu war es notwendig, dort eine neue Währung einzuführen. Am 20. Juni 1948 wurde die bisherige Reichsmark (RM) ungültig und durch die Deutsche Mark (DM) ersetzt. Jeder Einwohner der drei Besatzungszonen konnte anfangs nur 40 RM gegen DM eintauschen.

WES-104984-104
Filmclip über die Währungsreform

Händler boten nun Waren an, die vorher nur auf dem Schwarzmarkt gehandelt wurden. Die Menschen vertrauten daher der neuen Währung. Obwohl die Währungsreform den Bürgerinnen und Bürgern Hoffnung auf die Zukunft brachte, vertiefte sich dadurch die Spaltung der Zonen.

M1 Schaufenster einer Metzgerei nach der Währungsreform.
Produkte, die viele Jahre kaum zu bekommen waren, gab es plötzlich wieder zu kaufen. (Foto, 1948)

M2 Kinder bejubeln einen „Rosinenbomber". Die Flugzeuge wurden so genannt, weil Piloten Süßigkeiten an kleinen Fallschirmen abwarfen. (Foto, 1948)

Die Sowjetunion blockiert den Zugang nach Berlin

Die sowjetische Regierung verlangte, die Währungsreform in den Westzonen zurückzunehmen. Sie behauptete, diese würde gegen das Potsdamer Abkommen verstoßen. Als Druckmittel sperrten sie im Juni 1948 alle Straßen- und Schienenwege nach West-Berlin. Die USA, Großbritannien und Frankreich versorgten nun über eine „Luftbrücke" die Stadt. Gemeinsam flogen sie Nahrung, Kleidung, Heizmaterial, Rohstoffe und Maschinen nach Berlin. Dennoch gab es viel zu wenig Nahrungsmittel und Heizmaterial.

Q1 Auszug aus der Rede des West-Berliner Bürgermeisters Ernst Reuter während der Berliner Blockade am 9. September 1948:

Ihr Völker der Welt, ihr Völker in Amerika, in England, in Frankreich, in Italien! Schaut auf diese Stadt und erkennt, dass ihr diese Stadt und dieses Volk nicht preisgeben dürft und nicht preisgeben könnt! [...]
Völker der Welt! Tut auch ihr eure Pflicht und helft uns in der Zeit, die vor uns steht, nicht nur mit dem Dröhnen eurer Flugzeuge, [...] sondern mit dem standhaften und unzerstörbaren Einstehen für die gemeinsamen Ideale, die allein unsere Zukunft und die auch allein eure Zukunft sichern können. Völker der Welt, schaut auf Berlin!

M3 Die Luftbrücke nach Berlin

Erst nach elf Monaten lenkte die UdSSR ein und erlaubte wieder den Warentransport nach West-Berlin. Während der Luftbrücke änderte sich in den Westzonen die Sicht auf die Besatzer. Durch ihre Hilfe für Berlin wurden sie nun als Beschützer der Freiheit gesehen. Die Berliner Blockade verdeutlichte den Menschen aber auch, dass Deutschland geteilt war.

ARBEITSAUFTRÄGE

1. Suche dir eine Person in der Abbildung M1 aus. Beschreibe deren Blick. Marktplatz
2. (AUSWAHL)
   - I Benenne, an wen sich der West-Berliner Bürgermeister in Q1 wendet.
   - II Beschreibe mit Q1 den Anlass für die Rede von Ernst Reuter.
   - III Arbeite die Forderung Ernst Reuters aus Q1 heraus. HILFE
3. Stelle dir vor, du bist eines der Kinder im Bild M2. Schildere einem Journalisten deine Gefühle zur Luftbrücke. Reporter HILFE

Die Gründung der Bundesrepublik

Die Westalliierten bestimmen das Aussehen

Nach der Währungsreform gaben die Regierungen der USA, Großbritanniens und Frankreichs den Anstoß, nun einen Staat aus den drei westlichen Besatzungszonen zu bilden. Dieser sollte im Sinne des Föderalismus aus Bundesländern bestehen und eine parlamentarische Versammlung deutscher Politiker sollte die neue Staatsordnung erarbeiten.

Föderalismus: Der Staat gliedert sich in mehrere Gliedstaaten, die sich die politischen Aufgaben mit diesem teilen.

Das Grundgesetz wird erarbeitet

Im sogenannten Parlamentarischen Rat brachten Politiker der unterschiedlichen Parteien ihre Vorstellungen ein. Am wichtigsten war dabei, dass für alle Bürgerinnen und Bürger Grundrechte festgeschrieben sein sollten. Obwohl nur vier Frauen mitarbeiteten, konnten sie sich durchsetzen, so dass die Gleichheit der Geschlechter festgeschrieben wurde.

Grundrechte: Es sind Rechte zur Freiheit, Gleichheit und Persönlichkeit, die allen Bürgerinnen und Bürgern zustehen. Sie können eingeklagt werden.

Q1 Die Abgeordnete Elisabeth Selbert setzte sich für die Gleichstellung der Geschlechter ein:

Es ist eine Selbstverständlichkeit, dass man [...] den Frauen die Gleichberechtigung auf allen Gebieten geben muss. Die Frau soll nicht nur in staatsbürgerlichen Dingen gleichstehen, sondern muss auf allen Rechtsgebieten dem Manne gleichgestellt werden. Die Frau [...] hat heute einen moralischen Anspruch darauf, so wie der Mann bewertet zu werden.

Am 23. Mai 1949 wurde die Staatsordnung mit Mehrheit angenommen. Sie wurde nicht Verfassung, sondern Grundgesetz genannt. Aus den drei Westzonen war nun ein Staat geworden. Ein gemeinsames Deutschland aus allen vier Besatzungszonen war damals nicht möglich, blieb aber als Ziel und Zukunftswunsch vorhanden.

Verfassung: wichtigstes Gesetz, in dem die Rechte der Bürgerinnen und Bürger, der Regierung und des Staatsoberhaupts festgelegt sind

M1 Unterzeichnung des Grundgesetzes am 23. Mai 1949.
Als Präsident des Parlamentarischen Rats unterzeichnete Konrad Adenauer als erster die Urkunde. (Foto, 23.05.1949)

Info:
Konrad Adenauer (1876–1967):
Als Bürgermeister der Stadt Köln wurde er zu Beginn der NS-Diktatur abgesetzt und später inhaftiert.
Von 1949 bis 1963 war er Bundeskanzler.

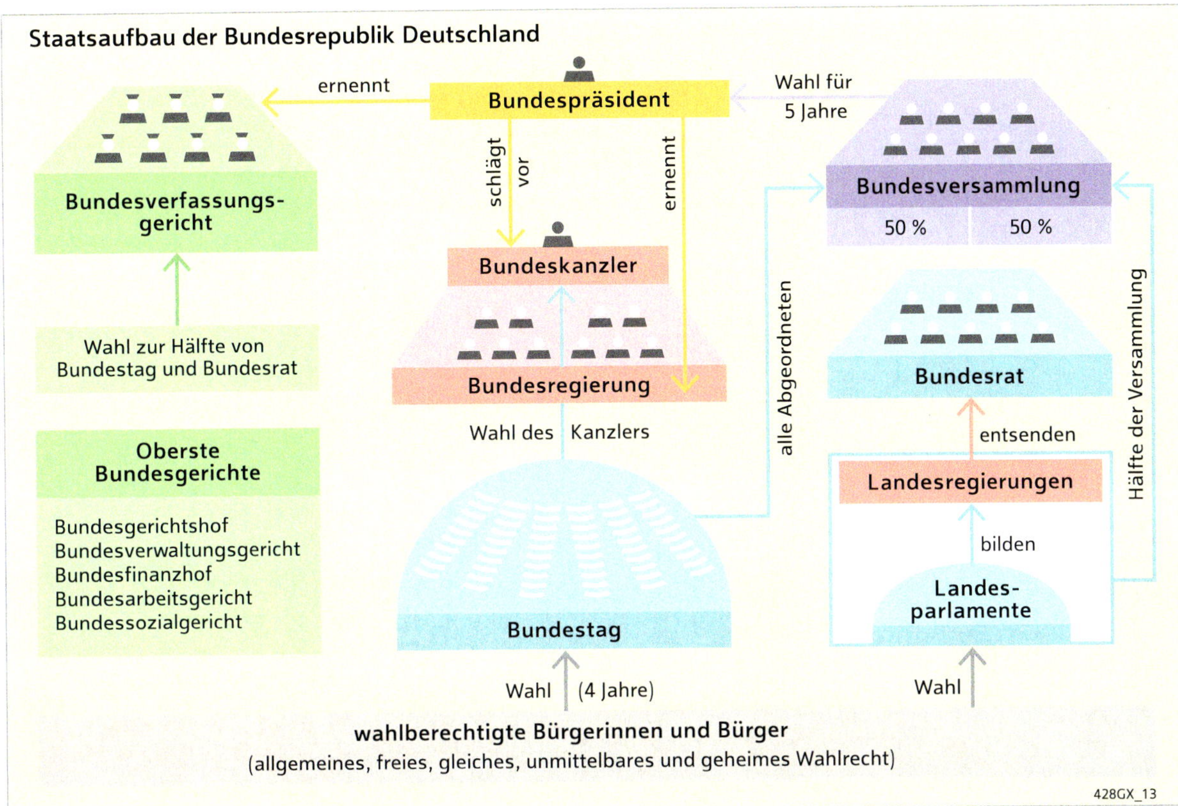

M2 Das politische System der Bundesrepublik

Die Bundesrepublik als neuer deutscher Staat

Im Sommer 1949 wurden die Abgeordneten des Bundestages demokratisch gewählt. Mit knapper Mehrheit stimmten die Abgeordneten für Konrad Adenauer (CDU) als ersten Bundeskanzler:

- In der Stadt Bonn waren Bundestag, Bundesrat und Bundesregierung, da Berlin als Regierungssitz ausschied.
- Um die Unabhängigkeit des Bundesverfassungsgerichts zu betonen, bekam dieses seinen Sitz entfernt von Bonn in der Stadt Karlsruhe.
- Für die Nationalflagge wurden die Farben „Schwarz-Rot-Gold" festgelegt.

Erst einige Jahre nach der Gründung der Bundesrepublik gab es auch wieder eine Nationalhymne. Der damalige Bundespräsident entschied sich für die traditionelle Hymne. Er legte aber fest, dass vom „Lied der Deutschen" nur die dritte Strophe gesungen wird. Dies sollte den Bezug des neuen Staats auf die demokratischen Traditionen betonen und gleichzeitig mögliche Missverständnisse ausschließen.

WES-104984-105
Die deutsche Nationalhymne

ARBEITSAUFTRÄGE

Bearbeitet in einer Gruppenarbeit die Gründung der Bundesrepublik. Stellt das Gruppenergebnis z. B. als Wandzeitung in eurer Klasse vor.

a) Benenne die Vorgaben der Westalliierten für den neuen Staat.
b) Arbeite aus der Quelle Q1 die Forderung für das Grundgesetz heraus.
c) Recherchiere den Wortlaut von Art. 3 GG. HILFE
d) Analysiere den Staatsaufbau der Bundesrepublik nach dem Prinzip der Gewaltenteilung. HILFE
e) Stelle die Flagge und Hymne der Bundesrepublik vor.

Tipp:
Einen Webcode zur Gruppenarbeit findest du auf S. 15.

Das Grundgesetz in der Bundesrepublik

ARBEITSAUFTRÄGE

1. Bearbeite eine der nachfolgenden Aufgaben kooperativ mit einem Partner oder in einer Kleingruppe. Versetze dich dabei in eine der Personen.
   a) Gib das genannte Grundrecht mit eigenen Worten wieder.
   b) Begründe knapp, warum das genannte Grundrecht für die Person wichtig ist.

2 a) Recherchiere Art. 5 (3) des Grundgesetzes. Gib anschließend den Inhalt des Grundgesetzartikels wieder. HILFE

b) Erkläre Art. 5 (3) des Grundgesetzes in Verbindung mit dem Unterricht an Schulen.
Think-Pair-Share

M1 Versammlung der Kommunistischen Partei Deutschlands (KPD) (Foto, August 1945)

In der sowjetischen Besatzungszone

Politischer Neubeginn

Die Gesellschaft und Wirtschaft in der sowjetischen Besatzungszone sollten dem sozialistischen Vorbild der UdSSR entsprechen. Bereits unmittelbar nach Kriegsende durfte die Kommunistische Partei Deutschlands (KPD) wieder aktiv werden.

Die Kommunisten, die die Zeit der Diktatur überlebt hatten, begannen nun wieder mit ihrer politischen Arbeit. Sie wurden von der sowjetischen Besatzungsbehörde unterstützt, da die KPD ihre politischen Vorstellungen teilte.

Der wichtigste Politiker der KPD in der sowjetischen Besatzungszone war Walter Ulbricht. Er hatte während der NS-Diktatur in Moskau gelebt und hatte daher sehr gute Verbindungen in die Sowjetunion.

Q1 Ein ehemaliger KPD-Politiker überlieferte das Vorgehen bei der Besetzung politischer Ämter:

Die Bürgermeister sollen in den Arbeiterbezirken in der Regel Sozialdemokraten sein. [...] Und nun zu unseren Genossen. Der erste stellvertretende Bürgermeister, der Dezernent für Personalfragen und der Dezernent für Volksbildung – das müssen unsere Leute sein. Dann müsst ihr noch einen ganz zuverlässigen Genossen in jedem Bezirk ausfindig machen, den wir für den Aufbau der Polizei brauchen. [...] Es ist doch ganz klar: Es muss demokratisch aussehen, aber wir müssen alles in der Hand haben.

Die SPD als Widersacher

Die Sozialdemokratische Partei Deutschlands (SPD) hatte seit langem ihre Wurzeln in der Arbeiterschaft. Diese Tradition war in der NS-Zeit nicht verloren gegangen. Besonders in den großen Industrieregionen wie z. B. in Leipzig schlossen sich die Arbeiter wieder der SPD an.

Die SPD vertrat ebenfalls sozialistische Ziele, dies jedoch viel gemäßigter als die KPD. Außerdem wollte sie nicht bedingungslos dem Vorbild der Sowjetunion folgen. Für die KPD entwickelte sich die SPD mehr und mehr zu einem unübersehbaren Konkurrenten um die politische Macht.

Die Gründung der SED

Um der KPD bei Wahlen dauerhaft eine Mehrheit zu sichern, griff die sowjetische Militärbehörde gemeinsam mit Walter Ulbricht ein. Die SPD sollte auf keinen Fall weiteren Zulauf erhalten:

- Versammlungen der SPD wurden zunächst eingeschränkt und schließlich verboten.
- Sozialdemokraten wurden bedroht, verhaftet und verurteilt, wenn sie nicht in die KPD wechseln wollten.

Unter diesem Druck gab schließlich die Führung der SPD in der sowjetischen Zone nach. Im April 1946 schlossen sich KPD und SPD zusammen. Sie bildeten die „Sozialistische Einheitspartei Deutschlands" (SED). In der Propaganda wurde es als freiwilliger Zusammenschluss dargestellt, um gemeinsam politische Ziele verwirklichen zu können. In Wirklichkeit bestimmten aber allein die Kommunisten um Walter Ulbricht gemeinsam mit der Sowjetunion über den zukünftigen politischen Weg.

M2 Der KPD-Vorsitzende Wilhelm Pieck (links) und der SPD-Vorsitzende Otto Grotewohl (Mitte) vereinbaren den Zusammenschluss. Am rechten Rand klatscht Walter Ulbricht Beifall. (Foto, 22.04.1946)

ARBEITSAUFTRÄGE

1 Schildere mithilfe der Quelle Q1 das Vorgehen der KPD bei der Besetzung politischer Ämter. Marktplatz

AUSWAHL **2** I Gib den Weg zur Gründung der SED wieder. HILFE

II Begründe das Vorgehen gegen die Sozialdemokraten bei der Gründung der SED.

III Ordne die Gründung der SED als „Zwangszusammenschluss" ein. HILFE

3 Beurteile den Händedruck zwischen beiden Personen in M2. Placemat

Die Gründung der DDR

Ein weiterer deutscher Staat

Als Reaktion auf die Gründung der Bundesrepublik bereitete die sowjetische Führung die Gründung eines Staats auf dem Gebiet ihrer Besatzungszone vor. Unter der Führung der SED ließ sie den Verfassungsentwurf für einen sozialistischen Staat ausarbeiten. Im Oktober 1949 wurde die Deutsche Demokratische Republik (DDR) mit Ost-Berlin als Hauptstadt gegründet.

Die DDR – ohne Gewaltenteilung

In der DDR waren Staat und Partei kaum voneinander zu trennen. Die Mehrheit im Parlament und der Regierung stellte die SED. Deren Politiker standen an der Spitze aller Ministerien oder sonstigen politischen Gremien. Beamte in Verwaltung, Polizei oder Schulen sollten in der SED sein, in jedem Fall aber deren Meinung vertreten.

Q1 Anweisung der SED an die Wahlhelfer:

In allen Wahllokalen ist dafür zu sorgen, dass Kabinen vorhanden sind. Wo diese stehen und wie sie beschaffen sind, ist gleichgültig: Ihr versteht mich doch? Es ist darauf zu achten, dass kein Wähler in die Kabinen hineingeht. Geht er trotzdem hinein, so wird er dort keinen Bleistift vorfinden. Bleistifte liegen nur auf dem Tisch des Wahlvorstandes aus. Es ist nicht möglich gewesen, Briefumschläge für die Stimmzettel zu besorgen. Bei der morgigen Abstimmung ist das auch gar nicht nötig. Die Stimmzettel [...] sind offen dem Wahlvorstand zu übergeben.

Die Justiz war nicht wirklich unabhängig, da die meisten Richter und Staatsanwälte auch SED-Mitglieder waren. Sie erhielten von der Partei oft genaue Anweisungen, wie sie sich zu verhalten haben. Damit stand indirekt oft auch fest, welches Urteil zu fällen sei.

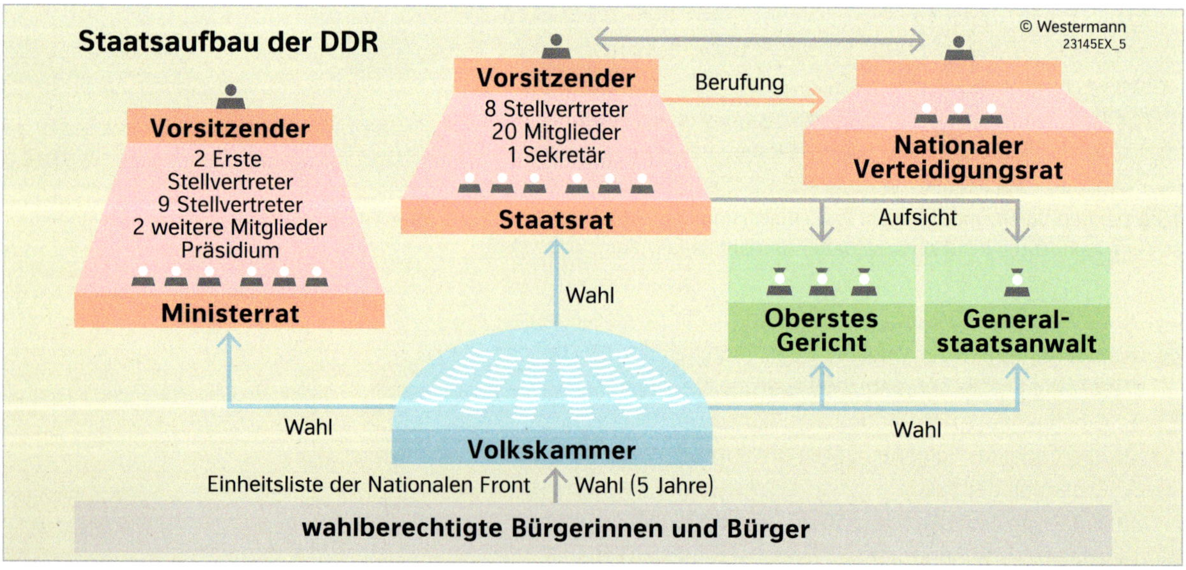

M1 Das politische System der DDR

M2 Die beiden deutschen Staaten. Das Saarland war bis 1957 französisch kontrolliert, West-Berlin verblieb unter alliierter Kontrolle, war aber ein Teil der Bundesrepublik.

Zwei deutsche Staaten in Deutschland

Die Gründung der beiden deutschen Staaten 1949, der Bundesrepublik Deutschland aus den drei Westzonen und der DDR aus der Ostzone, geschah jeweils auf Anregung der Besatzungsmächte. Deren politische, wirtschaftliche und gesellschaftliche Vorgaben bestimmten die Ausgestaltung:

- Im Westen entstand die Bundesrepublik als demokratischer Staat mit vielen Parteien und einer marktwirtschaftlichen Wirtschaftsform.
- Im Osten entstand die DDR mit der SED als bestimmender Partei und einer sozialistischen Wirtschaftsform.

Deutschland war künftig in zwei sehr unterschiedliche Staaten geteilt. In jedem der beiden wurde das eigene Staatssystem als dem anderen überlegen dargestellt und die Verbundenheit zur USA oder der Sowjetunion betont.

ARBEITSAUFTRÄGE

Gruppenpuzzle

Bearbeitet in einem Gruppenpuzzle die Gründung der DDR. Stellt das Gruppenergebnis z. B. als Wandzeitung in eurer Klasse vor.

a) Arbeitet aus der Quelle Q1 heraus, wie die Wahlen in der DDR abliefen.

b) Analysiert den Staatsaufbau der DDR nach dem Prinzip der Gewaltenteilung. HILFE

c) Stellt die Flagge und Hymne der DDR vor.

d) Vergleicht nun die Gewaltenteilung in der DDR mit der in der Bundesrepublik.

Staat und Partei in der DDR

ARBEITSAUFTRÄGE

1 Bearbeite eine der nachfolgenden Aufgaben kooperativ mit einem Partner oder in einer Kleingruppe. Versetze dich dabei in eine der Personen.
a) Gib die Kritik der von dir gewählten Figur mit eigenen Worten wieder.
b) Beantworte ihre im Rollentext gestellte Frage.

2 Beschreibe die Einflussnahme der SED auf den Unterricht an Schulen.

3 a) Vergleiche die Grundrechte in der Bundesrepublik mit den Aussagen der Figuren.
b) Diskutiert anhand der Grundrechte und beschriebenen Einschränkungen, ob in der DDR eine Demokratie gegeben war oder diese nur scheinbar bestand. Debatte

M1 „Ja, der hat's gut, der lebt unter einem anderen Himmel." (Karikatur, 1946)

Die Welt ist in Lager aufgespalten

Ungleiche Partner

Auf der Potsdamer Konferenz hatten die USA und die Sowjetunion noch Einigkeit demonstriert. Doch die Gegensätze zwischen den beiden politischen, wirtschaftlichen und gesellschaftlichen Systemen waren sehr groß:
- einerseits Demokratie, Marktwirtschaft und freie Entfaltung jedes Einzelnen, so wie in den USA und den westlichen Demokratien,
- andererseits das sozialistische Wirtschaftssystem, die Herrschaft einer Partei und die Unterordnung des Einzelnen wie in der Sowjetunion.

Beide Seiten sahen ihre Weltanschauung als allein gültig an.

Die Teilung in Ost und West

Der britische Politiker Winston Churchill beschrieb den unüberbrückbaren Graben und Gegensatz als „Eisernen Vorhang".

Eiserner Vorhang: Bezeichnung für die Grenze zwischen Ost und West und für die innerdeutsche Grenze zwischen der DDR und der Bundesrepublik.

Q1 Rede von Winston Churchill am 5. März 1946:

Von Stettin an der Ostsee bis hinunter nach Triest an der Adria ist ein „Eiserner Vorhang" über den Kontinent gezogen. Hinter jener Linie liegen alle Hauptstädte der alten Staaten Zentral- und Osteuropas [...].
Die kommunistischen Parteien, die in allen diesen östlichen Staaten Europas bisher sehr klein waren, sind überall großgezogen worden. [...] [E]ines steht fest, das ist sicher nicht das befreite Europa, für dessen Aufbau wir gekämpft haben. Es ist nicht ein Europa, das die unerlässlichen Elemente eines dauernden Friedens enthält.

M2 Die Spaltung der Welt in zwei Lager

Zwei Militärbündnisse stehen sich feindlich gegenüber

Die USA und die Sowjetunion besaßen Atombomben, was sie militärisch deutlich heraushob. Jede von ihnen führte ein Militärbündnis an, das auch für das jeweilige Wertesystem eintrat:

- Im Westen verbündeten sich Staaten zur NATO (North Atlantic Treaty Organization). Sie stimmten sich demokratisch ab, auch wenn die USA der mächtigste Partner im Bündnis war
- Im Osten bildeten Staaten das Bündnis des Warschauer Vertrags, in dem die Sowjetunion die eindeutige Führungsmacht war.

Mitten durch Deutschland verlief der „Eiserne Vorhang", der die Trennung der Welt in zwei gegensätzliche Lager darstellte. Daher waren auch die beiden deutschen Staaten betroffen. Ihnen wurden wieder Soldaten erlaubt und vom jeweiligen Partner wurden sie mit Waffen ausgerüstet. Sie durften aber keine Atomwaffen haben. Nun standen sich die beiden deutschen Staaten auch bewaffnet gegenüber: die Nationale Volksarmee (NVA) der DDR und die Bundeswehr in der Bundesrepublik. Sie wurden in das westliche oder östliche Bündnis einbezogen.

ARBEITSAUFTRÄGE

WAHL **1** I Beschreibe mithilfe der Rede Q1 den „Eisernen Vorhang".
II Weise mithilfe der Quelle Q1 die Spaltung der Welt nach. HILFE
III Arbeite aus der Rede Q1, die Sicht auf die Sowjetunion heraus. HILFE

2 Ordne mithilfe der Karte M2 die beiden deutschen Staaten und zwei weitere europäische Staaten dem jeweiligen Lager zu.

Die Auseinandersetzung der Systeme

Der Kalte Krieg

Die Spaltung der Welt in zwei Lager führte zu großen Spannungen. Beide Seiten wollten die eigene Vormachtstellung festigen und die Gegenseite einschüchtern. Ziel der beiden Machtblöcke war, stärker als die andere Seite zu sein, um den anderen von einem Angriff abzuhalten. Daher rüsteten beide Lager mit immer neuen Waffen auf.

Zu einem direkten Krieg der westlichen und östlichen Seite kam es nicht. Beide schreckten zurück, da dies zu einem vernichtenden Atomkrieg geführt hätte. Sie führten einen „Kalten Krieg" in der Wirtschaft, der Technologie und spionierten sich gegenseitig aus.

Kalter Krieg: So wird die Auseinandersetzung zwischen Staaten genannt, bei der nicht mit Waffen gegeneinander gekämpft wird. Ein „Kalter Krieg" kann jederzeit in einen militärischen Konflikt umschlagen.

Der Sputnik-Schock

Die damals neuartige Raketen- und Weltraumforschung war ein wichtiges Feld im Kalten Krieg. Am 4. Oktober 1957 umkreiste ein sowjetischer Satellit als erster die Erde. Dieser technologische Erfolg schockierte die westliche Welt. Jahrelang war in den USA bereits an der Raketentechnik geforscht worden. Doch nun fühlte sich der Westen dem Osten unterlegen. Die Medien bezeichneten den Rückstand nach dem Namen des Satelliten als „Sputnik-Schock".

Nun setzten die USA alles daran, als erstes einen Menschen ins Weltall zu schicken. Doch auch hier war die Sowjetunion schneller. Im April 1961 umkreiste Juri Gagarin die Erde und kehrte sicher zurück.

M1 Der sowjetische Kosmonaut Juri Gagarin (1934–1968) kurz vor dem Start zum ersten Weltraumflug (Foto, 1961)

Das Wettrennen zum Mond

Den Rückstand wollten die USA nicht nur aufholen, sondern die Führung übernehmen. Präsident John F. Kennedy setzte daher als Ziel, bis zum Ende der 1960er-Jahre einen US-Amerikaner zum Mond zu bringen.

Das wollte auch die Sowjetunion und es war unklar, wer das „Wettrennen zum Mond" für sich entscheiden würde: Ost oder West. Beide Seiten investierten viel Geld und lieferten immer wieder Schlagzeilen über neue Zwischenerfolge. Am 21. Juli 1969 betraten schließlich Neil Armstrong und Edwin Aldrin, zwei US-Astronauten, als erste Menschen den Mond. Dieses Wettrennen hatten die USA gewonnen.

WES-104984-106
Podcast zur Mondlandung und zum Kalten Krieg

M2 Astronaut Edwin Aldrin vor der amerikanischen Flagge auf dem Mond (Foto, 1969)

Kräftemessen im Sport

Sogar der Sport wurde in die Auseinandersetzung der Systeme während des Kalten Kriegs einbezogen. Die Erfolge der Sportler sollten die Überlegenheit des jeweiligen politischen Systems belegen. Auch in den beiden deutschen Staaten wurden sportliche Erfolge dem vermeintlich besseren Gesellschaftssystem zugeschrieben.

In der DDR wurden die Erfolge der Sportler von der Regierung und der SED ausgenutzt, um sich als überlegen darzustellen. Deshalb griff die DDR-Führung direkt in den Sport ein. Staatliche Institute erforschten leistungsfördernde Medikamente. Trainer und Ärzte verabreichten diese Dopingmittel den Sportlern oft ohne deren Kenntnis. Mögliche gesundheitliche Folgen wurden in Kauf genommen.

Als die Olympischen Spiele 1980 in Moskau und 1984 in Los Angeles stattfanden, blieben die westlichen bzw. östlichen Staaten jeweils fern, verboten ihren Sportlern sogar, an den Wettkämpfen teilzunehmen. Die Verlierer waren dabei die Sportler, die sich jahrelang vorbereitet hatten.

M3 Katharina Witt aus Chemnitz, Eiskunstlauf-Olympiasiegerin (Foto, 1988)

ARBEITSAUFTRÄGE

WAHL **1** I Beschreibe, in welcher Form der „Kalte Krieg" geführt wurde.
II Erkläre den Begriff „Kalter Krieg".
III Begründe, warum es ein „Kalter Krieg" war.

2 Stelle den Wettlauf im All auf einem Zeitstrahl dar. Recherchiere dazu weitere Ereignisse der Raumfahrtgeschichte. HILFE

3 Erstelle einen Steckbrief von Sigmund Jähn, Katharina Witt oder einer anderen sächsischen Persönlichkeit aus der Zeit des Kalten Kriegs. Präsentiere dein Ergebnis der Klasse. HILFE

M1 Die Lage von Korea

Stellvertreterkriege als Kampf um Einfluss

Zwei Großmächte beeinflussen das Weltgeschehen

Der Gegensatz zwischen den Großmächten USA und Sowjetunion verfestigte sich während des Kalten Kriegs in Stellvertreterkriegen. Beide militärisch weit überlegenen Staaten mischten sich in Konflikte anderer Länder ein. Sie unterstützten dabei jeweils eine Konfliktpartei. Ohne direkt selbst gegeneinander Krieg zu führen, kämpften sie also indirekt in fremden Ländern und versuchten, den anderen zu schwächen.

Korea als Spielball zwischen beiden Lagern

Den asiatischen Staat Korea besetzten nach dem Zweiten Weltkrieg amerikanische und sowjetische Truppen. Ähnlich wie im geteilten Deutschland entwickelten sich zwei gegensätzliche Gesellschafts- und Wirtschaftssysteme.

- In Nordkorea bestimmte die kommunistische Partei, unterstützt durch die Sowjetunion und das benachbarte China.
- Südkorea war westlich geprägt und hatte enge Beziehungen zu den USA.

Beide Teilstaaten wollten aber das gesamte Korea beherrschen und suchten dabei Unterstützung bei den jeweiligen Partnern.

Der Koreakrieg

Im Juni 1950 griffen Truppen aus Nordkorea den Süden an. Die Sowjetunion und vor allem das kommunistische China unterstützten die nordkoreanischen Soldaten. Auf der Seite von Südkorea griff sofort die USA in den Konflikt ein. Bis September 1950 eroberten sie im Gegenzug fast den gesamten Norden. Doch auch sie wurden dann wieder zurückgedrängt. Erst nach drei Jahren Krieg einigten sich 1953 die Konfliktparteien auf einen Waffenstillstand.

Beide Seiten nahmen in den Kämpfen keine Rücksicht auf die Zivilbevölkerung. Städte und Dörfer wurden bombardiert, Straßen und Schienenwege, Häuser und Versorgungseinrichtungen zerstört. Korea blieb seitdem in zwei sehr unterschiedliche Staaten geteilt. Frieden herrscht bis heute nicht.

M2 US-Soldaten und koreanische Kriegsflüchtlinge (Foto, um 1950)

Vietnam als Spielball zwischen beiden Lagern

In den 1960er-Jahren zeichnete sich in Südostasien ein neuer Konflikt ab. Auch Vietnam war ein geteilter Staat mit einem kommunistischen Norden und westlich orientierten Süden. Erneut mischten sich die Sowjetunion und China bzw. die USA ein. Sie unterstützten in dem vietnamesischen Konflikt wieder den jeweiligen Teilstaat.

Der Vietnamkrieg

Mehr als eine halbe Million US-Soldaten kämpften gegen Nordvietnam, unterstützt durch massive Bombardierungen. Die US-Luftwaffe versprühte rücksichtslos das Gift „Agent Orange". Dieses Gift entlaubte die Bäume des Regenwaldes. Die Blätter verdorrten einfach. Die nordvietnamesischen Soldaten sollten sich nicht im Dschungel verstecken können und leichter zu finden sein. Allerdings wurden gleichzeitig auch die übrigen Pflanzen getroffen und die Ernte der Bauern vernichtet. Das Gift führte bei ungeborenen Kindern auch zu massiven gesundheitlichen Schäden und Missbildungen. Hunderttausende Vietnamesen leiden an den Spätfolgen. Noch heute werden aufgrund des Giftes missgebildete Kinder geboren. Der Vietnamkrieg schädigte das Ansehen der USA für viele Jahre. Die Opfer der vietnamesischen Bevölkerung werden auf über fünf Millionen geschätzt.

Die US-Streitkräfte konnten sich aber nicht durchsetzen und verließen 1973 das vom Krieg schwer gezeichnete Land. 1975 endete der Vietnamkrieg mit dem Sieg des kommunistischen Nordens. Heute ist Vietnam ein gemeinsamer Staat, in dem die Teilung überwunden ist. Der Krieg hinterließ jedoch in den Familien deutliche Spuren.

M3 Die Lage von Vietnam

M4 Bombardierung eines vietnamesischen Dorfes mit Brandbomben. Das damals fotografierte nackte Mädchen heißt Kim Phuc Phan Thi. Sie engagiert sich heute gegen Krieg und Waffengewalt. (Foto, 1972)

ARBEITSAUFTRÄGE

Erstellt eine Wandzeitung zum Korea- oder Vietnamkrieg:

a) Benennt die Gruppen, die miteinander im Konflikt waren.

b) Beschreibt das Eingreifen der USA und der Sowjetunion in den jeweiligen Konflikt.

c) Begründet, warum es ein Stellvertreterkrieg war. HILFE

d) Recherchiert weitere Informationen zu eurem Thema.

M1 Karikatur aus dem Jahr 1962 zur Kuba-Krise und dem drohenden Krieg

M2 Die Lage von Kuba

Die Kuba-Krise

Kuba wird ein sozialistischer Staat

Die USA hatten enge wirtschaftliche Verbindungen zu Kuba. Sie unterstützten die dortige Regierung, obwohl diese nicht demokratisch war und die Bevölkerung unterdrückte.

1959 kam es auf der Karibikinsel zu einer Revolution und ihr Anführer Fidel Castro formte das Land in einen sozialistischen Staat um.

In den USA befürchtete die Regierung um den Präsidenten John F. Kennedy, dass Kuba zum Vorbild für eine Ausdehnung des Kommunismus in Süd- und Mittelamerika würde. Deshalb unterstützte sie kubanische Politiker. Deren Versuch scheiterte, wieder Macht über Kuba zu bekommen.

Die USA fühlen sich bedroht

Aufgrund des sozialistischen Staatssystems und um sich gegen die USA zu wehren, erbat Fidel Castro Schutz durch die Sowjetunion. Diese unterstützte Kuba mit Waffen, und Offiziere bildeten die kubanischen Soldaten aus.

Im Oktober 1962 entdeckten US-Aufklärungsflugzeuge, dass Anlagen errichtet wurden, um militärische Raketen starten zu können. Die USA erkannten die modernen Waffen als große Bedrohung:

- Von Kuba aus konnte jede größere Stadt der US-Ostküste mit Raketen beschossen werden.
- Aufgrund der räumlichen Nähe wäre kaum Zeit geblieben, um auf einen eventuellen Raketenangriff zu reagieren.
- Möglicherweise konnten sogar Raketen mit Atomsprengköpfen gestartet werden.

Es schien nur noch eine Frage der Zeit, bis die Waffen einsatzbereit seien. Daher versuchte die Regierung der USA zunächst, den Konflikt diplomatisch über Gespräche mit der Sowjetunion zu lösen.

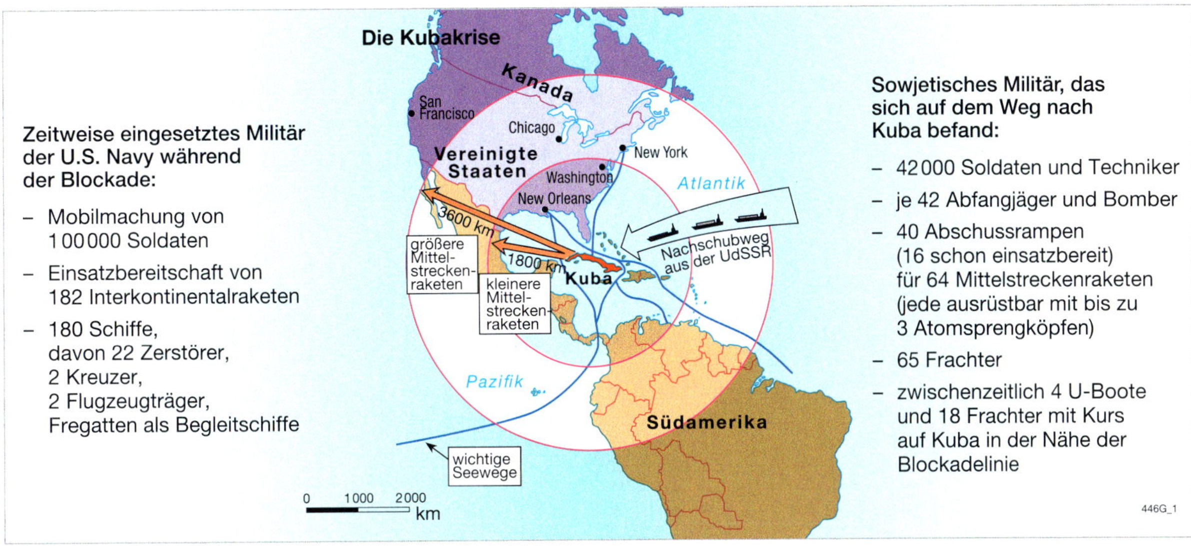

M3 Schaubild zur Kuba-Krise

Am Abgrund eines Atomkrieges

Sowjetische Schiffe mit weiterem militärischem Material befanden sich bereits kurz vor Kuba. US-Präsident Kennedy forderte die UdSSR und Kuba auf, die Raketen bedingungslos abzubauen. Er gab gleichzeitig eine sofortige Seeblockade um Kuba bekannt.

Ein verheerender Krieg zwischen den USA und der Sowjetunion schien bevorzustehen. In diesem wäre auch Europa zum Schlachtfeld geworden, weil hier die westliche und östliche Welt aufeinanderprallten. Beide Militärbündnisse, die NATO und der Warschauer Vertrag, hätten dann auch Atomwaffen eingesetzt.

Die Lösung des Konflikts

Auf Druck der USA lenkte die sowjetische Regierung im letzten Moment ein. Sie verzichtete auf die Raketen in Kuba, im Gegenzug bauten die USA in der Türkei dortige Raketenstellungen ab.

- Beide Regierungen hatten der jeweils anderen Zugeständnisse gemacht.
- USA und Sowjetunion erkannten sich gegenseitig als mächtigen Gegner an.
- Für die Zukunft versuchten sie, eine erneute Auseinandersetzung zu vermeiden und direkt miteinander zu sprechen.

Diplomatische Gespräche zwischen beiden Großmächten führten schließlich zu Vereinbarungen. Sie einigten sich auf Obergrenzen für die Zahl ihrer Soldaten, Panzer, Schiffe und Atomraketen.

14.10.1962: Luftaufnahmen von Raketenbasen mit Abschussrampen für Mittelstreckenraketen auf Kuba

16.10.1962: Krisensitzung unter US-Präsident Kennedy

22.10.1962: Information der US-Öffentlichkeit über Kuba-Krise

24.10.1962: US-Seeblockade vor Kuba, schließlich Abdrehen der sowjetischen Schiffe

26./27.10.1962: bei Raketenabzug der UdSSR aus Kuba Verzicht auf US-Invasion auf Kuba und Raketenabzug aus der Türkei

27.10.1962: Abschuss eines US-Spionageflugzeugs, dennoch Zusage eines US-Invasionsverzichts bei Raketenabzug aus Kuba

28.10.1962: Die sowjetische Regierung gibt den Abzug der Waffen auf Kuba bekannt.

M4 Verlauf der Kuba-Krise

ARBEITSAUFTRÄGE

1 Stelle mithilfe von M3 die Bedrohung der USA durch Raketen auf Kuba dar.

2 a) Beschreibe die Karikatur M1 in Verbindung zur Kuba-Krise. Bushaltestelle
b) Begründe mithilfe der Karikatur M1 die Kuba-Krise als Auseinandersetzung im Kalten Krieg. Think-Pair-Share

3 Analysiere mithilfe von M3 und M4 den Verlauf der Kuba-Krise. HILFE

4 Fasse die Auswirkungen der Kuba-Krise zusammen.

M1 Berliner Kinder reisen als Austauschschüler zu Gastfamilien in die USA. (Foto, 1960)

Die Bundesrepublik wird Partner im Westen

Orientierung an den USA

In der Politik und der Gesellschaft der Bundesrepublik wurde ein Krieg mit dem Osten als mögliche Bedrohung gesehen. Die Bundesrepublik benötigte aus Sicht von Bundeskanzler Adenauer daher die USA und die westlichen Staaten als starke Partner. Trotz der Bundeswehr und der Mitgliedschaft in der NATO blieben die Truppen der drei Westalliierten als Verbündete in der Bundesrepublik. Außerdem galten die USA mit ihrem Wohlstand, der Technik und den Großstädten mit ihren Wolkenkratzern als das fortschrittlichste Land der Welt und als Vorbild.

M2 Propagandaplakat zur Westintegration der Bundesrepublik (1952)

Partnerschaft im westlichen Europa

Die Bundesrepublik wurde im westlichen Europa seit den 1950er-Jahren wieder als gleichrangiger Partner anerkannt. Durch gegenseitige Vereinbarungen zu Handel, Wirtschaft, Politik und Forschung erfolgte die Anbindung an den Westen. Die bundesdeutsche Regierung engagierte sich sehr für eine noch engere Zusammenarbeit der westlichen europäischen Staaten. Deren freiheitliches demokratisches System und die Menschenrechte sollten gemeinsam vor jeder Bedrohung geschützt werden.

Q1 Die Zusammenarbeit in Westeuropa begründete Bundeskanzler Adenauer 1957:

Ich denke weiter an das Recht, das in den meisten europäischen Ländern auf den gleichen Grundlagen beruht [...], und an das Bekenntnis zur freiheitlichen Demokratie [...]. Das gemeinsame Bekenntnis zur Freiheit ist es heute, das uns wieder zusammenführt gegen diejenigen Kräfte, die das freie Selbstbestimmungsrecht des einzelnen und der Völker verneinen.

M3 Konrad Adenauer (rechts) und Charles de Gaulle (links) bei einem Besuch in der Bundesrepublik (Foto, 1962)

Die Bundesrepublik und Frankreich als Freunde

Über Jahrhunderte hatten Deutschland und Frankreich oft Krieg gegeneinander geführt. Die persönliche Freundschaft der beiden Regierungschefs, Charles de Gaulle und Konrad Adenauer, förderte die deutsch-französische Verständigung. Sie vereinbarten, dass sich die Regierungen beider Länder regelmäßig treffen und ihre Politik miteinander abstimmen. Seither wird die deutsch-französische Freundschaft gepflegt und lebendig gehalten.

Tipp:
Genaueres zur deutsch-französischen Freundschaft erfährst du auf S. 82.

Q2 In seiner Biografie erinnerte sich Konrad Adenauer an seine erste Begegnung mit Charles de Gaulle im Jahr 1958:

Es würde das erste Zusammentreffen eines deutschen Regierungschefs mit de Gaulle nach dem Kriege sein. [...] Auf der langen Autofahrt, die unter anderem durch französisches Industriegebiet führt, wurde ich fast überall von der Bevölkerung erkannt und freundlich begrüßt. [...]
Auf Vorschlag de Gaulles hatten wir nur einen gemeinsamen Dolmetscher [...]. Er brauchte aber nur die Hälfte der Unterredung zu übersetzen, da de Gaulle so viel Deutsch und ich so viel Französisch konnte, dass wir uns vielfach ohne seine Hilfe verstanden. [...]
De Gaulle wies mit aller Klarheit darauf hin, dass sich die Situation zwischen Frankreich und Deutschland völlig verändert habe, dass Frankreich bis vor wenigen Jahren immer in der Furcht gelebt habe, eines Tages von Deutschland angegriffen zu werden. Nunmehr bestünde diese Furcht nicht mehr, und es gebe keine derartigen Spannungen mehr [...]. Deshalb könnten sich Frankreich und Deutschland gemeinsam und freundschaftlich den großen Aufgaben widmen, die die beiden Länder gemeinsam in Europa und in der Welt hätten.

ARBEITSAUFTRÄGE

1. Beschreibe mithilfe der Rede von Adenauer Q1, wodurch er die Bundesrepublik mit dem Westen verbunden sieht.
2. Gib mithilfe von Q2 und M3 die Grundgedanken der deutsch-französischen Zusammenarbeit wieder.

M1 Ludwig Erhard (1897–1977). Der langjährige Wirtschaftsminister war aufgrund des wirtschaftlichen Aufschwungs der 1950er-Jahre in der Bevölkerung sehr populär. (Foto, 1957)

Die 1950er-Jahre in der Bundesrepublik

Der wirtschaftliche Aufschwung

Die Kredite, Rohstoff- und Maschinenlieferungen aus den USA hatten in der Bundesrepublik einen wirtschaftlichen Neubeginn angestoßen. Der einsetzende wirtschaftliche Aufstieg der 1950er-Jahre ist eng mit dem System der Sozialen Marktwirtschaft verbunden. Sie prägt seitdem die Wirtschaftsordnung der Bundesrepublik:

- Der Staat sichert mithilfe von Gesetzen den freien Wettbewerb und das Privateigentum.
- Industriezweige können durch Unterstützung des Staates, z. B. Steuererleichterungen, gefördert werden.
- Unternehmer und Arbeitnehmer teilen sich die Beiträge zur Renten- und Krankenversicherung miteinander.

Schließlich erholte sich die Wirtschaft so schnell, dass man von einem „Wirtschaftswunder" sprach. Die demokratischen Parteien profitierten von der wirtschaftlichen Gesundung. Das Vertrauen in die Politiker und in die staatliche Ordnung wuchs. Das sozialistische Wirtschafts- und Gesellschaftssystem der DDR wurde von den meisten Bürgerinnen und Bürgern und Parteien nicht als Alternative angesehen.

„Wir sind wieder wer!"

Der wirtschaftliche Aufschwung führte dazu, dass die Kriegsschäden schneller beseitigt werden konnten als angenommen. Überall entstanden neue Straßen, Brücken und Gebäude. In der Gesellschaft breitete sich das Gefühl aus, dass es vorwärts geht.

Dieses neue Selbstwertgefühl steigerte der Titelgewinn der westdeutschen Fußballmannschaft bei der WM 1954 noch. In Umfragen gaben die Bürgerinnen und Bürger der Bundesrepublik an, dass sie sich nun gleichrangig mit anderen Nationen sahen und wieder respektiert fühlten.

M2 Die Mannschaft der Bundesrepublik als Fußballweltmeister nach Spielende (Foto, 1954)

Wachsender Wohlstand in der Gesellschaft

Die Jahre nach dem Krieg wurden durch den wirtschaftlichen Aufschwung endgültig überwunden. Zu Symbolen des Wirtschaftswunders in den 1950er-Jahren wurden Produkte wie der Volkswagen „Käfer“, ein Radio oder ein Fernsehgerät. Diese Produkte waren aber noch sehr teuer. Eine Familie musste immer noch lange sparen, bis sie sich z. B. eine Waschmaschine oder einen Kühlschrank leisten konnte. Zum Traum der Westdeutschen wurde der Bau eines Eigenheims, welches über Bankkredite finanziert werden konnte.

Zum steigenden Wohlstand gehörten bald auch wieder Reisen. Die Fahrt über Landstraßen nach Österreich und Italien, den damaligen Traumzielen, war mit den einfachen Automobilen noch ein Abenteuer. Es dauerte oft mehrere Tage, bis die Reisenden am Urlaubsort ankamen. Auch mit dem Fahrrad oder dem Motorroller reisten viele und übernachteten im Zelt oder einfachen Pensionen.

Dagegen waren Fernreisen ein echter Luxus. Ein Flug in die USA oder eine Fahrt mit dem Schiff waren für einfache Bürgerinnen und Bürger unerschwinglich. Eine Flugreise wurde daher sehr bestaunt.

M3 Werbeplakate in den 1950er-Jahren

M4 Fahrt in den Süden in den späten 1950er-Jahren (Foto, o. J.)

ARBEITSAUFTRÄGE

1 a) Recherchiere zum „Wunder von Bern“ in M2 und stelle die Besonderheit vor.
b) Begründe die Wirkung der Fußballweltmeisterschaft 1954 auf die Bürgerinnen und Bürger der Bundesrepublik.

2 I Schildere, wie das Wirtschaftswunder den Alltag veränderte.
II Beschreibe Aktivitäten mithilfe von M3, die erst durch das „Wirtschaftswunder“ wieder möglich wurden.
III Begründe, warum besonders Reisen wie in M4 als Zeichen des Wohlstands galten.

3 Diskutiert, wie stark Konsum unsere heutige Gesellschaft prägt.
Debatte

Die DDR ist an die Sowjetunion gebunden

M1 Propagandaplakat zum Wiederaufbau der Städte in der DDR nach Vorbild der Sowjetunion (1952)

Orientierung an der Sowjetunion

Die Deutsche Demokratische Republik war auf Anordnung der Sowjetunion gegründet worden. Die von der SED angeführte Regierung hob die DDR propagandistisch als den fortschrittlichsten Staat heraus. Durch die Führung der kommunistischen Partei sei der Wiederaufbau des vom Krieg verwüsteten Landes gelungen. Forschung und Technik seien dem Westen überlegen. Die Bundesrepublik und deren Bindung an die USA sollten rückschrittlich erscheinen.

Staatlich angeordnete Freundschaft

In der staatlichen Propaganda wurde stets die Freundschaft zwischen den „Völkern der Sowjetunion und der DDR" betont. Alle Parteiorganisationen und auch Kindergärten und Schulen lehrten diese Sichtweise:

- Traditionelle deutsche Märchen wurden durch russische, wie z. B. „Mischa der Bär", ergänzt und in Kinderliedern die Freundschaft zur Sowjetunion besungen.
- Als verpflichtende erste Fremdsprache erlernten die Schülerinnen und Schüler nun Russisch.
- Kirchliche Feste wie Weihnachten wurden zwar nicht abgeschafft, aber durch russische Elemente wie z. B. „Väterchen Frost" ergänzt.

M2 Propagandamarsch von Schülerinnen zur Freundschaft mit der Sowjetunion (Foto, 1955)

Die Anwesenheit von sowjetischen Truppen rechtfertigte die DDR-Führung damit, dass sie Beschützer vor der Bundesrepublik und den USA seien und so den Frieden garantieren würden. Kontakte der DDR-Bevölkerung zu den sowjetischen Truppen gab es aber kaum. Zu einer freiwilligen, in der Bevölkerung gepflegten und lebendig gehaltenen deutsch-russischen Freundschaft kam es nicht. Die staatlich angeordnete Partnerschaft zu Osteuropa verfehlte ihr Ziel.

M3 Von der SED angeordnete Inschrift an einem Bauernhof (Foto, 1952)

Gelenkte Zusammenarbeit im östlichen Europa

Als Reaktion auf den amerikanischen Marshallplan verpflichtete die sowjetische Regierung die Länder ihres Machtbereichs zur wirtschaftlichen Zusammenarbeit. Sie sollten eng an die Sowjetunion gebunden sein, um die Staaten noch besser kontrollieren zu können. Ihre Zusammenarbeit diente demnach eher politischen als wirtschaftlichen Zielen.

Auch die DDR wurde fest angebunden. Vor allem durch die Rohstofflieferungen und die Erdöl- und Gaslieferungen war die Wirtschaft der DDR an die Sowjetunion gekoppelt. Da die Liefermengen von sowjetischer Seite bestimmt wurden, musste sich wiederum die Planwirtschaft in der DDR daran orientieren.

Es war das Ziel, die Produktion aller osteuropäischen Staaten so miteinander zu vernetzen, dass Schwankungen ausgeglichen wurden. Durch ein Ineinandergreifen der Produktion und des Handels sollten Fortschritt und Wohlstand in diesen Ländern wachsen.

Doch die wirtschaftliche Leistungskraft der Industrie der einzelnen Staaten war sehr unterschiedlich. Neben der Sowjetunion war die DDR das leistungsstärkste und am höchsten entwickelte Land in Osteuropa.

ARBEITSAUFTRÄGE

1 Fasse zusammen, wodurch die DDR mit der Sowjetunion verbunden war.

AUSWAHL **2** I Zähle auf, wodurch die Freundschaft zur Sowjetunion durch den Staat gefördert werden sollte.

II Erkläre den Begriff „Völkerfreundschaft zur Sowjetunion".

III Erläutere mithilfe der Bilder M2 und M3, dass es sich um eine staatlich angeordnete Freundschaft handelte.

3 Vergleiche die Beziehung der Bundesrepublik zu den USA und Westeuropa mit der Anbindung der DDR an die UdSSR und Osteuropa. HILFE

Planmäßiger Aufbau des Sozialismus

Die Umgestaltung der Landwirtschaft

Die sowjetische Besatzungsmacht hatte bereits unmittelbar nach Kriegsende in der Landwirtschaft eine Umverteilung des Grundbesitzes angeordnet. Große Bauern wurden durch die Bodenreform enteignet und das Land an viele Kleinbauern verteilt.

Doch in der Praxis häuften sich die Schwierigkeiten. Die Lebensmittelproduktion ging zurück und die neuen Höfe waren zu klein, um Gewinn erwirtschaften zu können. Daher ordnete nun die DDR-Regierung an, dass die kleinen Höfe zu staatlich gelenkten Landwirtschaftlichen Produktionsgenossenschaften (LPG) zusammengelegt wurden.

Viele Bauern wollten ihren Hof nicht freiwillig aufgeben. Sie wollten selbst entscheiden können, was sie anbauen oder welche Tiere sie halten. Lieber trugen sie selbst das Risiko einer schlechten Ernte und eines geringen Einkommens, als den Hof abzugeben. Erst unter Zwang traten sie daher in eine LPG ein. Sie wurden zu Arbeitern auf dem eigenen Hof, mussten den Anweisungen einer vorgesetzten Behörde folgen.

Die Umgestaltung von Industrie- und Handwerksbetrieben

Die gesamte DDR-Wirtschaft sollte sich nach den Prinzipien der sowjetischen Planwirtschaft entwickeln:

- Voraussetzung war die Verstaatlichung der privaten Unternehmen.
- Es folgte deren Umgestaltung zu „Volkseigenen Betrieben“ (VEB).
- Alle Betriebe, Produktions- und Wirtschaftszweige wurden hierbei aufeinander abgestimmt.
- Schließlich wurde in einem Plan die gesamte wirtschaftliche Produktion vorausgedacht.

In sogenannten „Fünfjahresplänen“ wurden alle wesentlichen wirtschaftlichen Vorgaben von einer zentralen Planungsbehörde zum Aufbau des Sozialismus festgeschrieben.

Verstaatlichung: Handwerks- und Industriebetriebe sowie Banken werden enteignet, d. h. ihren Besitzern weggenommen. Sie werden verstaatlicht, d. h. zu Staatseigentum.

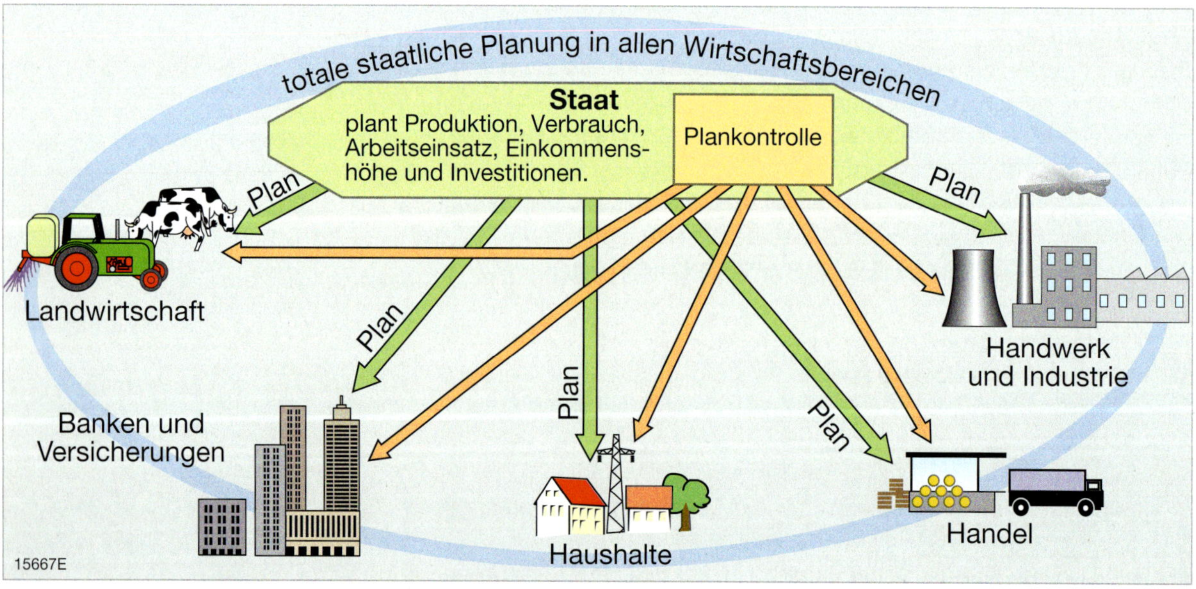

M1 Schaubild zum System einer staatlich gelenkten Planwirtschaft

M2 Eine staatliche Planungskommission begutachtet verschiedene Stoffmuster für die Produktion von Frauenkleidung. (Foto, 1953)

Mängel der Planwirtschaft

Vor allem in der Produktion von Konsumgütern erwies sich diese staatliche Lenkung als sehr schwierig und oft fehlerhaft. Den Betrieben der DDR wurde von staatlicher Seite aus vorgegeben, welche Produkte und wie viele davon produziert werden sollten. Die Bürgerinnen und Bürger mussten mit dem entsprechenden Warenangebot in den Läden zurechtkommen. Eine so große Auswahl wie in den westlichen Kaufhäusern gab es nicht.

Q1 Im Parlament der DDR wies eine Abgeordnete im Winter 1952 auf Fehler der Planwirtschaft hin:

Nicht nur in der Versorgung mit Lebensmitteln, sondern auch besonders in der Versorgung mit Textilien gab es große Mängel. [...] Sicher hat der Minister [...] keine Kinder; denn sonst könnte er in der Sorge um unsere Jüngsten nicht vergessen, dass sie Strümpfe, Windeln, Babywäsche, Hosen, Kleider und Mäntel brauchen, und zwar der Jahreszeit angepasst. Im Winter brauchen unsere Kinder keine Sandalen, die es jetzt und nicht im Sommer zu kaufen gibt. Im Winter brauchen unsere Kinder keine Kniestrümpfe, die man jetzt haben kann, während sie im Sommer fehlten.

M3 In der DDR erzeugte Waren wurden immer auf der Leipziger Messe präsentiert. (Foto, 1952)

Diese Produktionsweise führte zu einem steten Mangel an Konsumgütern. Bis weit in die 1950er-Jahre hinein versuchte die DDR, den Vorkriegsstand der Versorgung mit Lebensmitteln und Konsumgütern wieder zu erreichen.

ARBEITSAUFTRÄGE

1 Präsentiere, welche VEB es an deinem Schulort gab.

2 I Gib mithilfe des Schaubilds M1 wieder, wie die Planwirtschaft funktionierte. HILFE

II Beschreibe mithilfe von M1 und M2 die Aufgaben der Planungskommission. HILFE

III Begründe mithilfe von M1 und Q1, warum es zu Mängeln und Fehlern in der Planwirtschaft kam. HILFE

3 Begründe, warum das Paar im Hintergrund von M3 so erstaunt auf die Wurstwaren schaut. Denke dabei an die Mängel der Planwirtschaft.

Sozialistische Musterstadt Karl-Marx-Stadt

Info:
Karl Marx (1818–1883) forderte 1848 im „Kommunistischen Manifest“, das er gemeinsam mit Friedrich Engels (1820–1895) verfasst hatte:
- *Abschaffung des Privateigentums,*
- *technischer Fortschritt soll allen Menschen zugutekommen,*
- *Gleichheit aller Menschen in einer klassenlosen Gesellschaft.*

Aus Chemnitz wird Karl-Marx-Stadt

Im März 1945 wurde Chemnitz durch Luftangriffe zu über 90 Prozent zerstört. Bereits 1946 begann die Bevölkerung, die Trümmer zu beseitigen. Wohnraum blieb jedoch knapp, da Baumaterial fehlte. Die Stadtverwaltung legte deshalb fest, dass 1,5 Personen 10 Quadratmeter Wohnraum zur Verfügung stehen sollten.

Die Regierung der DDR rief das Jahr 1953 zum Karl-Marx-Jahr aus und benannte als einen der Höhepunkte des Jahres Chemnitz in Karl-Marx-Stadt um.

M1 Am 10. Mai 1953 feierte Ministerpräsident Otto Grotewohl mit etwa 180 000 Menschen die Umbenennung ihrer Stadt Chemnitz in Karl-Marx-Stadt. (Foto, 10.05.1953)

Q1 Otto Grotewohl erklärte anlässlich der Umbenennung von Chemnitz in Karl-Marx-Stadt am 10. Mai 1953:

Die Menschen, die hier wohnen, schauen nicht rückwärts, sondern sie schauen vorwärts auf eine neue und bessere Zukunft. Sie schauen auf den Sozialismus. Sie schauen mit Liebe und Verehrung auf den Begründer der sozialistischen Lehre, auf den größten Sohn des deutschen Volkes, auf Karl Marx. Ich erfülle darum hiermit den Beschluss der Regierung. Ich vollziehe den feierlichen Akt der Umbenennung dieser Stadt und erkläre: Von nun an trägt diese Stadt den stolzen und verpflichtenden Namen Karl-Marx-Stadt.

Neue Stadtplanung

Beim Wiederaufbau orientierte man sich bis etwa 1959 an der alten Struktur der Stadt. An den Stellen, an denen Häuser gestanden hatten, wurden neue Häuser errichtet. Auch die Straßenführung blieb erhalten. Ab 1960 änderte sich dies. Die Stadt sollte nach modernen Ansprüchen neu gestaltet werden. Ein neues Stadtzentrum mit einem zentralen Platz wurde geplant, das durch großzügig angelegte Ringstraßen vom Durchgangsverkehr freigehalten wurde.

Wohnen im Sozialismus

Auch der Wohnungsbau wurde in dieser Zeit vorangetrieben. Es entstanden auf unbebauten Flächen im Stadtgebiet und am Stadtrand neue, große Wohngebiete zumeist in Plattenbauweise.

M2 Der Rosenhof im Zentrum von Karl-Marx-Stadt (Foto, 1968)

Q2 In dem Protokoll des VI. Parteitages der SED vom Januar 1963 heißt es über die Schaffung von neuem Wohnraum:

Diese Wohnkomplexe sollen modern, farbenfreudig und schön gestaltet und von Grünanlagen durchzogen sein. [...] Das erfordert, den Bau der Wohnhäuser (die wenigstens vier Stockwerke hoch sein sollen) mit der Schaffung der gesellschaftlichen Einrichtungen, zum Beispiel Verkaufsstellen, Dienstleistungseinrichtungen, Klubräumen, Kindergärten und Spielplätzen, zu kombinieren. [...] Ein Gesetz muss es sein, die Wohnkomplexe im Zusammenhang mit neuen Industriewerken als Einheit zu planen [...].

Q3 **Karl-Heinz Neubauer erinnert sich, als er 1962 mit seiner Familie eine Wohnung im Rosenhof zugewiesen bekam:**

Der 4. Dezember 1962 war für unsere Familie gleich in zweifacher Hinsicht ein Glücksfall. An diesem Tag kam unsere Tochter zur Welt. Außerdem erhielt ich den Zuweisungsschein für eine Neubauwohnung im Rosenhof, der damals noch Holzmarkt hieß. [...] Fernheizung, Bad, Müllschlucker im Haus und Fahrstuhl waren Anfang der 1960er-Jahre schon große Annehmlichkeiten, auf die der Großteil der Menschen in ihren Wohnungen noch verzichten musste. Deshalb nahmen wir es damals auch mit relativer Gelassenheit, dass wir quasi vier Jahre auf einer Baustelle wohnten, bevor die letzten Achtgeschosser [...] errichtet waren.

M3 „Roter Turm": Das historische Wahrzeichen von Chemnitz steht neben der neuen Stadthalle und dem Interhotel Kongress. Interhotels waren in der DDR hochwertig ausgestattete Hotels für internationale Gäste. (Foto, 1974)

M4 Karl-Marx-Monument an der Karl-Marx-Allee, eingeweiht im Jahr 1971 (Foto, 1983/1984)

ARBEITSAUFTRÄGE

Bearbeite in einer Gruppenarbeit die Aufgaben kooperativ mit einem Partner oder einer Kleingruppe und stelle die Ergebnisse deiner Klasse vor:

a) Erläutere die Auswahl von Karl Marx als Namensgeber mithilfe von Q1 und M4.

b) Erkläre die Vorstellungen des sozialistischen Wohnungsbaus mithilfe von Q2, M2 und M4.

c) Schreibe mithilfe des Autors der Quelle Q3 einen Brief an Verwandte, in dem er den Umzug seiner Familie in die neue Wohnung im Rosenhof M2 schildert.

d) Recherchiere, warum die Stadt heute wieder ihren alten Namen trägt.

HILFE

Tipp:
Einen Webcode zur Gruppenarbeit findest du auf S. 15.

Unzufriedenheit mit der SED-Herrschaft

M1 Verwaltungsbezirke der DDR. Im Jahr 1952 beschloss die Regierung die Auflösung der fünf Länder. Das heutige Sachsen wurde in drei Bezirke aufgeteilt.

Die SED bestimmt über die Demokratie

Die Hoffnungen auf wirkliche Demokratie in der DDR erfüllten sich nicht. Die SED war die bestimmende Partei. Alle anderen Parteien hatten sich ihren politischen Vorstellungen zu beugen. Daher gab es keine echte Alternative oder Opposition. Die SED-Herrschaft war unantastbar.

Auch die Industriebetriebe, Bauernhöfe (LPG), die Schulen und Universitäten wurden immer von der Partei gesteuert, da an der Spitze ein Parteigenosse stand. Die zentralen Anweisungen der Regierung in Ost-Berlin mussten dann vor Ort umgesetzt werden.

Widerstand gegen die bestimmende Partei

Sich gegen die Partei zu stellen und Kritik zu äußern, war riskant. Dennoch wagten immer wieder einige, ihre Meinung über die SED, die wirtschaftlichen Schwierigkeiten oder die verordnete Anbindung an die Sowjetunion zu äußern. Vor allem kritisierten sie in Flugblättern oder in Schriftzügen an Mauern die fehlende Demokratie in der DDR.

Wenn die Urheber ermittelt werden konnten, wurden diese in der Regel zu langen Haftstrafen verurteilt. Denn auch die Richter und Staatsanwälte waren meist in der SED und urteilten nicht unbefangen.

Q1 Elisabeth Graul beschreibt ihren Widerstand gegen die SED-Herrschaft. Sie wurde erst nach elf Jahren aus der Haft entlassen:

Ich habe als junger Mensch einer Widerstandsbewegung angehört, weil ich mit vielem nicht einverstanden war. [...] Ich habe damit meine Zukunft aufs Spiel gesetzt, was ich wohl wusste, und habe die Quittung auch dafür bekommen. [...] Wir wollten ein wirklich demokratisches Deutschland!

M2 Gefängnis in Bautzen. Viele Systemkritiker wurden dort unter sehr schlechten Haftbedingungen gefangen gehalten und waren auch zur Zwangsarbeit verpflichtet. (Foto, 1990)

Flucht in den Westen

Andere Bürgerinnen und Bürger, die mit der SED-Herrschaft, der Staatsform der DDR und der Planwirtschaft nicht einverstanden waren, wählten den Weg in die Bundesrepublik über die innerdeutsche Grenze.

Obwohl die Grenze oft nur aus einem einfachen Zaun oder einer Markierung bestand, war es verboten, die Grenzlinie ohne Erlaubnis zu überqueren. Flüchtende riskierten, von DDR-Grenzpolizisten entdeckt und verhaftet zu werden. Vor allem in Waldgebieten konnte z.B. die Grenze zwischen Sachsen und Bayern unentdeckt überquert werden.

M3 Bei der Flucht über die Grenze mussten die Flüchtlinge den größten Teil ihres Besitzes zurücklassen. (Foto, 1952)

Die Grenze wird immer mehr bewacht

In den ersten Jahren flohen mehrere Hunderttausend DDR-Bürgerinnen und -Bürger über die sogenannte „grüne Grenze“ in den Westen. Um diese Fluchtwelle zu beenden, ließ die DDR-Regierung die Grenze viel stärker von Soldaten bewachen. Außerdem wurden Zäune und Wachtürme errichtet. Auch durfte sich niemand ohne ausdrückliche Genehmigung im Grenzgebiet zur Bundesrepublik aufhalten. Manche Dörfer, die nahe an der Grenze lagen, wurden abgerissen und die Einwohner umgesiedelt.

Um die „Abstimmung mit den Füßen“ endgültig zu verhindern, erteilte die Regierung der DDR den Befehl, auf Flüchtende im Grenzgebiet zu schießen. Jeder Fluchtversuch sollte so lebensgefährlich sein, dass niemand mehr die Flucht wagen würde.

ARBEITSAUFTRÄGE

1. Beschreibe mithilfe der Quelle Q1 den Umgang mit Kritikern der SED.
   Partnervortrag
2. Stelle die Gedenkstätte Bautzen vor. HILFE
3. WAHL
   - I Zähle auf, wodurch die DDR versuchte, ihre Bürgerinnen und Bürger an der Flucht in den Westen zu hindern.
   - II Erkläre mit M3 den Begriff „Abstimmung mit den Füßen“. HILFE
   - III Begründe, warum die DDR ihre Grenze zur Bundesrepublik kontrollierte.

Aufstand gegen die Diktatur: 17. Juni 1953

M1 Streikende Arbeiter in Ost-Berlin am 16. Juni 1953 (Foto, 1953)

Unzufriedenheit macht sich breit

Innerhalb weniger Jahre hatte sich in der Bundesrepublik ein deutlich höherer Lebensstandard als in der DDR entwickelt. Die höheren Löhne der Arbeiter im Westen und deren wachsender Wohlstand waren deutlich zu sehen. Auch Zeitungen oder Verwandtschaftsbesuche zeigten den Menschen die Vorteile und Leistungen der Marktwirtschaft. Besonders das Warenangebot in den Kaufhäusern in West-Berlin machte den Einwohnern der Ostseite deutlich, wie groß der Unterschied war.

Staatliche Willkür und Widerstand

Die Unzufriedenheit der DDR-Bürgerinnen und -Bürger mit der Regierung und der Planwirtschaft wurde immer größer. Diese Spannungen wuchsen weiter an, denn die SED-Regierung wollte unbedingt die selbstgesteckten Ziele in der Wirtschaft erreichen. Daher forderte sie von den Arbeitern, mehr und länger zu arbeiten, allerdings ohne deren Löhne anzupassen.

Schließlich riefen die Arbeiter in Ost-Berlin zunächst zum Protest gegen die Arbeitsvorgaben auf. Doch bald forderten sie den Rücktritt der Regierung, demokratische Wahlen sowie ein geeintes Deutschland.

Volksaufstand in der DDR

Von Ost-Berlin ausgehend kam es in der gesamten DDR am 17. Juni 1953 zu einem Volksaufstand gegen die SED und die Regierung. Auch in den sächsischen Industriegebieten, in Leipzig, Dresden, Karl-Marx-Stadt oder Görlitz, protestierten die Arbeiter. Sie demonstrierten zunächst gegen die erhöhten Arbeitsnormen. Doch dann forderten auch sie freie und geheime Wahlen, ein Leben ohne Unterdrückung und einen vereinigten deutschen Staat.

Arbeitsnorm: Leistung, die ein Arbeiter in einer bestimmten Zeit zu erbringen hat

M2 Demonstrierende Arbeiter marschieren am 17. Juni 1953 durch das Brandenburger Tor in Richtung West-Berlin. (Foto, 1953)

Die SED braucht die Unterstützung der Sowjetunion

Schließlich kam es zu gewaltsamen Ausschreitungen. Die Demonstranten besetzten Regierungsgebäude und nahmen die Staatsangestellten und Bürgermeister gefangen. Die Herrschaft der SED drohte, in der gesamten DDR innerhalb kürzester Zeit zusammenzubrechen.

Als Ausweg blieb dem Regierungschef Walter Ulbricht nur, Hilfe von der Sowjetunion zu erbitten. Mit Panzern und Schusswaffen beendeten die sowjetischen Soldaten den Aufstand. Einige Demonstranten starben bei diesem Militäreinsatz und viele wurden zu hohen Haftstrafen verurteilt.

WES-104984-107
Filmclip 17. Juni 1953

Q1 Jakob Kaiser, Bundesminister für gesamtdeutsche Fragen, ordnete den Aufstand bei einer Trauerveranstaltung für die Opfer am 23. Juni 1953 so ein:

Der 16. und 17. Juni waren der Aufstand des Menschen gegen ein Diktatsystem ohne Menschlichkeit [...]. Dass dieser Aufstand erfolgte, trotz Waffenlosigkeit auf der einen und trotz Panzern und Maschinengewehren auf der anderen Seite, zeugt für die abgrundtiefe Abneigung gegen das aufgezwungene System.

M3 Demonstranten kämpfen mit Steinen gegen einen sowjetischen Panzer. (Foto, 1953)

ARBEITSAUFTRÄGE

1 Zähle Ursachen für den Volksaufstand am 17. Juni 1953 auf
Stühletausch

2 I Benenne mithilfe von M1 und M2 Forderungen der Demonstranten.
II Schildere mithilfe der Abbildungen M1, M2 und M3 den Verlauf des Volksaufstands. HILFE
III Bewerte das Vorgehen der DDR-Regierung gegen die Demonstranten.

3 a) Stelle die Sicht des Politikers der Textquelle Q1 zum Volksaufstand vor.
b) Recherchiere zum Gedenken an den Volksaufstand von 1953 in der Bundesrepublik. HILFE

Die Stasi überwacht die Bevölkerung

M1 Gesammelte Geruchsproben. Die Stasi nahm von allen Untersuchungshäftlingen Geruchsproben. Mit Hunden konnten so eventuelle weitere Zusammenhänge ermittelt werden. (Aktuelles Foto)

Das Ministerium für Staatssicherheit (MfS)

Wie in einer Diktatur üblich, wurde die Bevölkerung in der DDR überwacht. Dafür wurde im Jahr 1950 das Ministerium für Staatssicherheit (MfS) gegründet. Das MfS wurde als „Schild und Schwert der Partei" bezeichnet. Es ähnelte einer Polizeibehörde, die dem Machterhalt der SED diente.

Nach dem Volksaufstand von 1953 wurde das MfS ausgebaut und seine Befugnisse wurden erweitert. Die wichtigsten Aufgaben waren,
- der Regierung Berichte über die Stimmung in der Bevölkerung zu liefern,
- regierungskritische Personen oder -gruppen zu ermitteln, zu überwachen und vor Gericht zu bringen,
- politisch Andersdenkende einzuschüchtern und deren Post, Telefon sowie Kontakte zu anderen Personen zu überwachen.

Außerdem gehörten auch die Kontrolle der Grenzübergänge und die Spionage in der Bundesrepublik oder im westlichen Ausland zum Aufgabenbereich des MfS.

Flächendeckende Überwachung

Das MfS, auch „Staatssicherheit"/„Stasi" genannt, bekam Informationen zu ihren Bürgerinnen und Bürgern vor allem über „Inoffizielle Mitarbeiter" (IM) und legte Akten zu jeder beschatteten Person an. Die IM bespitzelten die Menschen in ihrem privaten und beruflichen Umfeld und gaben Informationen weiter. Vorranging wurden deren Gesinnung und Einstellung gegenüber dem Staat ausgekundschaftet.

Die Stasi hatte in den Bezirksstädten ihre eigenen Zentralen mit den entsprechenden technischen Einrichtungen. Die gesamte DDR war von einem dichten Überwachungssystem der Stasi überzogen. Im Jahr 1989 gab es neben den rund 91 000 festen Mitarbeitern, die für das MfS arbeiteten, auch ungefähr 189 000 „Inoffizielle Mitarbeiter".

WES-104984-108
Filmclip über die „Stasi"

M2 Fensterloser Kleintransporter „Barkas" der Stasi. Den Verhafteten sollten die Standorte der Stasi-Gefängnisse verborgen bleiben, die Bevölkerung möglichst wenig von den Transporten wissen. (Foto, 2005)

Der Stasi ausgeliefert

Gerieten Bürger oder Bürgerinnen in den Blick der Stasi, waren sie deren Willkür ausgeliefert. Jeder konnte ohne vorherigen Gerichtsbeschluss in Untersuchungshaft genommen und psychisch terrorisiert werden. Für diese Verhöre und Untersuchungen gab es spezielle Gefängnisse. Die Festgenommenen durften weder einen Anwalt sprechen noch Kontakt zur Familie aufnehmen. Hatte die Stasi genügend Belastungsmaterial gesammelt oder erpresst, ergingen vorgefertigte Urteile mit sehr langen Haftstrafen.

M3 Rekonstruierte Zelle in einem Stasi-Gefängnis (Foto, 2005)

Q1 Die DDR-Bürgerin Marietta Jablonski beschrieb 1997 die Verhöre im Stasigefängnis. Sie war 1971 für sechs Monate ohne Schuldnachweis in Untersuchungshaft:

Ich sehe noch heute das lauernde Gesicht, das verachtende Lächeln, die gierigen Augen, höre die unangenehme [...] Stimme, wie sie mir [...] mitteilte: „Wir haben die Macht, die unbeschränkte Macht, hier, das ist Ihnen, Frau Jablonski doch klar. Wir können mit Ihnen machen, was wir wollen, es gibt niemanden, der Ihnen helfen kann. [...] Sie kommen in einen Barkas [...], auf dem steht Brot oder Butter oder Gemüse, auf jeden Fall eine neutrale Aufschrift. Sie kommen nirgends lebend an. Daran wird uns niemand hindern, niemand interessiert sich dafür. Sie verschwinden auf ewig. Nie in Ihrem Leben werden Sie die Möglichkeit haben, über das, was Sie hier erlebt haben, zu sprechen. Sollten Sie es trotzdem tun, so überleben Sie das nicht."

M4 Roland Jahn war von 2011 bis 2021 der Leiter einer staatlichen Behörde, die sich um die Aufarbeitung der Stasi-Verbrechen kümmerte. (Foto, 2011)

Q2 Der von der Stasi verfolgte und inhaftierte DDR-Bürger Roland Jahn blickte in einer Rede auf die Verhöre der Stasi zurück:

Im Gefängnis erlebten wir die Stasi-Offiziere als geschulte Psychologen. Sie drohten, dass unser Kind ins Heim kommt, wenn wir nicht aussagen. Abends schalteten sie demonstrativ das Radio ein und zwangen Petra [Jahns Lebensgefährtin und Mutter der gemeinsamen Tochter], den Abendgruß des Sandmanns zu hören – eine Kindersendung, die unsere Tochter liebte. Mir gaben sie Fotos von unserer Tochter und freuten sich, wie ich mit den Bildern weinend in der Zelle saß. In solchen Momenten war ich kurz vor dem Zusammenbruch und klammerte mich an die Hoffnung, dass es nicht ewig dauern kann. Den Stasi-Mitarbeitern sagte ich damals: „Eines verspreche ich euch, irgendwann komme ich hier raus und dann werde ich euren Kindern erzählen, was ihr hier getrieben habt."

ARBEITSAUFTRÄGE

Bearbeitet die Aufgaben kooperativ mit einem Partner oder einer Kleingruppe in einer Gruppenarbeit.

a) Begründe, warum die DDR-Regierung die Stasi benötigte.

b) Erläutere mithilfe der Quellen Q1 und Q2, wie die Stasi die Befragung von Untersuchungshäftlingen durchführte.

c) Stelle die Stasi-Gedenkstätte in Berlin-Hohenschönhausen vor. HILFE

d) Recherchiere den Lebenslauf von Roland Jahn und stelle diesen vor. HILFE

Tipp:
Einen Webcode zur Gruppenarbeit findest du auf S. 15.

Der Bau der Berliner Mauer

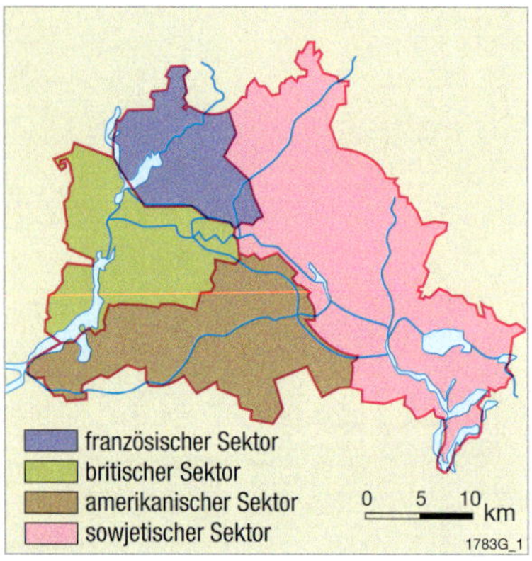

M1 Die vier Sektoren der Stadt Berlin

Berlin als Tor zum Westen

Durch die streng bewachte Grenze zur Bundesrepublik waren die Bürger und Bürgerinnen der DDR vom Westen abgeriegelt. Nur in der Viersektorenstadt Berlin war es möglich, die DDR ohne Todesgefahr zu verlassen, da es zwischen dem Ost- und Westteil der Stadt keine befestigte Grenze gab. Von West-Berlin aus konnte jeder Flüchtende dann in die Bundesrepublik gelangen. Der Flüchtlingsstrom über Berlin in den Westen bedeutete für die Führung der DDR

- einen großen volkswirtschaftlichen Schaden, weil sich unter den Übersiedlern gut ausgebildete Facharbeiter befanden,
- einen Imageschaden, weil die Fluchtbewegung die große Unzufriedenheit der Bürgerinnen und Bürger mit dem Regime signalisierte, und
- das Bekanntwerden der diktatorischen Strukturen in der DDR im Westen durch die Geflüchteten.

Daher beschloss die DDR-Führung, nach Rücksprache mit der Sowjetunion, auch in Berlin die Grenze zu befestigen.

Beseitigung des „Schlupflochs“ Berlin

In der Nacht zum 13. August 1961 positionierten sich bewaffnete DDR-Kräfte in der ganzen Stadt an den Sektorengrenzen und riegelten diese mit Stacheldraht und Barrikaden ab. Am Morgen begannen dann Bauarbeiter mit dem Bau der Berliner Mauer quer durch die Stadt und um die drei westlichen Besatzungszonen:

- Straßen und Brücken in den Westteil wurden von Soldaten versperrt,
- der S- und U-Bahnverkehr zwischen den Stadtteilen wurde eingestellt,
- der durch die Stadt fließende Fluss von Soldaten in Booten bewacht.

Innerhalb weniger Tage war West-Berlin nicht nur vom Ostteil, sondern auch vom gesamten Umland abgetrennt.

M2 Bau der Berliner Mauer. Vom Westen aus war zu sehen, dass DDR-Soldaten die Bauarbeiter bewachen mussten, damit sie nicht flohen. (Foto, 13.08.1961)

Folgen des Mauerbaus

Innerhalb weniger Wochen wurde die Grenze immer weiter befestigt. Für viele Berliner hatte der Mauerbau weitreichende Folgen:

- Viele konnten ihre Universität oder Arbeitsstätte nicht mehr erreichen.
- Menschen wurden voneinander getrennt. Familien, Verwandte, Nachbarn und Freunde konnten sich nicht mehr besuchen.

Viele West-Berliner waren über den Mauerbau empört und erhofften sich Hilfe durch die Westalliierten. Diese hielten sich aber zurück, da sie keinen Krieg mit der Sowjetunion riskieren wollten.

Q1 Der Bürgermeister von West-Berlin, Willy Brandt, kritisierte am 13. August 1961 den Mauerbau und die Teilung der Stadt:

Das wird uns nicht davon abhalten, leidenschaftlich Anklage gegen die brutale Zerreißung dieser Stadt zu erheben, gegen einen Akt, der Recht und Gerechtigkeit Hohn spricht. In Wahrheit hat das kommunistische Regime in den letzten 48 Stunden das Eingeständnis dafür geliefert, dass es selbst Schuld ist an der Flucht von Deutschen nach Deutschland. Eine Clique, die sich Regierung nennt, muss versuchen, ihr eigene Bevölkerung einzusperren. [...] Es wird keinen Bestand haben. [...] Wir wollen ein Volk bleiben.

M3 Getrennte Familien: Ein West-Berliner Ehepaar präsentiert ihre Zwillinge den Großeltern im Ostteil. (Foto, 1961)

Eine unmenschliche Grenzline

An der innerdeutschen Grenze hatten die DDR-Grenzsoldaten den Befehl, auf Flüchtende zu schießen. Dies galt auch an der Berliner Mauer. Eine Flucht von Ost- nach West-Berlin wurde so zu einem gefährlichen und fast unmöglichen Unterfangen. Bis zum Fall der Berliner Mauer gab es eine Vielzahl von „Mauertoten" zu beklagen.

Eines der ersten Maueropfer in Berlin wurde der 18-jährige Peter Fechter. Bei seinem Fluchtversuch wurde er angeschossen und fiel auf DDR-Gebiet zurück. Augenzeugen aus dem Westen, die die Flucht beobachtet hatten, warfen dem schwer Verletzten Verbandszeug über die Mauer. Doch niemand durfte helfen, so dass Peter Fechter verblutete. Seine Leiche trugen dann DDR-Grenzsoldaten aus dem Grenzgebiet.

Die Stasi überwachte stets die Angehörigen von Geflüchteten. Deren Familien mussten dann viele Schikanen ertragen, konnten beruflich nicht aufsteigen oder durften nicht studieren. Neben der Lebensgefahr diente dieses Druckmittel zur Abschreckung vor einer Flucht.

ARBEITSAUFTRÄGE

WAHL **1** Stelle dir vor, du erlebst als Reporter in West-Berlin den Mauerbau. Du darfst die Aufgaben in Einzel- oder Gruppenarbeit lösen. Reporter

- I Schreibe mithilfe von M2 einen kurzen Bericht über den Ablauf der Ereignisse. HILFE
- II Schildere mithilfe von M3 die Alltagssorgen und Hoffnungen einer durch die Mauer getrennten Familie.
- III Befrage mithilfe von Q1 den Bürgermeister von West-Berlin zu seiner Sicht auf den Mauerbau und seinen Erwartungen für die Zukunft.

2 Diskutiert den Umgang der DDR mit Flüchtenden an der Grenze zur BRD und der Berliner Mauer. Debatte

M1 Berliner Mauer am Brandenburger Tor von Ost-Berlin aus (Foto, 1988/89)

Veränderungen nach dem Mauerbau

Die Teilung ist besiegelt

Nach dem Mauerbau und der Abschottung der DDR von der Bundesrepublik war die Idee eines geeinten Deutschlands endgültig in weite Ferne gerückt. Die Teilung des ehemaligen Deutschen Reichs in zwei souveräne Staaten war aus der Sicht der DDR-Regierung nicht mehr umkehrbar:

- Die Nationalflagge unterschied sich von der der Bundesrepublik. Ein Ährenkranz, Zirkel und Hammer sollten das sozialistische Bündnis aller gesellschaftlichen Schichten darstellen.
- Der Text der Nationalhymne der DDR wurde nicht mehr gesungen, da in diesem ein geeintes Deutschland thematisiert wurde.

Die Grenzanlagen zur Bundesrepublik und in Berlin wurden immer weiter ausgebaut. Obwohl weiterhin viele Bürger und Bürgerinnen mit dem System nicht einverstanden waren, konnten sie die DDR nicht mehr verlassen, denn eine Flucht war kaum möglich.

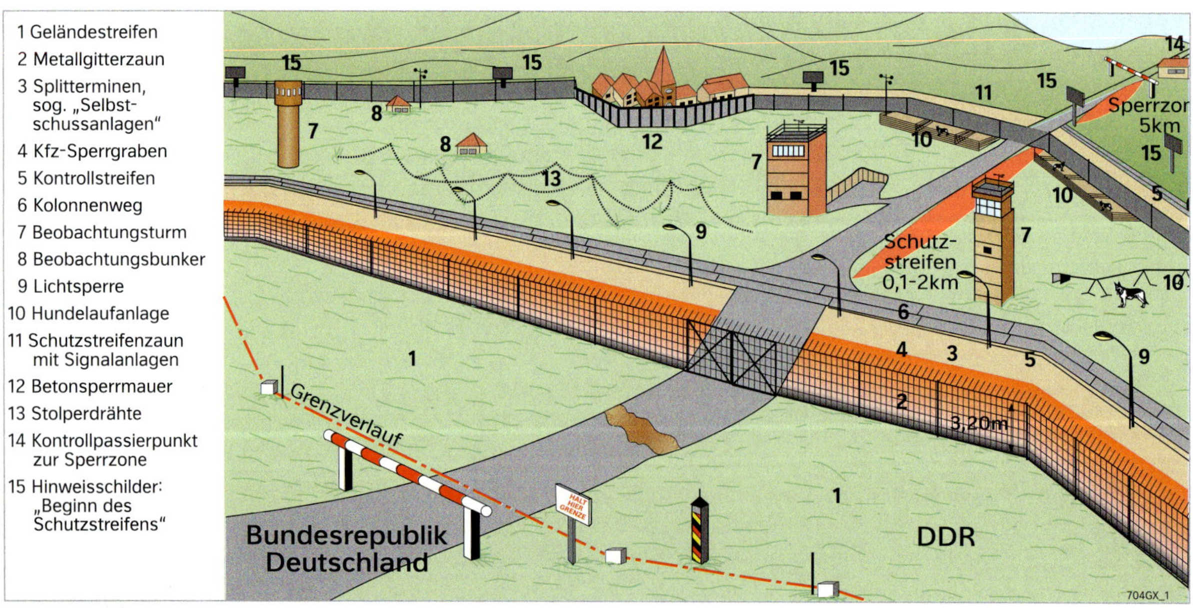

M2 Schaubild zu den Grenzanlagen der DDR zur BRD zwischen den Jahren 1961 und 1989

Die Abschottung vom Westen bleibt bestehen

An der Spitze der DDR vollzog sich 1971 ein undemokratischer Wechsel, denn die Bürgerinnen und Bürger hatten darauf keinen Einfluss. Erich Honecker übernahm die Führung der SED und die wichtigsten Staatsämter. Der Sozialismus und die Planwirtschaft blieben unangetastet. Reisemöglichkeiten in den Westen gab es kaum. Die DDR blieb von der Bundesrepublik abgetrennt.

M3 Erich Honecker (1912–1994) spricht als SED-Vorsitzender. (Foto, 15.06.1971)

Veränderungen in der Bundesrepublik

In der Bundesrepublik vollzog sich dagegen am Ende der 1960er-Jahre ein demokratischer Wechsel. Nach den Bundestagswahlen konnte die SPD gemeinsam mit der FDP eine Regierung bilden. „Wir wollen mehr Demokratie wagen" – so beschrieb der neue Bundeskanzler Willy Brandt in seiner Regierungserklärung 1969 seine Vorstellung von der Zukunft.

Q1 Bundeskanzler Willy Brandt bezog sich in seiner Rede am 28. Oktober 1969 auch auf die jungen Erwachsenen:

> Wir wenden uns an [...] jene jungen Menschen, die uns beim Wort nehmen wollen – und sollen. Diese jungen Menschen müssen aber verstehen, dass auch sie gegenüber Staat und Gesellschaft Verpflichtungen haben. [...] Mitbestimmung, Mitverantwortung in den verschiedenen Bereichen unserer Gesellschaft wird eine bewegende Kraft der kommenden Jahre sein. Wir können nicht die perfekte Demokratie schaffen. Wir wollen eine Gesellschaft, die mehr Freiheit bietet und mehr Mitverantwortung fordert [...]. Wenn wir leisten wollen, was geleistet werden muss, brauchen wir alle aktiven Kräfte unserer Gesellschaft.

M4 Bundeskanzler Willy Brandt (1913–1992) während seiner Ernennung zum Bundeskanzler (Foto, 21.10.1969)

Mithilfe vieler innenpolitischer Reformen wurden vor allem die Bürgerrechte gestärkt und soziale Unterschiede abgebaut:

- Das Wahlalter und die Volljährigkeit wurden von 21 auf 18 Jahre herabgesetzt.
- Der Staat unterstützte bedürftige Schüler, Auszubildende und Studenten finanziell.
- Rechtsreformen betrafen Ehe- und Familienrecht, das Strafrecht und den Strafvollzug, die alle modernisiert wurden.

Die Forderung der DDR-Regierung, eine eigene DDR-Staatsangehörigkeit anzuerkennen, lehnte die Bundesregierung beharrlich ab. Dem Grundgesetz entsprechend gab es für sie trotz der Teilung nur eine gemeinsame deutsche Nation.

ARBEITSAUFTRÄGE

1 a) Gib wieder, wie sich die DDR weiter von der Bundesrepublik abgrenzte.
b) Beschreibe das Schaubild M2 vom Osten aus. HILFE

AUSWAHL **2** I Beschreibe jeweils den Regierungswechsel in der DDR und der Bundesrepublik. HILFE
II Arbeite aus der Rede Q1 die genannten demokratischen Elemente heraus.
III Begründe mithilfe der Rede Q1 den Unterschied zur DDR.

3 Diskutiert die heutige Frage, schon ab 16 Jahren wählen zu dürfen.
Engel und Teufel HILFE

M1 „Gastarbeiter“ im Kohlebergbau (Foto, 1962)

Arbeitskräfte kommen in die Bundesrepublik

Arbeitskräfte aus Südeuropa sichern das Wachstum

Seit der Gründung der Bundesrepublik gab es ein stetes wirtschaftliches Wachstum. Anfang der 1960er-Jahre herrschte in vielen Industriezweigen ein großer Arbeitskräftemangel. Um das wirtschaftliche Wachstum aufrecht zu erhalten, warb die Bundesrepublik darum, als „Gastarbeiter“ ins Land zu kommen. Arbeitskräfte aus südeuropäischen Staaten wie z. B. Italien, Spanien, Griechenland oder der Türkei schlossen die Lücken:

- Sie verrichteten in den Betrieben oder auf Baustellen oft einfache oder schlecht bezahlte Tätigkeiten.
- Sie lebten häufig in einfachen Gemeinschaftsunterkünften in Fabriknähe.

Bis zur Mitte der 1970er-Jahre kamen insgesamt ungefähr 11 Millionen dringend benötigte Arbeitskräfte in die Bundesrepublik – anfangs in die großen Industrieregionen, wenig später auch in die kleineren Städte.

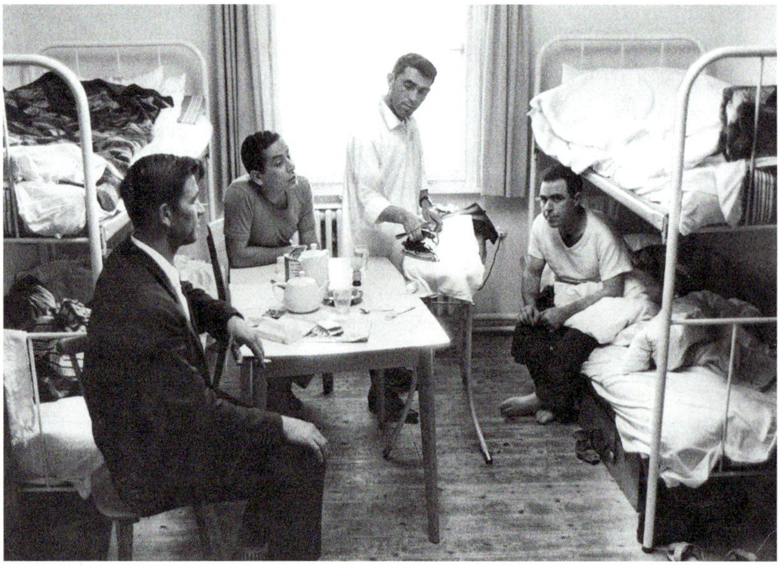

M2 Wohnheim italienischer „Gastarbeiter“ (Foto, 1965)

Probleme der Gastarbeiter

Es gab aber auch Probleme, denn die Gesellschaft stand den fremden Menschen oft auch mit Vorurteilen gegenüber:

- Die Kontakte zu der einheimischen Bevölkerung gestalteten sich aufgrund fehlender Sprachkenntnisse schwierig.
- Besonders deutlich wurde die Ablehnung wegen Vorbehalten der Vermieter bei der Wohnungssuche. In den Industriestädten bildeten sich sogenannte „Gastarbeiterviertel“.
- Die Kinder hatten aufgrund der Sprachbarriere häufig Leistungsschwierigkeiten in der Schule und erhielten auch keine individuelle Förderung.

Die deutschen Behörden dachten damals, dass „Gastarbeiter“ nur für kurze Zeit in Deutschland arbeiten und leben würden. Sie glaubten, dass diese nach wenigen Jahren wieder in ihre Heimat zurückkehren und sich die Probleme damit von alleine lösen würden. Anfangs halfen die staatlichen Behörden deshalb kaum bei Lösungsversuchen mit. Die Integration blieb den „Gastarbeitern“ und ihren Familien überlassen.

Integration: meint den vorurteilsfreien Einbezug von Gruppen in die Gesellschaft

M3 Drei Generationen in Deutschland. In einer Zeitungsreportage wurde eine Familie vorgestellt. Während sich der Großvater noch als türkisch sah, sagte der Vater, dass er deutsch-türkisch lebe. Der Sohn kann sich dagegen kein dauerhaftes Leben in der Türkei vorstellen. (Foto, 2011)

Die Gastarbeiter bereichern die Gesellschaft

Trotz der Schwierigkeiten nutzten die „Gastarbeiter" die sich bietenden Lebensperspektiven und holten ihre Familien nach. Die meisten arrangierten sich mit dem für sie anfangs fremden Land.

Q1 Hatice Akyün beschrieb 2008 in einem Roman ihre Familiengeschichte:

Es war die Geschichte eines einfachen Ehepaares [...]. Der Mann verließ sein Dorf für ein besseres Leben. Er wollte in einem fremden Land die Arbeit suchen, von der es in seinem zu wenig gab. Seine Reise führte ihn nach Duisburg, in ein Bergwerk, und später holte er seine Ehefrau und seine zwei Kinder nach. Und eines Tages, als das Paar seinen Ruhestand an der türkischen Ägäis genoss, stellte es fest, dass Deutschland seine Heimat geworden war. Mein Vater merkte es daran, dass er in der Türkei seinen Mercedes und die doppelt verglasten Fenster seines Duisburger Hauses vermisste, und meine Mutter sehnte sich immer öfter nach ihrem ruhigen Leben in Deutschland.

M4 Die Journalistin Hatice Akyün wurde für ihr Engagement um Integration mehrfach ausgezeichnet. (Foto, 04.04.2016)

In Bildung und Forschung oder in der Wirtschaft sind heute viele Menschen tätig, deren ursprüngliche Wurzeln einmal in „Gastarbeiterländer" lagen. Sie bereichern seither mit ihrer Kultur und ihrem Wissen die Gesellschaft. Trotzdem müssen sie auch heute noch häufig gegen gesellschaftliche Vorurteile ihnen gegenüber ankämpfen.

ARBEITSAUFTRÄGE

AUSWAHL **1**
- I Zähle Gründe für die Anwerbung von Arbeitern aus Südeuropa auf.
- II Beschreibe die Lebensverhältnisse der Arbeiter.
- III Erläutere die Schwierigkeiten der „Gastarbeiter" in der Bundesrepublik. HILFE

2 Begründe die im Romanauszug Q1 beschriebene Sichtweise der Eltern.

3 Diskutiert, ob der Begriff „Gastarbeiter" heute noch gebraucht werden sollte. Fishbowl

Gesellschaftlicher Wandel im Westen

M1 Fischsterben im Rhein nach einem Unfall in einer Chemiefabrik (Foto, 1986)

Grenzen des wirtschaftlichen Wachstums

In der Mitte der 1970er-Jahre setzte in der Wirtschaft der Bundesrepublik ein Wandel ein. Durch die damals neuartige Roboter- und Computertechnologie wurden Arbeitsschritte automatisiert. Hierdurch verloren Fabrikarbeiter, die vor allem einfache Tätigkeiten ausübten, ihre Anstellung. Höhere Qualifikationen oder berufliche Weiterbildung wurden immer wichtiger, um den eigenen Arbeitsplatz zu sichern.

Das industrielle Wachstum führte zu deutlich sichtbaren Umweltfolgen. Ungefilterte Industrie- und Verkehrsabgase schädigten den Wald, giftige Industrieabfälle verschmutzten die Flüsse.

Engagement für den Umweltschutz

Die Folgen von Luft- oder Wasserverschmutzung hinterfragten seit den 1970er-Jahren immer mehr Menschen. Sie engagierten sich in Umweltgruppen. Gemeinsam demonstrierten sie für einen schonenderen Umgang mit der Natur. Auch ein lebenswerteres Umfeld mit Lärm- und Luftschutz, Schutz des Waldes, der Tiere und die Ablehnung der Atomenergie gehörten zu deren Engagement.

Die Umweltgruppen schlossen sich schließlich zusammen. Gemeinsam mit anderen engagierten Bürgerinnen und Bürgern gründeten sie 1980 die Partei „Die Grünen". Der Umweltschutz wurde danach zu einem wichtigen Ziel aller politischen Parteien. Insgesamt wurden viele Ziele der damaligen Bürgerbewegungen übernommen und sind heute selbstverständlich.

M2 Demonstration von Umweltgruppen (Foto, 1985)

Die Vorstellungen vom Leben verändern sich

In den 1970er- und 1980er-Jahren hinterfragte vor allem die jüngere Generation die vorgegebenen Lebensmuster der Gesellschaft. Sie wollten ihr Leben nicht mehr wie die Eltern, sondern anders gestalten:

- Sie stellten traditionelle Werte wie z.B. die Ehe in Frage und ersetzten diese durch alternative Familienformen ohne Trauschein.
- Jeder sollte seine Persönlichkeit und Vorstellungen selbst frei entfalten können. Dazu gehörte auch die Akzeptanz von gleichgeschlechtlichen Beziehungen.
- Kinder sollten mit möglichst wenigen Vorschriften und frei von jeder Gewalt erzogen werden.
- Materieller Wohlstand erschien dieser Generation weniger erstrebenswert als früher und sie versuchte, ohne übermäßigen Konsum zu leben.

Auch die Lebenswelt der Frauen verändert sich. Bildung und höhere Qualifikationen ergaben andere Berufschancen, ermöglichten finanzielle Unabhängigkeit und ein selbstbestimmtes Leben. Die Entwicklung der Anti-Baby-Pille veränderte die Empfängnisverhütung.

Es dauerte noch einige Zeit, bis diese veränderten Wertvorstellungen vom großen Teil der Gesellschaft akzeptiert wurden.

M3 „Punks" in West-Berlin. Deren Kleidung oder Frisur führten zu Konflikten und wurde unmittelbar mit Drogenkonsum und Unmoral in Verbindung gebracht. (Foto, 1982)

M4 Demonstration für eine Veränderung des Strafrechts. Da ungewollte Schwangerschaften nicht straffrei beendet werden konnten, forderten Frauen unter dem Motto „Mein Bauch gehört mir" eine Reform. (Foto, 1983)

ARBEITSAUFTRÄGE

1 a) Schildere mit Hilfe von M2 und M4, wie sich Bürgerinnen und Bürger für ihre Ziele einsetzen.
b) Begründe mithilfe von M1 und M2 das Engagement der Bürgerinnen und Bürger für den Umweltschutz.

2 Erkläre die Begriffe „Saurer Regen" und „Waldsterben". HILFE

3 a) Benenne gesellschaftliche Forderungen der 1970er- und 1980er-Jahre.
b) Beurteilt, inwieweit die damals geforderten Veränderungen in der heutigen Gesellschaft umgesetzt sind. Kugellager

4 Stelle aktuelle Umweltschutzbewegungen oder Protestgruppen vor: z.B. „Fridays for Future" oder die LSBTIQ-Community.

M1 Grundschulkinder spielen einen militärischen Appell mit Mützen von Soldaten der NVA nach. (Foto, 1970er-Jahre)

Gesellschaftlicher Stillstand in der DDR

M2 Sozialistische Jugendweihe (Foto, 1986)

Bekenntnis zum Sozialismus

Bereits im Kindergarten und der Grundschule wurden die Kinder auf das zukünftige Leben in der DDR vorbereitet. In Liedern und Büchern wurde ein positives Bild vom Sozialismus gezeichnet. Auch im Schulsystem waren die FDJ als Jugendorganisation der SED und politischer Unterricht feste Bestandteile.

Die „Jugendweihe" im Alter von 14 Jahren bildete gleichsam den Abschluss der politischen Erziehung der Jugendlichen. In einer feierlichen Zeremonie erfolgten ein gemeinsames Gelöbnis zur DDR, zum Sozialismus und das Versprechen, dem Land zu dienen.

Q1 Eine Zeitzeugin blickte auf ihre Jugendweihe in Berlin im Jahr 1985 zurück:

Die Jugendweihe war das abschließende und am heißesten erwartete Ereignis einer DDR-Kindheit. Sie bedeutete die feierliche Aufnahme der Vierzehnjährigen in den Kreis der Erwachsenen. Zeitgleich bekam man seinen Personalausweis, trat in die FDJ ein und wurde förderhin von den Lehrern im Unterricht gesiezt. Ein bedeutsamer Moment also. [...] Ich hatte Anfang 1985 Jugendweihe. [...]
Die entscheidende Frage der Jugendweihe lautete: „Was ziehst du an?" [...] Das Gelöbnis spielte keine Rolle – entscheidend waren das Fest und die Geschenke. [...] Als wir dran waren, erhob ich mich und tat das, was ich immer tat: Ich ging los und stand es durch. In meinem bedeutungsvollen Westkleid stieg ich auf die Bühne, schwor mit gekreuzten Fingern auf den Staat [...].

Eine Verweigerung der Jugendweihe zog schulische Konsequenzen und schlechtere Berufsaussichten nach sich. Daher beteiligten sich die meisten daran.

Der Staat bestimmt über den Lebensweg

Die Bürgerinnen und Bürger der DDR konnten nur eingeschränkt ihren Arbeits- oder Studienplatz frei auswählen. Auch dies wurde von der Partei und dem Staat gesteuert:

- Als Mitglied der SED stiegen die beruflichen Aufstiegschancen.
- Militärdienst und Parteiengagement waren Voraussetzungen für ein Studium.
- Kritische Menschen oder Familienangehörige von Republikflüchtlingen hatten dagegen große Schwierigkeiten im beruflichen Leben.

Jeder einzelne war durch soziale Einrichtungen wie betriebliche Kindergärten oder Sportvereine in die Gemeinschaft eingebunden. Über den Arbeitsplatz kontrollierte der Staat aber auch die Bürgerinnen und Bürger, denn kritische Meinungen sollten bereits dort entdeckt werden.

Die Menschen passen sich dem System an

Die Mehrheit der DDR-Bürgerinnen und -Bürger fügte sich in das System ein oder unterstützte es. Sie waren darauf bedacht, keine Schwierigkeiten zu bekommen. Vor allem wollten sie nicht der Stasi auffallen. Daher nahmen sie die Einschränkungen im Alltag und Beruf hin. Auch die mangelnden Reisemöglichkeiten in den Westen wurden als vorgegeben akzeptiert.

Innerhalb der Familie oder dem engsten Freundeskreis wurde dies eventuell kritisiert. Doch selbst hier waren die Menschen nicht vollständig vor dem Zugriff der Stasi geschützt. Nur wenige wagten es daher, ihre Kritik am politischen oder wirtschaftlichen System laut zu äußern.

M3 „Punks" in Ost-Berlin. Deren unangepasstes Verhalten, ihr Aussehen und das Hören von westlicher Musik führten in der Schule oder am Arbeitsplatz zu Schwierigkeiten. (Foto, 1987)

ARBEITSAUFTRÄGE

1. I Benenne mithilfe von Q1 und M1 den Zweck der „Jugendweihe".
   II Erläutere die in Q1 geäußerte Haltung der Zeitzeugin zur „Jugendweihe". HILFE
   III Recherchiere bei Zeitzeugen zu ihrer Jugendweihe und präsentiere deren Erinnerungen.
2. Begründe das angepasste Verhalten der Menschen in der DDR. HILFE
3. Bewerte das Verhalten der unangepassten Jugendlichen in der DDR. Fishbowl

Alltagsleben in der DDR

M1 „Einkellern“ der angelieferten Kohlebriketts (Foto, 1984)

Leere Regale

Seit den 1970er-Jahren verbesserte sich die wirtschaftliche Situation in der DDR etwas. Doch im Alltag mussten die Bürgerinnen und Bürger mit den Mängeln der Planwirtschaft zurechtkommen. Es galt, das eingeschränkte Warenangebot zu umgehen und Lösungen zu finden:

- Um begehrte Güter oder ausreichend Heizmaterial zu bekommen, halfen Tauschobjekte, die anderen angeboten werden konnten.
- Besonders Autoersatzteile oder Baumaterialien fehlten und die Auslieferung eines Neuwagens dauerte mehrere Jahre.
- Modische Stoffe, besonders Jeans, waren nur schwer erhältlich. Westliche Kleidung wurde nach Schnittmustern selbst geschneidert.

Vor Geschäften, in denen es begehrte Waren wie z. B. Bohnenkaffee oder Orangen zu kaufen gab, bildeten sich sofort lange Warteschlangen.

Wohnungsmangel

In den Städten waren die Altbauwohnungen in einem schlechten Zustand. Dort wurde ohne Zentralheizung noch mit Kohleöfen geheizt, manchmal mussten sich mehrere Etagen ein Bad miteinander teilen. Und diese staatlichen Wohnungen verfielen weiter, da der Staat nicht in deren teure Renovierung investierte.

Durch mehrstöckige Fertighäuser, sogenannte Plattenbauten, sollte der Wohnungsmangel eingedämmt werden. Vor allem an den Stadträndern entstanden große Plattenbausiedlungen. Ohne gute Beziehungen zur SED war solch eine moderne Wohnung aber nicht zu bekommen.

M2 Altstadt von Dresden. Im Vordergrund entsteht eine Plattenbau, im Hintergrund sind die sanierungsbedürftigen Altbauten zu sehen. (Foto, 1986)

M3 „Schlangestehen“ in Leipzig. Es gehörte zum Alltag der DDR-Bürgerinnen und -Bürger, vor Geschäften für Lebensmittel, Kleidung oder sonstigen „Mangelwaren“ oft stundenlang anstehen zu müssen. Vor allem importierte Waren und Lebensmittel waren rar und schnell ausverkauft. (Foto, 1989)

M4 Camping als typischer Urlaub. Ferienreisen in das westliche Ausland waren für die DDR-Bürgerinnen und -Bürger nicht möglich. Nur politisch Zuverlässige durften nach Bulgarien, Rumänien oder Ungarn reisen. Der Badeurlaub an der Ostsee wurde zumeist als Campingurlaub gestaltet. (Foto, 1987)

M5 Im Schrebergarten. Die „Datsche“, das Laubenhäuschen, diente als privater Rückzugsort und zur eigenen Versorgung mit Obst und Gemüse. (Foto, 1988)

M6 Wartung/Reparatur eines PKW an einer Straße in Leipzig in Eigenarbeit. Das Auto ist behelfsmäßig nur auf zwei Steinen aufgebockt. (Foto, 1989)

ARBEITSAUFTRÄGE

Gestaltet eine Ausstellung zum Alltagsleben in der DDR in den 1970er- und 1980er-Jahren. Bearbeitet die Aufgabe kooperativ mit einem Partner oder in einer Kleingruppe.

a) Stellt das Leben der DDR-Bürgerinnen und -Bürger, Wohnsituation, Freizeitbeschäftigungen, Essen oder Rezepte und alles Alltägliche dar.

b) Recherchiert dazu in den örtlichen Archiven, Museen oder privaten Fotoalben nach Bildern. Ihr könnt auch kurze Aussagen von Zeitzeugen ergänzen und damalige DDR-Gegenstände zeigen.

c) Präsentiert eure Ergebnisse in einem Galeriegang. Galeriegang

DDR-Fluchtgeschichten ab 1961

M1 Andreas Kieling (Foto, o. J.)

Obwohl durch die Befestigung der Grenze eine Flucht aus der DDR gefährlicher wurde, versuchten DDR-Bürgerinnen und -Bürger immer wieder mit kreativen Ideen und auf verschiedenen Wegen, der Diktatur zu entfliehen.

Die Fliehenden waren sich dabei bewusst, dass ein Scheitern ihres Fluchtvorhabens eine Inhaftierung, Folter, Nachteile und Strafen für die ganze Verwandtschaft oder den eigenen Tod zur Folge haben konnte. Und trotzdem überwogen Motive wie die Sehnsucht nach Selbstbestimmung oder die Ablehnung des SED-Regimes.

Gelang ein Fluchtversuch, so konnten sich die ehemaligen DDR-Bürgerinnen und -Bürger noch nicht in Sicherheit wiegen. Oft wurden sie im Westen von Inoffiziellen Mitarbeitern der Stasi überwacht. Manchmal wurde sogar versucht, sie – auch unter Anwendung von Gewalt – in die DDR zurückzubringen oder zu töten.

Liebe Schülerinnen und Schüler,
anlässlich eines Gedenktags an die Opfer und Verfolgten der SED-Herrschaft führt eure Klasse ein Projekt zu Flüchtenden aus der DDR nach dem Mauerbau durch. Hierfür bearbeitet ihr das Thema in der Klasse zunächst als Gruppenpuzzle. Im Anschluss daran sollen die Ergebnisse in der Schule vorgestellt werden.

- Bildet Stammgruppen von bis zu vier Mitgliedern.
- Wählt selbst eine Fluchtgeschichte aus, z. B. aus M2 bis M5.
- Recherchiert über die flüchtenden Personen, die Vorgeschichte der Flucht, die Fluchtmotive, die Fluchtart, die Folgen der Flucht.
- Bereitet die Präsentation eurer Ergebnisse vor.
- Bildet Expertengruppen und tragt eure Ergebnisse in diesen vor, wobei ihr nur ein ausgedrucktes Bild verwendet.
- Informiert eure Stammgruppe anschließend über die neuen Inhalte aus der Expertengruppe.
- Diskutiert, wie ihr die Ergebnisse am besten präsentieren könnt, und stellt eure Ergebnisse in der Schule aus.

Info:

Andreas Kieling (*1959)

Der Tierfilmer wurde in Gotha in der DDR geboren und floh als 16-Jähriger über Tschechien und Österreich in die BRD. Als Grund für seine Flucht führte er sein autoritäres Elternhaus und seinen Freiheitsdrang an. In der Bundesrepublik angekommen, heuerte er als Seemann auf Handelsschiffen an. Danach absolvierte er eine Ausbildung zum Berufsjäger und war international tätig. 1991 begann er seine Karriere als Dokumentarfilmer.

Q1 In einem Interview schilderte der Tierfilmer Andreas Kieling die entscheidende Situation seiner Flucht aus der DDR:

Ich bin am 16. Oktober 1976 von der Tschechoslowakei nach Österreich geflüchtet, schwamm damals durch die Donau. Ich überkletterte in der Dunkelheit Grenzbefestigungen, bis ich gegen Alarmdraht lief. Die Grenzsoldaten schossen mit Leuchtkugeln, entdeckten mich, ich verfing mich in Stacheldraht und kam erst wieder frei, als die Soldaten schon sehr nah hinter mir waren. Es war eine Art Treibjagd. Ich sprang ins Wasser, und sie schossen auf mich, obwohl ich die Mitte des Flusses, also die Grenze, schon überquert hatte. Mit einem Steckschuss im Rücken schleppte ich mich aus der Donau und quälte mich gelähmt und auf allen vieren eineinhalb Kilometer bis ins nächste Dorf. Dort kam ich um zwei Uhr morgens bei einem Erntedankfest an. Die Leute dachten erst, ich sei betrunken, als ich hereintorkelte. Danach wurde schnell Hilfe geholt. Der 16. Oktober ist seitdem mein zweiter Geburtstag. Eine Narbe an meinem Rücken erinnert mich an ihn.

M2 Familie Holzapfel (1965).
Von einem gut bewachten DDR-Regierungsgebäude aus flüchtete die dreiköpfige Familie über eine 100 m lange Seilbahn, die im Westen von Helfern befestigt wurde.
(Foto, 1965)

M3 Bernd Böttger (1968).
Eigens für den Fluchtversuch entwickelte Böttger den Aqua-Scooter, mit dem er über die Ostsee in dänische Gewässer gelangte. Dort wurde er von einem Boot an Bord geholt.
(Foto, Dezember 1968)

M4 Familien Strelzyk und Wetzel (1979).
Im dritten Versuch gelang es den beiden Familien aus Thüringen, mit einem selbst konstruierten Heißluftballon in der Nähe von Naila in Bayern zu landen.
(Foto, 16.09.1979)

M5 Familie Lehmann (1977).
Die dreiköpfige Familie benutzte bei ihrer Flucht über die Ostsee ein Schlauchboot. Sie wurden nach 17 Stunden auf See von einem westdeutschen Schiff gerettet.
(Foto, 19.01.1977)

Spielfilme als Quelle analysieren

Berlin Ecke Schönhauser ...

Eine Gruppe Jugendlicher trifft sich jeden Abend am Prenzlauer Berg unter den U-Bahnbögen an der Ecke Schönhauser Allee. Häufig kommt es zu Konflikten mit Erwachsenen, die sich an der lauten Musik der Jugendlichen stören. Als eine Straßenlaterne zu Bruch geht, greift die Polizei ein. Dieser Vorfall spaltet die Gruppe. Jeder versucht auf seine Weise, sein Leben zu meistern.

Die politischen Führungen der DDR und der Bundesrepublik übten Kritik an dem Film. Aber während „Berlin Ecke Schönhauser ..." in der Bundesrepublik in seiner ursprünglichen Fassung lange nicht gezeigt werden durfte, kam es in der DDR nicht zu einem Aufführungsverbot.

M1 Plakat für den Film „Berlin Ecke Schönhauser ..." (1957)

Q1 In der Zeitschrift JUNGE WELT vom 28.12.1957 macht der Zentralrat der FDJ seine Haltung gegenüber Halbstarken deutlich:

[Dass] allen, die nur das Recht des Stärkeren anerkennen, [...] begreiflich gemacht werden muss, dass wir die Stärkeren sind. [verändert]

Q2 In einer Filmkritik der westdeutschen Zeitung DIE WELT äußerte die Journalistin bezogen auf die Probleme vieler Jugendlicher am 07.09.1957:

[D]ie [...] Akzente in diesem Film sind eindeutig gesetzt. [...] Doch sind sie nicht überzogen: Im Westen ist nicht alles „faul" und voll Gangster und Spione und im Osten nicht [...] harmlose Menschlichkeit und Fortschritt. Im Gegenteil, in der Perspektive der Jungen nähern sich zwei Welten, die in der zweigeteilten Stadt ohnehin nicht so strikt zu trennen sind, wie es die Verfechter des Kalten Krieges wünschen, in manchem aneinander an. Unverständnis, Lieblosigkeit, klare Routine und gelegentlich skrupelloser Missbrauch vonseiten der Erwachsenen sind, so [...] der Film, überall die Feinde des jugendlichen Erlebnisdranges. [verändert]

Info:
Berlin Ecke Schöhauser ..., DEFA, 1957
Regie: Gerhard Klein
Drehbuch: Wolfgang Kohlhaase
Produktionsland: DDR
Vertrieb: ICESTORM Entertainment GmbH, 2020.

M2 Szene aus dem Film „Berlin Ecke Schönhauser ..." (Foto, 1957: Ekkehard Schall, Ilse Pagé, Harry Engel, Ernst-Georg Schwill, Manfred Borges)

Vom Geschichtsereignis zum Kinohit

Filme mit historischen Inhalten sind bei Zuschauern sehr beliebt. In Spielfilmen steht das historische Ereignis häufig im Hintergrund. Es dient dazu, eine zumeist erdachte Situation von Hauptfiguren für den Zuschauer spannend zu erzählen. Das Interesse der Zuschauer soll dadurch geweckt werden, dass Spannung aufgebaut wird. Deshalb wird in Spielfilmen manchmal die Abfolge historischer Ereignisse verändert oder Szenen werden neu erdacht. Meistens steht eine Figur im Mittelpunkt des Geschehens. Der Spielfilm folgt einem Drehbuch, das den Ablauf des Films beschreibt und den Figuren den Text vorgibt. Kameraeinstellungen, Bewegungen und Blickwinkel der Kamera, Kostüme, Lichteffekte und Ton erzeugen die Wirkung von Echtheit.

M3 Szene aus dem Film „Spur der Steine“ (Foto, 1966: Eberhard Esche, Johannes Wieke, Manfred Krug, Walter Richter-Reinick, Hans-Peter Minetti, Walter Jupé)

Info:
Spur der Steine, DEFA, 1966
Regie: Frank Beyer
Drehbuch: Frank Beyer, Karl Georg Egel
Produktionsland: DDR
Vertrieb: ICESTORM Entertainment GmbH, 2020.

Geschichte im Spielfilm

Im Geschichtsunterricht können Filme als Quelle dienen. Um deren Bedeutung beurteilen zu können, reicht es nicht aus, einen Spielfilm zu analysieren. Es ist notwendig, weitere Materialien heranzuziehen.

Spielfilme müssen also sorgfältig und kritisch ausgewertet werden. Filme vermitteln die Atmosphäre eines Geschehens. Durch das Darstellen nebensächlicher Aspekte wirkt das Gezeigte realistisch. Die Mittel der Filmsprache müssen erkannt werden, um die Wirkungsweise eines Films analysieren und verstehen zu können.

Schritte zur Analyse von Spielfilmen

1. **Schritt: Filmanalyse vorbereiten**
   - Wählt einen Spielfilm aus.
   - Ordnet den Spielfilm in den historischen Kontext ein.
   - Sucht ergänzendes Material zum Thema (Gesetze, Lexika, Sachtexte).
2. **Schritt: Film analysieren**
   - Schaut euch entscheidende Szenen des Films an.
   - Fasst den Inhalt zusammen.
   - Notiert Fragen, die geklärt werden müssen.
   - Nennt wichtige Personen, Orte und Ereignisse.
   - Beschreibt, wodurch historische Bezüge hergestellt werden (Ausstattung, Kostüme, Sprache etc.)
   - Erklärt, mit welchen Mitteln welche Wirkung erzeugt wird.
3. **Schritt: Ergebnisse auswerten**
   - Klärt noch offene Fragen.
   - Vergleicht eure Ergebnisse mit anderen Quellen und Materialien.

M4 Szene aus dem Film „Eins, zwei, drei“ (Foto, 1961: Horst Buchholz)

Info:
Eins, zwei, drei (orig.: One, two, three), Mirisch Corp./United Artists, 1961
Regie: Billy Wilder
Drehbuch: Billy Wilder, I.A.L. Diamond
Produktionsland: USA
Vertrieb: Koch Media GmbH, 2021.

ARBEITSAUFTRÄGE

1. Beschreibt, wie Jugendliche in dem Film dargestellt werden.
2. Erklärt, inwiefern die Jugendlichen auffällig und unangepasst sind.
3. Vergleicht die Darstellung der Jugendlichen im Film mit den Aussagen der Quellen Q1 und Q2.
4. Diskutiert folgende Aussage: „Nicht jeder, der mal was Krummes macht, ist selber krumm!“

M1 Jürgen Sparwasser vom 1. FC Magdeburg erzielt das Siegtor im Spiel bei der WM 1974. (Foto, 1974)

M2 Ehemalige Spieler der WM 1974 bei einem gemeinsamen Treffen; von links: Franz Beckenbauer, Jürgen Sparwasser und Eberhard Vogel (Foto, 09.10.2020)

Fußball spielt Geschichte

Die Fußballweltmeisterschaft 1974 fand in der Bundesrepublik statt. In den Gruppenspielen trafen die Mannschaften der beiden deutschen Staaten aufeinander. Die Presse in der Bundesrepublik stellte das Spiel im Vorfeld wie ein Duell der beiden Systeme dar. Auch für die Spieler der beiden Mannschaften war es etwas Besonderes, da es bis dahin nie zu einem direkten Vergleich gekommen war.

Mit dem Anpfiff begann ein normales Fußballspiel. Die Mannschaft der Bundesrepublik galt als hoch favorisiert. Doch die Spieler der DDR waren gleichwertig. Schließlich erzielte Jürgen Sparwasser sogar das einzige Tor. Die DDR-Mannschaft entschied das Spiel für sich.

Die Regierung der DDR nutzte den Sieg für die Propaganda und feierte diesen in allen Nachrichten. Dagegen wurde das Spiel in der Presse der Bundesrepublik als besonders dramatisch dargestellt. Die Niederlage sei den Spielern nicht zu verzeihen. Auch die bundesdeutschen Fans waren maßlos enttäuscht. Obwohl deren Team später trotzdem noch Weltmeister wurde, schmerzte sie die Niederlage gegen die DDR.

Den damaligen Spielern aus Ost und West blieb das Fußballspiel gleichfalls in Erinnerung. Doch sie denken vor allem an ihre Leistungen auf dem Platz.

ARBEITSAUFTRÄGE

Gruppenpuzzle

Gestaltet eine Wandzeitung in Form eines Fußballfeldes mit Figuren der Spieler, einer Anzeigetafel und Sprechblasen für Aussagen.

a) Recherchiert z. B. Spielort, Datum, Mannschaftsaufstellung, Trikots.

b) Gestaltet vier Steckbriefe von Spielern, z. B. Heimatverein, Anzahl der Länderspiele oder -tore. Ihr könnt auch ein Portrait für die Figur ausdrucken.

c) Befragt einen Zeitzeugen/eine Zeitzeugin, wie er/sie das Spiel erlebt hat und welche Gefühle er/sie damit verbindet. Ergänzt die Aussagen als Sprechblasen am Rand des Spielfelds.

d) Recherchiert zur Person von Jürgen Sparwasser und dessen Leben nach 1974.

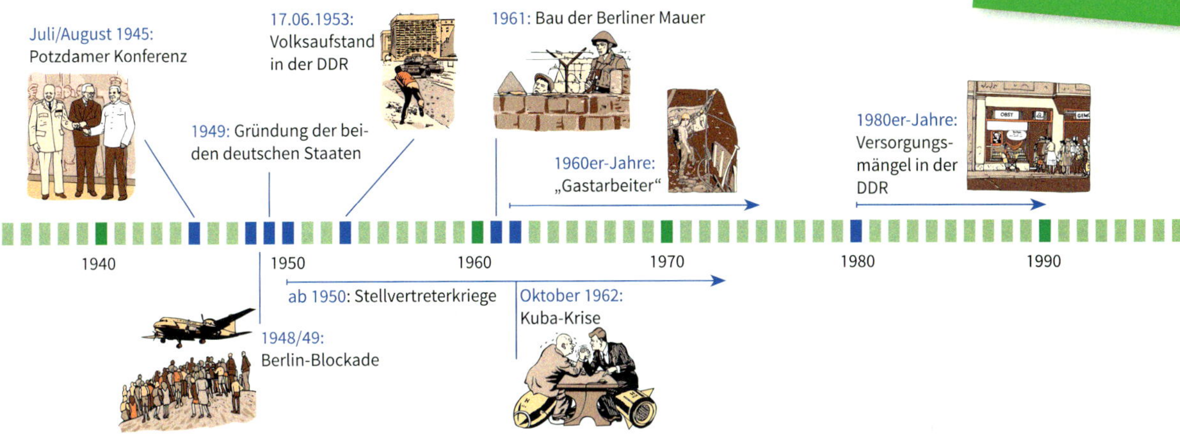

Die Mauer – ein Symbol für die Teilung Deutschlands, Europas und der Welt

Auf der Konferenz von Potsdam berieten die Alliierten über die Zukunft Deutschlands. Es wurde in vier Besatzungszonen aufgeteilt und die Alliierten bestimmten allein über den Neubeginn nach dem Krieg. Jene Nachkriegsjahre waren von der Not der Menschen und der Vertreibung aus den ehemaligen Ostgebieten des Deutschen Reichs geprägt.

Die Gründung der beiden deutschen Staaten 1949 war in die Auseinandersetzung zwischen den USA und der Sowjetunion eingebunden. In der Bundesrepublik wurde eine parlamentarische Demokratie auf der Grundlage des Grundgesetzes geschaffen. Die DDR entstand dagegen als sozialistisches Land mit einer Scheindemokratie.

In der Bundesrepublik wuchs die Wirtschaft so schnell, dass „Gastarbeiter“ angeworben wurden. Die soziale Marktwirtschaft sicherte den Wohlstand vieler Bevölkerungskreise. Bundeskanzler Adenauer verknüpfte durch die Westintegration die Bundesrepublik mit den USA.

Die DDR war dagegen an die Sowjetunion gebunden. Unter der Vorherrschaft der SED kam es zur Errichtung einer Planwirtschaft. Die „Staatssicherheit“ bespitzelte und überwachte die Bürgerinnen und Bürger. Nach dem Volksaufstand am 17. Juni 1953 schottete die Regierung die DDR noch mehr von der Bundesrepublik ab. Mit dem Mauerbau vertieften sich die Teilung und unterschiedliche Entwicklung weiter.

WICHTIGE BEGRIFFE:

die Abstimmung mit den Füßen
der Aufbau der Demokratie
der Aufbau des Sozialismus
die Besatzungszonen
der Kalte Krieg
die Kuba-Krise
der Mauerbau am 13. August 1961
das MfS
die Potsdamer Konferenz
die Planwirtschaft
die SED-Herrschaft
die soziale Marktwirtschaft
die Speziallager
der Stellvertreterkrieg
die Verfassung
die Vertreibung
der Volksaufstand am 17. Juni 1953
das Wirtschaftswunder
Konrad Adenauer
Walter Ulbricht

M1 Flüchtlingsunterkunft (Foto, 1945)

1 Die ersten Jahre nach dem Krieg

Du kannst ...

a) die vier Besatzungsmächte benennen. ✓

b) drei Hoffnungen für die Zukunft der in M1 abgebildeten Frau für sich und ihre Familie ergänzen. ✓✓

c) mithilfe von M1 die alltäglichen Probleme der Menschen in Sachsen in der Nachkriegszeit beschreiben. ✓✓✓

2 Auf dem Weg zu einem geteilten Land

Du kannst ...

a) mithilfe von M3 den Zusammenschluss zur SED beschreiben. ✓

b) die Grundrechte in der DDR mit denen in der Bundesrepublik anhand der Schlagworte in M2 vergleichen. ✓✓

c) den Unterschied in der Wirtschaftsform beider deutscher Staaten erläutern. ✓✓✓

Grundrechte · Presse · Meinungsfreiheit

Wahlen · Beamte · Gerichte

M2 Schlagworte zur Verfassungswirklichkeit in DDR und Bundesrepublik

M3 Propagandaplakat zum Zusammenschluss von KPD und SPD (1946)

3 Spaltung in Ost und West

Du kannst ...

a) überprüfen, welche Aussagen richtig oder falsch sind. ✓

b) die falschen Sätze richtigstellen. ✓✓

c) eine Folge aus der Kuba-Krise erläutern. ✓✓✓

Richtig oder falsch?

1. Die Teilung der Welt in Ost und West wird mit dem Begriff des „Eisernen Vorhangs“ beschrieben.
2. Die USA und die UdSSR rüsteten nach dem Zweiten Weltkrieg dauerhaft ab.
3. In der Raumfahrt lieferten sich Ost und West ein Wettrennen.
4. Ost und West respektierten andere Staaten und mischten sich nicht in deren inneren Konflikte ein.
5. In der Kuba-Krise einigten sich beide Großmächte, lange bevor ein direkter Krieg drohte.

4 Der Weg zum Mauerbau

Du kannst ...

a) die Begriffe in M4 herausfinden, die direkt zur DDR und dem Mauerbau passen. ✓

b) mithilfe der gefundenen Begriffe insgesamt fünf Sätze formulieren, die den Weg zum Mauerbau skizzieren. ✓✓

c) die Folgen des Mauerbaus für die Menschen in der DDR erläutern. ✓✓✓

1) SED – Marktwirtschaft – Mehrheit – Wirtschaftswunder – Wahlen
2) Volksaufstand – Parteien – Adenauer – Arbeiter – Demonstrationen
3) Stasi – Freiheit – Überwachung – Kritiker – Grundgesetz
4) Berlin – Luftbrücke – Währungsreform – Mauer – Soldaten
5) Flucht – Reise – Grenze – Lebensgefahr – Westen

M4 Schwarze Schafe

5 Leben in Ost und West

Du kannst ...

a) das Rätsel M5 in dein Heft übertragen und darin die Begriffe zum Leben in der Bundesrepublik und der DDR ergänzen. ✓

b) das Alltagsleben der DDR-Bevölkerung an einem Beispiel darstellen. ✓✓

c) begründen, warum Menschen unter Lebensgefahr aus der DDR flohen. ✓✓✓

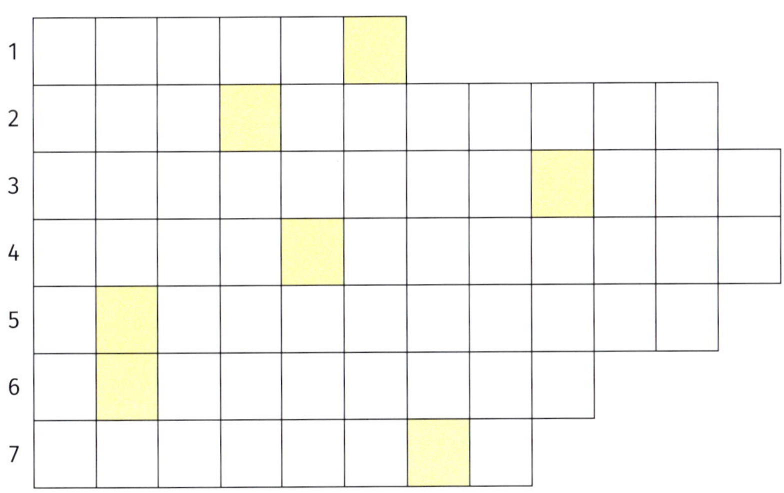

1 Familienname des Bundeskanzlers, der viele Reformen einleitete
2 Begriff für Einbezug in die Gesellschaft
3 Begriff für die Menschen, die in die Bundesrepublik kamen
4 Dafür demonstrierten viele in der Bundesrepublik
5 Bekenntnis zum Sozialismus junger Menschen in der DDR
6 Sich in das System der DDR einfügen
7 Begriff aus dem DDR-Alltag vor Geschäften

M5 Die gelb markierten Felder ergeben ein Lösungswort

WES-104984-109
Lösungen zum Kompetenzcheck

Längsschnitt: Europa im Aufbruch

Nach dem Zweiten Weltkrieg lag Europa in vielerlei Hinsicht in Trümmern. Die Folgen des Krieges boten allerdings auch die Chance eines europäischen Neuanfangs.
Während die Sowjetunion ihren Einfluss auf die osteuropäischen Länder verstärkte, entstand in Westeuropa die Idee eines geeinten Europas.
Heute sind die meisten Länder Europas Mitglied in der Europäischen Union oder eng mit ihr verbunden. Um einen dauerhaften Frieden zu wahren, arbeiten sie als Partner in unterschiedlichen Bereichen zusammen und unterstützen sich gegenseitig.
Da sich inzwischen aber auch die Kritiken an der Europäischen Union häufen und Länder aus ihr austreten wollen, steht Europa vor großen Herausforderungen.

Das Europäische Parlament in Straßburg (Frankreich) (Aktuelles Foto)

Willkommen
Vitajte
Fáilte
Witamy
Bine ați venit
Добре дошли
Tervetuloa
Sveiki atvykę
Bienvenue
Benvenuti

M1 Spielende Kinder in Wien (Foto, 1945)

Europa – zerstört, geteilt, machtlos

Die Folgen des Zweiten Weltkriegs

Am Ende des Zweiten Weltkriegs 1945 lagen große Teile Europas in Trümmern. Der Kontinent, der über Jahrhunderte die Weltgeschichte mitbestimmt hatte, war nur knapp einer Katastrophe entgangen. Die neuen Weltmächte USA und Sowjetunion bestimmten von nun an die politische und wirtschaftliche Entwicklung Europas. Europa schien bedeutungslos geworden zu sein.

Die Zerstörungen des Zweiten Weltkriegs hatte tiefgreifende Auswirkungen auf die Menschen vieler europäischer Staaten:

- Bombenangriffe hatten in vielen Ländern jede Lebensgrundlage zerstört.
- Materielle und kulturelle Werte waren in vielen Städten Europas unwiederbringlich vernichtet.
- Ganze Landstriche, besonders im Osten Europas, waren verwüstet.
- Europas Wirtschaft war mehr als zur Hälfte zerstört.
- Traditionelle Handelswege und Beziehungen waren unterbrochen.

Zudem schienen die Aufdeckung der Kriegsverbrechen und der Verbrechen gegen die Menschlichkeit der Nationalsozialisten ein friedliches Zusammenleben der Europäer kaum mehr möglich zu machen.

M2 Luftaufnahme von Warschau nach dem Zweiten Weltkrieg (Foto, 1945)

Erste Schritte für ein gemeinsames Europa

Die Folgen des Zweiten Weltkriegs boten aber auch die Chance eines europäischen Neuanfangs. Der Wille zum Frieden ließ die Idee eines gemeinsamen Europas neu aufleben.

Q1 Winston Churchill schlug 1946 in einer Rede an die Jugend vor:

Wir müssen etwas wie die Vereinigten Staaten von Europa schaffen. [...] Der erste Schritt zu einer Neuschöpfung der europäischen Völkerfamilie muss eine Partnerschaft zwischen Frankreich und Deutschland sein. Es gibt kein Wiederaufleben Europas ohne ein geistig großes Frankreich und ein geistig großes Deutschland [...]. Die Struktur der Vereinigten Staaten von Europa, wenn sie gut und echt errichtet wird, muss so sein, dass die materielle Stärke eines einzelnen Staates von weniger großer Bedeutung ist. Kleine Nationen zählen ebenso viel wie große [...].

Anfänge des Einigungsprozesses

Während der Gedanke an ein vereintes Europa Gestalt annahm, begann gleichzeitig eine Spaltung Europas. Das vereinte Europa beschränkte sich auf Westeuropa, während die UdSSR ihren Einfluss auf die osteuropäischen Länder verstärkte. Im Mai 1948 versammelten sich in Den Haag in den Niederlanden mehr als 700 Politiker aus fast allen westeuropäischen Ländern, um für ein vereintes Europa einzutreten. Als Folge dieser Beratungen gründeten zehn Staaten 1949 den Europarat. Das erklärte Ziel war, die Einheit und Zusammenarbeit der europäischen Nationen zu festigen.

M3 Winston Churchill auf dem Haager Kongress (Foto, 1948)

Der Schuman-Plan verändert Westeuropa

Deutschland und Frankreich hatten auch nach der Gründung der Bundesrepublik ein angespanntes Verhältnis. Doch die Erinnerung an die Kriegsereignisse führte in beiden Ländern zu der Einsicht, dass neue Kriege nur durch ein Miteinander von Deutschen und Franzosen verhindert werden können.

Q2 Am 9. Mai 1950 erklärte der französische Außenminister Robert Schumann:

Europa lässt sich nicht mit einem Schlag herstellen und auch nicht durch eine einfache Zusammenfassung: Es wird durch konkrete Tatsachen entstehen. [...] Die Vereinigung der europäischen Nationen erfordert, dass der jahrhundertealte Gegensatz zwischen Frankreich und Deutschland ausgelöscht wird.

ARBEITSAUFTRÄGE

WAHL **1** I Beschreibe die Situation in Europa nach dem Zweiten Weltkrieg. HILFE
II Erkläre die Auswirkungen, die der Zweite Weltkrieg auf Europa hatte.
III Beurteile mit M1, M2 die Folgen des Zweiten Weltkriegs für Europa.

2 Erkläre mithilfe von Q1, wie Churchill den Aufbau eines Vereinten Europas sieht.

3 Erläutere mithilfe von Q2, welche besondere Bedeutung Deutschland und Frankreich für ein geeintes Europa spielen. Placemat

Die Freundschaft zwischen Deutschland und Frankreich

M1 Denkmal für die im Ersten Weltkrieg gefallenen Soldaten von Verdun (Aktuelles Foto)

Die Beziehung zwischen Deutschland und Frankreich

Im 20. Jahrhundert standen sich Deutsche und Franzosen in zwei Kriegen gengenüber. Nach 1945 setzte sich in Teilen der Bevölkerung in beiden Ländern die Erkenntnis durch, nur durch Aussöhnung und Zusammenarbeit zukünftige Auseinandersetzungen vermeiden zu können.

Ein erster Schritt in diese Richtung war, wirtschaftlich zusammenzuarbeiten. Die deutsch-französische Verständigung wurde besonders durch die Freundschaft zwischen dem französischen Staatspräsidenten Charles de Gaulle und dem deutschen Bundeskanzler Konrad Adenauer gefördert. Beide trieben die intensive Zusammenarbeit ihrer Staaten voran.

Q1 Bundeskanzler Adenauer am 20. Januar 1963 in einem Interview mit einem Reporter des französischen Rundfunks:

Über vier Jahrhunderte hindurch haben zwischen dem französischen und dem deutschen Volke Streit und Spannungen bestanden, die oft zu blutigen Kriegen geführt haben. Diese Zeit [...] ist für immer vorbei. Das französische und das deutsche Volk stehen in Zukunft zusammen in gemeinsamem Vertrauen, in gemeinsamer Arbeit für Frieden und Freiheit [...] zwischen ihnen und für Frieden in Europa und in der Welt.

Begegnung und Annäherung

Am 22. Januar 1963 unterzeichneten Charles de Gaulle und Konrad Adenauer den sogenannten Élysée-Vertrag. Darin wurde die zukünftige deutsch-französische Zusammenarbeit festgeschrieben. Kernstück des Élysée-Vertrages ist die Förderung und Stärkung der Zusammenarbeit zwischen Frankreich und Deutschland:

- regelmäßig stattfindende Treffen auf allen politischen Ebenen,
- gegenseitige Besuche der Staats- und Regierungschefs zweimal im Jahr und der Außenminister alle drei Monate,
- Förderung des Sprachunterrichts,
- Anerkennung der Gleichwertigkeit der Diplome,
- Zusammenarbeit in der wissenschaftlichen Forschung.

Élysée: Amtssitz des französischen Staatspräsidenten

Tipp:
Weitere Informationen zur deutsch-französischen Freundschaft findest du auf *S. 43.*

M2 Konrad Adenauer und Charles de Gaulle (1890–1970) bei der Unterzeichnung des Élysée-Vertrags (Foto, 22.01.1963)

M3 Deutsche und französische Jugendliche feiern in Paris den 91. Jahrestag des Endes des Ersten Weltkriegs. (Foto, 2009)

Hoffnung auf der deutschen und französischen Jugend

Um Vorurteile auf beiden Seiten abzubauen, wurden Städtepartnerschaften ins Leben gerufen und u.a. das Deutsch-Französische Jugendwerk (DFJW) gegründet. Das DFJW richtet sich an Menschen zwischen drei und dreißig Jahren und ermöglicht den Austausch zwischen Auszubildenden, jungen Arbeitslosen, Studierenden oder Schülerinnen und Schülern.

Q2 Erinnerungen junger Teilnehmender aus Paris an einen Abend der Begegnung zwischen Deutschen und Franzosen:

Wir waren glücklich, junge Deutsche treffen zu können. Meine Eltern und Großeltern haben im Krieg sehr unter der deutschen Besatzung gelitten. Trotzdem hassten wir jungen Leute die Deutschen nicht. Wir wollten das alles hinter uns lassen. Wir versuchten, uns auf die Sprache einzulassen, die alltäglichen Gewohnheiten der Deutschen kennenzulernen.

Mithilfe von Städtepartnerschaften sollen die Verständigung und das Kennenlernen des Partnerlandes gefördert werden:

- Sprachkurse, Reisen und Ferienlager und gemeinsame Feiern,
- Gesprächsabende und kulturelle Vorträge,
- Erfahrungsaustausche,
- sportliche Aktivitäten wie Fußballspiele.

Hierdurch wird die deutsch-französische Freundschaft gepflegt und lebendig gehalten.

ARBEITSAUFTRÄGE

1 I Nenne die Ziele des Élysée-Vertrags.
II Erkläre, wie die zukünftige Zusammenarbeit zwischen Deutschland und Frankreich aussehen sollte.
III Beurteile mithilfe von Q2 und M3, ob die Ziele des Élysée-Vertrags erreicht werden konnten.

2 a) Recherchiere Städtepartnerschaften sächsischer und französischer Städte.
b) Stelle eine der Städtepartnerschaften vor. HILFE

3 Recherchiere zum deutsch-französischen Tag.

Einheit von Politik und Wirtschaft

Auf dem Weg zur Europäischen Union

Im Jahr 1950 wollte der französische Außenminister Robert Schumann eine gemeinsame Union zur Kohle- und Stahlproduktion mit der Bundesrepublik Deutschland gründen. Die Bundesrepublik stimmte zu. Im Jahr 1951 gründeten insgesamt sechs Staaten die Europäische Gemeinschaft für Kohle und Stahl (EGKS). Dies wird allgemein als die „Geburtsstunde" der Europäischen Union benannt.

Der EWG-Vertrag

Schon bald nach der Gründung der EGKS stellten die Mitglieder fest, dass eine Zusammenarbeit nur in den Bereichen Kohle und Stahl nicht ausreichte. Auch andere Wirtschaftsbereiche sollten zukünftig unter gemeinsame Verantwortung gestellt werden. Nach langen Verhandlungen unterschrieben Vertreter der sechs Staaten am 25. März 1957 in Rom den Vertrag zur Gründung der Europäischen Wirtschaftsgemeinschaft (EWG).

M1 Robert Schumann (1886–1963) bei der Unterzeichnung der römischen Verträge (Foto, 25.03.1957)

Die EWG entwickelte sich zu einem gut funktionierenden Wirtschaftsbündnis. 1967 wurde die Europäische Wirtschaftsgemeinschaft in Europäische Gemeinschaften (EG) umbenannt.

Der Beginn der politischen Zusammenarbeit der EG

Schon bei der Unterzeichnung 1957 strebten die Mitgliedsstaaten der EWG eine politische Zusammenarbeit an. Doch erst 1986 wurden auf dieser Ebene erste Erfolge erreicht. Die Staats- und Regierungschefs der EG kamen überein, einen einheitlichen Wirtschaftsraum ohne Grenzen zu schaffen. Das Europäische Parlament, das seit 1979 direkt von den Bürgern und Bürgerinnen gewählt wird, und der Ministerrat erhielten dabei das Recht, selbst Gesetze vorzuschlagen.

Der RGW – Rat für gegenseitige Wirtschaftshilfe

Der „Rat für gegenseitige Wirtschaftshilfe“ wurde am 25. Januar 1949 in Moskau als Gegenstück zum Marshall-Plan gegründet. Oberstes Ziel war es, die Staaten Osteuropas enger an die Sowjetunion zu binden und abhängig zu machen.

Der RGW organisierte die wissenschaftliche, wirtschaftliche und technische Zusammenarbeit seiner Mitgliedstaaten. Einerseits bestand seine Aufgabe darin, eine bessere wirtschaftliche Spezialisierung und Arbeitsteilung zwischen den Staaten zu erreichen. Dadurch entstanden immer größere Abhängigkeiten, da die Staaten darauf angewiesen waren, die entsprechenden Waren von den verschiedenen Mitgliedstaaten zu bekommen. So waren unter anderem folgende Spezialisierungen vorgesehen:

- Sowjetunion: z.B. Flugzeuge, U-Bahn-Wagen und Traktoren
- DDR: z.B. landwirtschaftliche Maschinen, Schiffe, Computer

Andererseits sollte auch eine allmähliche Angleichung der unterschiedlichen wirtschaftlichen Bedingungen der Staaten erreicht werden. Ebenso wurde in allen Ländern der RGW die Planwirtschaft eingeführt.

Tipp:
Weitere Informationen zum Marshallplan findest du auf S. 20 und S. 142.

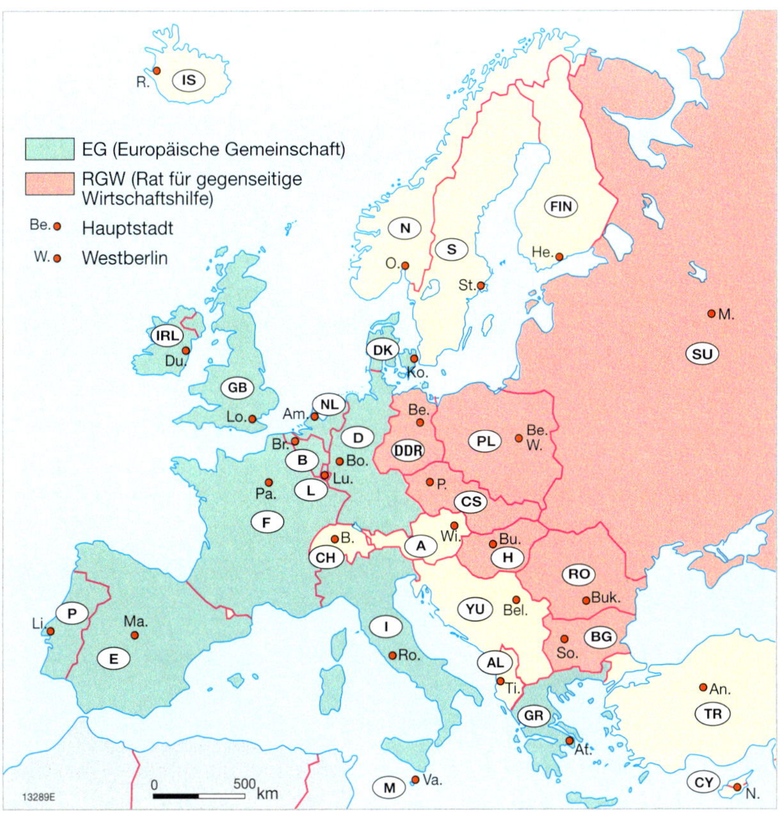

M2 EG und RGW – ein Vergleich

ARBEITSAUFTRÄGE

1 a) Nenne die Ziele des Rates für gegenseitige Wirtschaftshilfe.
b) Erkläre, warum der RGW gegründet wurde.

2 a) Nenne Ziele der Europäischen Gemeinschaften.
b) Erkläre, warum die EG gegründet wurden.

3 Vergleiche mithilfe von M2 die Europäischen Gemeinschaften mit dem Rat für gegenseitige Wirtschaftshilfe. Stühletausch HILFE

Die Neue Ostpolitik

Die Ostverträge – Außenpolitik unter Willy Brandt

„Wir wollen mehr Demokratie wagen" – so beschrieb der neugewählte Bundeskanzler Willy Brandt in seiner Regierungserklärung 1969 die Vorstellung einer Reihe von Reformen. Vor allem in der Politik zur Sowjetunion, der DDR und zu den übrigen Staaten in Osteuropa vollzog sich ein Wandel.

Durch Verträge mit den osteuropäischen Staaten sollte die starre Trennung aufgebrochen werden. Der wichtigste Gesprächspartner war hierfür die sowjetische Regierung, da diese die Politik in Osteuropa bestimmte.

Innerhalb weniger Jahre wurden die sogenannten Ostverträge geschlossen. Beteiligt waren viele ehemals verfeindete Staaten, die sich nun um ein friedlicheres Miteinander bemühten.

Vertrag: Moskauer Vertrag, Warschauer Vertrag

Staat: UdSSR, Polen

Jahr: 1970

Inhalt: Anerkennung der Nachkriegsgrenzen aller europäischen Staaten, Anerkennung der Oder-Neiße-Grenze zwischen Deutschland und Polen

M1 Bundeskanzler Willy Brandt (li.) und der sowjetische Ministerpräsident Alexej Kossygin (1904–1980) bei Unterzeichnung des Moskauer Vertrags (Foto, 12.08.1970)

Vertrag: Vier-Mächte-Abkommen

Staat: UdSSR, USA, Großbritannien, Frankreich

Jahr: 1971

Inhalt: West-Berlin, ungehinderter Zugang zu den Westsektoren Berlins

M2 Unterzeichnung des Vier-Mächte-Abkommens (Foto, 03.09.1971)

Vertrag: Grundlagenvertrag

Staat: DDR

Jahr: 1972

Inhalt: Aufnahme offizieller Beziehungen, Gleichberechtigung beider Staaten – die Teilung wird anerkannt

M3 Unterzeichnung des Grundlagenvertrags (Foto, 21.12.1972)

Vertrag: UNO-Mitgliedschaft

Staat: UNO-Staaten

Jahr: 1973

Inhalt: DDR und Bundesrepublik werden Mitglied der Vereinten Nationen

M4 Unterzeichnung der UNO-Mitgliedschaft, Orden für Grenzsoldaten: Wegen des Schießbefehls an der Grenze wurde die Aufnahme der DDR in die UNO auch kritisch gesehen. (Karikatur, 1973)

Vertrag: Prager Vertrag

Staat: ČSSR

Jahr: 1973

Inhalt: Aufnahme diplomatischer Beziehungen, Gewaltverzicht

M5 Demonstration für die Ostverträge in Bonn (Foto, Anfang der 1970er-Jahre)

ARBEITSAUFTRÄGE

Gruppenpuzzle

1 a) Recherchiert Informationen zu den einzelnen Verträgen.
b) Stellt Stichpunkte zu folgenden Punkten zusammen:
- den Beteiligten
- den wichtigsten Inhalten
- ...

Stellt eure Ergebnisse in der Klasse vor.

2 Erstellt eine Zeitleiste zu den Verträgen.

Polen und Deutschland

Eine schwierige Nachbarschaft

Am 1. September 1939 überfielen deutsche Truppen Polen. Nach der polnischen Niederlage teilten das Deutsche Reich und die Sowjetunion das Land unter sich auf. Die Polen litten sehr unter der deutschen Herrschaft. Insgesamt wurden über sechs Millionen Polen Opfer des Zweiten Weltkriegs.

In neuer Nachbarschaft

Nach dem Zweiten Weltkrieg war eine Neugestaltung der Beziehungen zunächst schwierig. Vielen Polen waren die Verbrechen der deutschen Besatzer noch in frischer Erinnerung. Von deutscher Seite stand die Vertreibung von ca. 3,5 Millionen Deutschen aus den ehemaligen deutschen Gebieten östlich der Flüsse Oder und Neiße einer Annäherung im Wege.

Während Polen und die DDR als Mitglieder der sozialistischen Staatengemeinschaft eine eher verordnete Freundschaft pflegten, blieb das Verhältnis der Bundesrepublik zu Polen angespannt. Das änderte sich erst ab 1970 mit der Neuen Ostpolitik des Bundeskanzlers Willy Brandt. Ziel dieser Politik war eine Versöhnung zwischen beiden Staaten.

Q1 **Egon Bahr, Freund und politischer Ratgeber von Willy Brandt, schilderte in seinen Memoiren den Kniefall am Warschauer Denkmal:**

Brandts Kniefall habe ich nicht gesehen, [...] vor uns eine Wand von Journalisten, als es plötzlich ganz still wurde. Auf die Frage, was denn los sei, zischte einer: „Er kniet." Am Abend allein mit dem Freund traute ich mich zu sagen: „Das war aber doll." Darauf Brandt: „Ich hatte das Empfinden, ein Neigen des Kopfes genügt nicht." Da hatte einer, der frei von geschichtlicher Schuld war, geschichtliche Schuld seines Volkes bekannt. Mehr musste nicht gesagt werden.

WES-104984-201
Filmclip über den Kniefall von Warschau

M1 Willy Brandt – Kniefall von Warschau: Der Kanzler der Bundesrepublik kniete bei einer Kranzniederlegung mehrere Sekunden lang vor dem Ehrenmal der Toten des Warschauer Gettos nieder. (Foto, 07.12.1970)

Eine neue Grundlage für das deutsch-polnische Verhältnis

Als sich 1990 der Weg zur deutschen Einheit abzeichnete, wuchsen in Polen die Befürchtungen vor einem wiedererstarkten Deutschland. Um diese Ängste zu zerstreuen, wurde im November 1990 ein Vertrag zwischen beiden Staaten unterzeichnet, der endgültig die Grenze festlegte.

Im Jahr 1991 folgte der Abschluss eines deutsch-polnischen Freundschaftsvertrages. Er legte eine enge politische, wirtschaftliche und kulturelle Zusammenarbeit fest. Zur Förderung des Austauschs wurde das Deutsch-Polnische Jugendwerk geschaffen. Mittlerweile gibt es über 700 Städtepartnerschaften.

M2 Schilder in Deutsch/Englisch/Polnisch in Frankfurt/Oder (Foto, 2013)

Q2 Ein polnischer Staatssekretär über gemeinsame deutsch-polnische Berufsbildungsprojekte in der Grenzregion:

Diese deutsch-polnischen Projekte im Rahmen grenzüberschreitender Zusammenarbeit ermöglichen den Jugendlichen vor allem, sich gegenseitig kennenzulernen und Stereotype zu überwinden. Sie sind auch eine gute Möglichkeit, sich die länderspezifischen Besonderheiten in der Ausbildung genauer anzuschauen. Entscheidend ist zudem, dass die Jugendlichen bei diesen Projekten andere, manchmal in ihrem eigenen Land nicht verfügbare Technologien kennenlernen, dass sie aber auch sehen, was in der Berufspraxis in beiden Ländern gleich ist.

Stereotype: Vereinfachung, Verallgemeinerung, Vorurteil

M3 Die Europa-Universität Viadrina in Frankfurt/Oder ist seit ihrer Gründung 1991 Partneruniversität der Adam-Mickiewicz-Universität Posen in Polen. Sie bietet länderübergreifende Studiengänge und Inhalte an und hat sich der europäischen Integration und der deutsch-polnischen Freundschaft und Zusammenarbeit verschrieben. (Foto, 2015)

ARBEITSAUFTRÄGE

1. Nenne die Schwierigkeiten, vor denen die deutsch-polnischen Beziehungen nach 1945 standen.
2. a) Diskutiert mithilfe von Q1 und M1, was Willy Brandt mit seinem Kniefall ausdrücken wollte. Debatte
   b) Recherchiert zum Kniefall.
   c) Tauscht euch über eure Ergebnisse aus. Kugellager
3. a) Recherchiere zu den Angeboten des Deutsch-Polnischen Jugendwerks.
   b) Stelle deine Ergebnisse in einem Kurzvortrag vor.

Abschreckung und Entspannung

M1 John F. Kennedy (1917–1963) (Foto, 1962)

Strategie der Abschreckung

Während der Zeit des Kalten Krieges strebten die Weltmächte USA und UdSSR lange Zeit danach, militärisch stärker als der Gegner zu sein. Wurde von einem Staat ein neues Waffensystem entwickelt, bemühte sich der Gegner um ein noch besseres und stationierte ebenfalls neue Waffen. Diese Politik, den Gegner durch ein größeres Waffenpotenzial einzuschüchtern und so von militärischen Aktionen abzuhalten, nennt man die „Strategie der Abschreckung".

Entspannung durch Verhandlungen

Mit den USA und der UdSSR standen sich während des Kalten Krieges auch zwei Atommächte unversöhnlich gegenüber. Den führenden Politikern der beiden Weltmächte wurde allerdings mehr und mehr bewusst, dass ein atomarer Krieg nicht zu gewinnen wäre. Bereits die Kuba-Krise hatte gezeigt, dass eine Eskalation schnell erfolgen konnte.

Q1 Rede von US-Präsident John F. Kennedy im Juni 1963:

I speak of peace because of the new face of war. Total war makes no sense [...] in an age when a single nuclear weapon contains almost ten times the explosive force delivered by all the allied air forces in the Second World War. It makes no sense in an age when the deadly poisons produced by a nuclear exchange would be carried by wind and water and soil and seed to the far corners of the globe and to generations yet unborn. [...] Some say that it is useless to speak of world peace [...] or world disarmament – and that it will be useless until the leaders of the Soviet Union adopt a more enlightened attitude. I hope they do. I believe we can help them do it. But I also believe that we must reexamine our own attitude – as individuals and as a Nation – for our attitude is as essential as theirs.

WES-104984-202
Übersetzung von Kennedys Rede

Entspannung durch Verträge

In der Folge erkannten die Supermächte, dass ein Miteinander der einzige Weg war, um den Frieden zu wahren. Die Rüstungskontrolle war dabei die wichtigste Strategie. Nach zähen Verhandlungen wurden schließlich erste Erfolge erreicht.

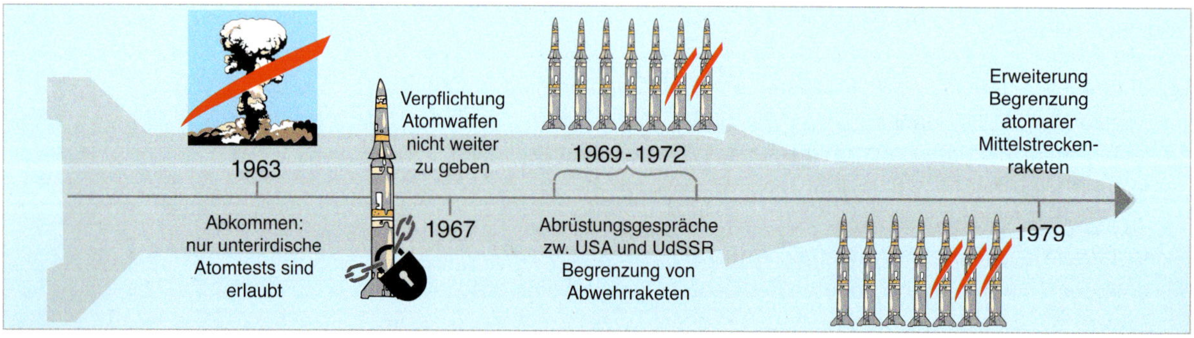

M2 Abrüstungsverhandlungen zwischen der UdSSR und den USA

Afghanistan – ein weiterer Stellvertreterkrieg

Allerdings war die Entspannungspolitik nicht von allzu langer Dauer. Einen erneuten Tiefpunkt erreichte die Beziehung zwischen den USA und der UdSSR bereits 1979.

In diesem Jahr marschierte die Sowjetunion in Afghanistan ein, um eine von ihr unterstützte Regierung an die Macht zu bringen. Die Rebellengruppen – die sogenannten Mudschahedin – wurden von den USA und einigen weiteren NATO-Staaten sowie von Ländern des Nahen und Mittleren Ostens durch Waffen und andere Materialien unterstützt. So entwickelte sich der Afghanistankrieg zu einem weiteren Stellvertreterkrieg.

In der Folge nahm in den 1980er-Jahren auch die atomare Aufrüstung wieder zu. Es begann eine neue Phase im Kalten Krieg, die von atomarer Abschreckung und zunehmenden Protesten gesellschaftlicher Friedensbewegungen geprägt war.

Tipp:
Weitere Informationen zu den Mudschahedin und zum Afghanistankrieg erhältst du auf den Seiten 180–183.

M3 „Der Rüstungswettlauf" (Karikatur, 1981)

ARBEITSAUFTRÄGE

AUSWAHL **1** I Beschreibe, wie sich das Verhältnis zwischen den USA und der Sowjetunion entwickelte.
II Erkläre die Hauptaussage der Karikatur M3.
III Beurteile, ob die Strategie der Abschreckung ein sinnvolles Mittel ist, Frieden zu bewahren.

2 Begründe, warum die Zeit bis 1979 als Phase der Entspannung bezeichnet wird. Reporter

3 Erkläre mithilfe von Q1, welches Ziel Kennedy verfolgt. HILFE

4 Recherchiere, welche Staaten aktuell Atomwaffen besitzen.

Friedensbewegung in Ost und West

Protestbewegungen in der Bundesrepublik

Mit der Neuen Ostpolitik entspannten sich langsam die Beziehungen zwischen den beiden deutschen Staaten und in Europa. In Mitteleuropa hielten jedoch die USA und die Sowjetunion sehr viele Waffen und Atomraketen bereit.

Viele Jahrzehnte lang war dies aus Angst vor der Sowjetunion in der Bundesrepublik geduldet worden. Doch in den 1980er-Jahren demonstrierten vor allem jüngere Menschen dagegen. Diese Waffen ließen in ihren Augen einen verheerenden Krieg immer wahrscheinlicher werden. Unter dem Motto „Frieden schaffen – ohne Waffen" demonstrierten sie gegen den Transport der Atomwaffen.

M1 Friedensdemonstration in Bonn (Foto, 1981)

Q1 In dem in den 1980er-Jahren sehr populären Protestsong „Das weiche Wasser" drückten sich die Ängste der Menschen zur atomaren Rüstung aus:

Europa hatte zweimal Krieg
der dritte wird der letzte sein.
Gib bloß nicht auf, gib nicht klein bei,
das weiche Wasser bricht den Stein. [...]

Raketen steh'n vor uns'rer Tür,
die soll'n zu uns'rem Schutz hier sein.
Auf solchen Schutz verzichten wir,
das weiche Wasser bricht den Stein. [...]

Die Rüstung sitzt am Tisch der Welt
und Kinder die vor Hunger schrei'n.
Für Waffen fließt das große Geld,
doch weiches Wasser bricht den Stein.

Komm feiern wir ein Friedensfest,
und zeigen, wie sich's leben lässt.
Mensch, Menschen können Menschen sein,
das weiche Wasser bricht den Stein.

„Schwerter zu Pflugscharen“

Das SED-Regime beobachtete mit Misstrauen die Friedens- und Umweltbewegungen, die sich zu Beginn der 1980er-Jahre entwickelten. Da in der DDR politisches Engagement von Andersdenkenden öffentlich kaum möglich war, fanden viele solcher Aktivitäten in Räumen der Kirchen statt. Unter dem Motto „Schwerter zu Pflugscharen“ organisierten sie sich.

Der Bund der Evangelischen Kirchen veranstaltete seit 1980 jährlich Friedenswochen. In einigen Städten organisierten oppositionelle Gruppen Friedensgebete, eine Verbindung aus politischer Veranstaltung und Gottesdienst. Mit Unterbrechung gab es sie seit 1981. An ihnen nahmen auch nicht religiöse, aber politisch interessierte Bürgerinnen und Bürger teil. Menschen versammelten sich, um für den Frieden zu beten, Vorträge zu hören, Informationen auszutauschen und Protestaktionen vorzubereiten.

M2 Zeichen der Friedensbewegung der Kirche. Es durfte in der Öffentlichkeit nicht gezeigt werden.

M3 Eine Demonstration von Mitgliedern der DDR-Friedensbewegung vor der US-Botschaft wird von der Volkspolizei aufgelöst. (Foto, 01.09.1983)

Die verordnete Friedensbewegung der SED

Neben der kirchlich organisierten Friedensbewegung gab es auch eine offizielle. Diese richtete sich vor allem gegen die Aufrüstung der USA. Alle fünf Jahre versammelten sich Zehntausende von der FDJ abkommandierte Jugendliche, um für Frieden zu demonstrieren.

ARBEITSAUFTRÄGE

1 I Nenne übereinstimmende Ziele der Friedensbewegung in der DDR und der BRD.
II Beschreibe die Ziele der Friedensbewegung in der DDR und der BRD.
III Arbeite mithilfe von Q1 die verschiedenen Formen des Protestes heraus.

2 Vermute mithilfe von Q1, warum sich besonders Jugendliche engagierten. Bushaltestelle

3 a) Stelle mithilfe des Liedtextes Q1 die Ängste der Menschen vor der atomaren Rüstung in den 1980er-Jahren dar.
b) Befragt Zeitzeugen, wie sie die Friedensbewegungen in den 1980er-Jahren miterlebt haben.

Das Ende des Kalten Krieges

Schwierigkeiten der UdSSR

Die hohen Rüstungsausgaben belasteten die UdSSR, sodass Lebensmittelpreise und Preise für Energie immer weiter stiegen und es schließlich zu Versorgungsengpässen kam. Mitte der 1980er-Jahre stand das Land vor schweren politischen, wirtschaftlichen und sozialen Problemen, was auch zu Korruption und Kriminalität führte. Es schien, als sei die sowjetische Führung handlungsunfähig. Im März 1985 wurde Michail Gorbatschow zum Vorsitzenden der Kommunistischen Partei. Er leitete Reformen ein.

Reformen – Glasnost und Perestroika

Für die sowjetische Bevölkerung waren vor allem die innenpolitischen Maßnahmen wichtig. Unter dem Motto Glasnost durften in den Medien plötzlich Missstände offen kritisiert werden.

Glasnost: Offenlegung der Ziele der sowjetischen Regierung gegenüber der Bevölkerung

Daneben verfolgte Gorbatschows Politik der Perestroika die Veränderung der Gesellschaft. Die Planwirtschaft sollte reformiert werden, Partei und politische Führung sollten getrennt werden.

Perestroika: Prozess zum Umbau und zur Modernisierung des gesellschaftlichen, politischen und wirtschaftlichen Systems der Sowjetunion

Q1 In seinem Buch „Die zweite russische Revolution" von 1987 erklärte Michail Gorbatschow:

Perestroika bedeutet Initiative der Massen: Entwicklung der Demokratie [...], sozialistische Selbstverwaltung, Förderung von [...] schöpferischer Arbeit, Stärkung von Ordnung und Disziplin, mehr Offenheit, Kritik und Selbstkritik in allen Bereichen [...]; ein Höchstmaß an Achtung des Individuums und Wahrung seiner persönlichen Würde [...]. Das Wesen der Perestroika liegt in der Tatsache, dass sie Sozialismus und Demokratie miteinander verbindet [....]. Wir wollen Offenheit in allen öffentlichen Angelegenheiten und in allen Bereichen des Lebens. Das Volk muss wissen, was gut und was schlecht ist, um das Gute zu mehren und das Schlechte zu bekämpfen. So sollten die Dinge im Sozialismus sein. [verändert]

Innerhalb der Partei wurde die Modernisierung kritisiert und abgelehnt. Im Ausland jedoch wurde Gorbatschows Politik sehr positiv empfunden. Zugleich machte im Jahr 1986 ein katastrophaler Unfall im Kernkraftwerk Tschernobyl (ehemals UdSSR, heute Ukraine) die Gefahren der Atomkraft für alle deutlich.

M1 Der explodierte Reaktor 4 des Kernkraftwerks Tschernobyl. Die Zahl der Opfer, die entweder direkt durch die Explosion oder durch Langzeitschäden durch die nukleare Strahlung starben, wird zwischen einigen tausend und mehreren hunderttausend Menschen geschätzt. (Foto, 30.04.1986)

M2 Der amerikanische Präsident Ronald Reagan (1911–2004) und der sowjetische Parteichef Michail Gorbatschow bei einem Gespräch in Moskau (Foto, 1988)

Die USA und die Sowjetunion kommen ins Gespräch

Gorbatschows Politik hatte die Neugestaltung der Gesellschaft zum Ziel. Dies konnte aber nur erreicht werden, wenn genügend Geld zur Verfügung gestellt werden konnte. Deshalb musste das Wettrüsten begrenzt und sogar gestoppt werden. Hinzu kam, dass das Reaktorunglück von Tschernobyl die Gefahren der Atomkraft nochmals deutlich vor Augen führte.

Mehrere Treffen zwischen US-Präsident Ronald Reagan und Staatschef Gorbatschow halfen, das bestehende Misstrauen allmählich zu überwinden und die Sicherheitslage in der Welt zu verändern. Der 1987 unterzeichnete Vertrag zur vollständigen Vernichtung aller atomaren Mittelstreckenraketen war der vorläufige Abschluss der Abrüstungsverhandlungen. Ein neuer Schritt in Richtung Entspannung hatte begonnen.

M3 Vernichtung russischer SS-20-Atomraketen in Gegenwart US-amerikanischer Experten (Foto, 1989)

ARBEITSAUFTRÄGE

USWAHL **1** I Nenne Folgen der Perestroika für die Gesellschaft der Sowjetunion.
II Beschreibe mithilfe von Q1 den Begriff „Perestroika" und seine Folgen für die Gesellschaft der Sowjetunion.
III Erkläre die Notwendigkeit von Gorbatschows Politik.

2 a) Beschreibe mit M2 die Stimmung der beiden Regierungschefs.
b) Beurteile, ob der Begriff „Kalter Krieg" zum Bild M2 passt.
Bienenkorb HILFE

Veränderungen im Ostblock

M1 Protestierende blockieren einen Panzer während des „Prager Frühlings". (Foto, 21.08.1968)

Jahrzehnte der Unterdrückung

In den Ländern des Ostblocks wurden die Vormacht der UdSSR und ihre Vorgaben zu Politik und Wirtschaft keineswegs kritiklos hingenommen. Zu den größeren Protesten gehörten der Volksaufstand in der DDR 1953, die Proteste in Ungarn 1958 und der sogenannte „Prager Frühling" in der Tschechoslowakei 1968. Lange Zeit hatte die UdSSR gemeinsam mit den Staaten des Warschauer Vertrags diese Proteste militärisch niedergeschlagen. Erst die Neuausrichtung der Sowjetunion ab Mitte der 1980er-Jahre ermöglichte eine andere Politik in den osteuropäischen Staaten und erhöhte die Chancen der Opposition.

Wandel in Polen

In Polen gründete sich 1980 die unabhängige Gewerkschaft Solidarność, die sogleich von der polnischen Regierung verboten wurde. Unter ihrem Vorsitzenden Lech Wałęsa blieb sie jedoch als Protestbewegung im Untergrund tätig. 1988 erzwang sie durch Streiks von der polnischen Führung eine Rücknahme des Verbots und einen Übergang zur Demokratie.

M2 Umbruch in Polen: Lech Wałęsa spricht auf der Leninwerft in Danzig zu den streikenden Arbeitern. (Foto, 1980)

Q1 Der polnische Regimekritiker Jacek Kuron sagte in einem Interview über die Motive der Protestbewegung in Polen:

Der Lebensstandard sinkt schon seit langem. Das gibt sogar die Regierung indirekt zu. Allenthalben fehlt es an Waren und Gütern, und die Waren, die vorrübergehend vorhanden sind, werden immer teurer. [...] Im Bereich des Gesundheitswesens, der Versorgung mit Medikamenten, ja in allen Lebensbereichen ist [...] ein solches Desaster entstanden, dass dem Durchschnittspolen seine Lebensverhältnisse unerträglich erscheinen. [...] Der einzige Ausweg, den ich sehe, ist, schnellstens die Möglichkeit zu schaffen, dass sich die Arbeiter aus freiem Willen organisieren können. [...] Dies ist der einzige Weg zur Rettung für unser Land, ein Weg zur Demokratie und zur Überwindung der Krise zugleich: Nur eine in freien Wahlen organisierte Gesellschaft ist in der Lage, ein vernünftiges Programm anzunehmen. [verändert]

M3 Öffnung der österreichisch-ungarischen Grenze 1989: Der Außenminister Ungarns, Gyula Horn (1923–2013) (r.), schneidet mit seinem Amtskollegen Alois Mock (1934–2017) (l.) an der Grenze ein Stück des „Eisernen Vorhangs“ mit der Drahtschere symbolisch aus dem Stacheldrahtzaun. (Foto, 27.06.1989)

Wandel in Ungarn

In Ungarn wurden Widerstandsgruppen gebildet, die Demokratisierung und das Ende des sozialistischen Regimes forderten. Im August 1989 kam es beim sogenannten Paneuropäischen Picknick an der ungarisch/österreichischen Grenze zu einer kurzen symbolischen Grenzöffnung. Diese wurde von DDR-Bürgerinnen und -Bürgern zur Flucht genutzt.

M4 Denkmal der Europäischen Freiheit von Miklos Melocco. Das Denkmal steht im Paneuropäische Picknick Memorial Park in Fertörakos, Ungarn. (Foto, 2011)

ARBEITSAUFTRÄGE

Bearbeitet die Aufgaben kooperativ in einer Gruppenarbeit.

a) Recherchiert zu den Entwicklungen in den 1980er-Jahren in Ungarn und Polen.

b) Erstellt eine Wandzeitung.

c) Präsentiert eure Ergebnisse in der Klasse. Galeriegang

Tipp:
Einen Webcode zur Gruppenarbeit findest du auf S. 15.

Veränderungen in der DDR

Die DDR isoliert sich

Der Name Gorbatschow stand für viele Menschen in der DDR für Hoffnung auf Freiheit. Die Menschen hofften, dass die Reformpolitik in der Sowjetunion auch für sie zu Veränderungen führen würde. Bei der DDR-Führung stießen „Glasnost" und „Perestroika" dagegen auf Ablehnung.

Q1 Kurt Hager, SED-Mitglied, fragte in einem Interview mit der Zeitschrift Stern im Jahr 1987:

Würden Sie [...], wenn Ihr Nachbar seine Wohnung neu tapeziert, sich verpflichtet fühlen, Ihre Wohnung ebenfalls neu zu tapezieren?

Der Staatschef Erich Honecker bestand weiterhin auf dem Führungsanspruch der SED und war nicht bereit, Reformen einzuleiten.

Q2 Erich Honecker reagierte im Januar 1989 auf die Forderung von westlichen Politikern, die Mauer abzubauen:

Mit dem Bau des antifaschistischen Schutzwalles im Jahre 1961 wurde die Lage in Europa stabilisiert, der Frieden gerettet. Die Mauer wird [...] in 50 und auch in 100 Jahren noch bestehen bleiben, wenn die dazu vorhandenen Gründe noch nicht beseitigt sind.

Massenflucht

Im Mai 1989 fanden in der DDR Kommunalwahlen statt, bei denen angeblich 98,85 % der Bürgerinnen und Bürger für die von der SED angeführte Einheitsliste gestimmt haben sollen. Wahlbeobachter konnten Fälschungen bei den Auszählungen aufdecken. Daraufhin fanden Protestaktionen statt, zahlreiche Verhaftungen folgten.

Trotzdem lehnten sich die DDR-Bürgerinnen und -Bürger immer mehr gegen die Staatsmacht auf und demonstrierten weiter. Viele von ihnen sahen jedoch nur noch im Verlassen der DDR eine Zukunft. Durch die erneute Grenzschließung Ungarns konnten sie nicht mehr über diese Grenze fliehen. Stattdessen flohen sie in die Botschaften der Bundesrepublik in Prag, Budapest und Warschau.

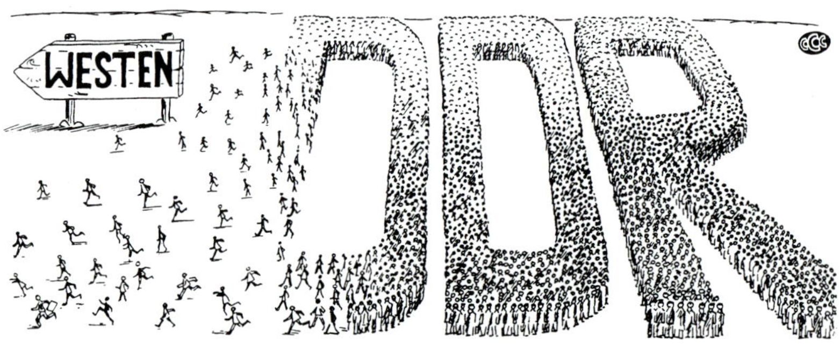

M1 Abstimmung mit den Füßen (Karikatur, 1989)

M2 DDR-Geflüchteten-Camp im Garten der westdeutschen Botschaft in Prag im Oktober 1989. Zwischen August und November 1989 flohen über die Botschaft 20 000 Ostdeutsche nach Westdeutschland. (Foto, 1989)

M3 Busse brachten die Geflüchteten zum Bahnhof. Von dort fuhren Züge in die Bundesrepublik. (Foto, 1989)

M4 Ostdeutsche Flüchtende aus der Botschaft in Prag steigen in einen Sonderzug in die Bundesrepublik Deutschland im Oktober 1989. (Foto, 1989)

M5 Ankunft eines Zuges mit Geflüchteten in Hof, Bayern (Foto, 1989)

ARBEITSAUFTRÄGE

WAHL **1** I Nenne Gründe dafür, dass die DDR-Führung die Politik Gorbatschows ablehnte.
II Erkläre mithilfe von Q2 die ablehnende Haltung der DDR-Führung gegenüber der Politik Gorbatschows.
III Beurteile mithilfe von Q1 und Q2, warum die SED-Führung die Politik Gorbatschows ablehnte.

2 Stelle dir vor, du bist eine der flüchtenden Personen. Schreibe mit M2–M5 einen Tagebucheintrag zu den Ereignissen. Stelle ihn der Klasse vor.

3 Analysiere die Karikatur M1. Partnervortrag HILFE

Die friedliche Revolution

Der 40. Jahrestag der DDR

Trotz der angespannten Stimmung im Land feierte die DDR-Führung am 7. Oktober aufwendig den 40. Jahrestag der Staatsgründung. Die SED versuchte noch einmal, sich mit allen Mitteln positiv darzustellen. Auch Michail Gorbatschow war als Ehrengast anwesend. Erich Honecker verkündete, der Sozialismus stehe in Deutschland auch in Zukunft auf unerschütterlichem Boden. Währenddessen ging die Staatsmacht auf den Straßen mit Gewalt gegen die Demonstranten vor.

Q1 Beim festlichen Empfang am 7. Oktober 1989 verkündete Erich Honecker in einer Rede:

Liebe Freunde und Genossen, meine Damen und Herren [...], liebe Gäste! Nehmen sie die Gewissheit mit nach Hause, dass unsere Republik auch im fünften Jahrzehnt ihrer Existenz ein bedeutender [...] Friedensfaktor im Zentrum Europas sein wird. Unsere Freunde in aller Welt seien versichert, dass der Sozialismus auf deutschem Boden [...] auf unerschütterlichen Grundlagen steht.

Kurze Zeit später wurde Honecker abgesetzt. Doch auch der neuen Staatsführung vertrauten die Menschen nicht. Die Proteste gingen weiter.

M1 Der 7. Oktober 1989 in Ost-Berlin: ① Feierlichkeiten zum Jahrestag der Gründung der DDR; ② und ③ Polizeigewalt gegen Demonstranten (Fotos, 07.10.1989)

M2 Menschen aus Ost- und West-Berlin kletterten in der Nacht vom 9. auf den 10. November auf die Mauer am Brandenburger Tor. (Foto, 09.11.1989)

Die Öffnung der Grenze

Am 9. November 1989 überschlugen sich die Ereignisse. SED-Sprecher Günter Schabowski gab auf einer Pressekonferenz bekannt, dass es allen DDR-Bürgern und -Bürgerinnen möglich sei, in den Westen zu reisen. Dies löste einen Massenansturm in Ost- und West-Berlin aus. Die DDR-Grenzsoldaten waren darauf völlig unvorbereitet. Am Übergang Bornholmer Straße war der Andrang besonders groß. Um 23.30 Uhr stellten die Grenzer dort alle Kontrollen ein und öffneten den Schlagbaum. Gegen Mitternacht standen alle Übergänge offen. Ganz Deutschland feierte den Mauerfall.

M3 Grenzübergang Bornholmer Straße, 9. November 1989 (Foto, 09.11.1989)

ARBEITSAUFTRÄGE

Ihr könnt in der Gruppe oder auch einzeln arbeiten.

1. Stelle die Ereignisse im Sommer und Herbst 1989, die zur Öffnung der Grenze führten, in einer Zeitleiste dar.
2. Erläutere den Begriff „Friedliche Revolution“ und stelle dar, warum dieser Begriff zu den Ereignissen im Herbst 1989 passt.
3. Erstelle eine Wandzeitung zu den Ereignissen im Herbst 1989.
4. Führt einen Galeriegang durch. Galeriegang

Friedliche Revolution in Sachsen

Breiter Protest

Die friedliche Revolution 1989 hatte ihren Ursprung in Sachsen. Im Sommer 1989 war die Unzufriedenheit der DDR-Bürgerinnen und -Bürger immer größer geworden. Es gründeten sich zahlreiche Bürgerbewegungen und Parteien. Die DDR-Führung wurde zunehmend machtlos gegen diese Gründungen. Immer mehr Menschen gingen auf die Straße. Vor allem in Plauen und Leipzig demonstrierten stets größer werdende Menschenmengen für mehr Freiheit und Demokratie. In diesem Zusammenhang werden vor allem die Montagsdemonstrationen in Leipzig in Erinnerung bleiben. Auch nach der Grenzöffnung gingen hier die Proteste weiter.

Q1 In der Leipziger Volkszeitung berichtete Thomas Stöber von den Ereignissen am 08.11.1989 in Torgau:

Knisternde Spannung herrschte am vergangenen Freitagabend im Zentrum der Kreisstadt. Nebenstraßen standen voll mit Autos, viele Bürger waren nach 18 Uhr auf dem Weg zum Torgauer Marktplatz. Der öffentliche Dialog mit führenden Funktionären des Kreises stand auf dem Programm, und Tausende, es mögen 5000 und 6000 gewesen sein, [...] waren gekommen, um ihre Probleme, ihre Forderungen erörtert zu hören, sie vorzubringen, Antworten darauf zu bekommen. [...] Es wurde sehr lebhaft und oft auch sehr laut an diesem Abend. Viele kamen an den beiden Mikrofonen zu Wort, viel wurde auf den „Tisch" gepackt.

Tipp:
Unter folgendem Weblink berichten Zeitzeugen von ihren Erlebnissen: https://www.revolution.sachsen.de/zeitzeugen-4261.html

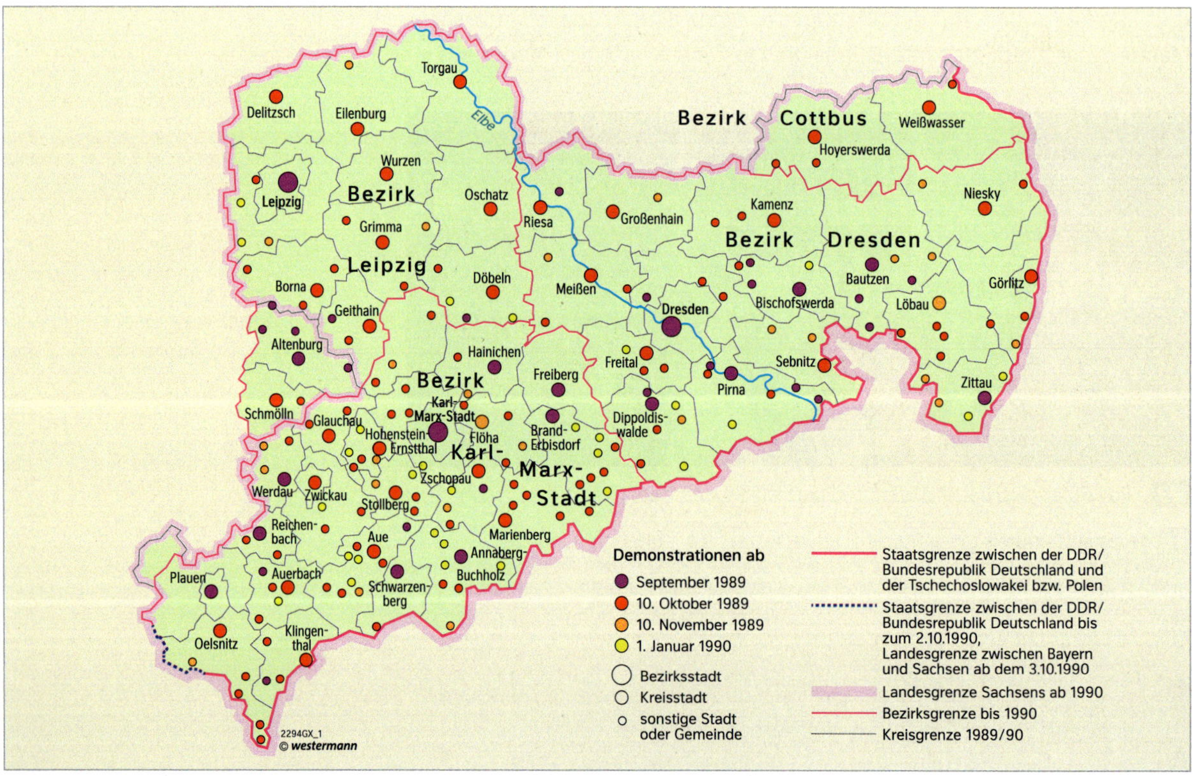

M1 Demonstrationen während der friedlichen Revolution in Sachsen 1989/1990

M2 Montagsdemonstration in Leipzig im Herbst 1989 (Fotos, 11.12.1989)

ARBEITSAUFTRÄGE

Bearbeitet die Aufgaben kooperativ in einer Gruppenarbeit.

1. Recherchiert mithilfe von M1, ob in eurem Heimatort auch Demonstrationen stattgefunden haben.
2. Befragt Zeitzeugen aus eurem Heimatort zu den Ereignissen.
3. Erstellt eine Wandzeitung zu den Ereignissen im Herbst 1989.
4. Präsentiert eure Ergebnisse. Galeriegang

Tipp:
Einen Webcode zur Gruppenarbeit findest du auf S. 15.

Zeitzeugen im Geschichtsunterricht

Schritte zur Analyse von Zeitzeugenaussagen

1. **Schritt: Biografie**
   - Wer ist die Person (Alter, Beruf, Werdegang)?
   - Wie alt war die Person, als das Ereignis, worüber sie berichtet, passiert ist?
   - Wie viele Jahre sind seitdem vergangen?
   - Warum will er oder sie über diese Zeit berichten?
2. **Schritt: Inhalt**
   - Worüber wird berichtet?
   - Welche Passagen fallen eindeutig unter „persönliche Wahrnehmung"?
   - Bei mehreren Zeitzeugen: Wo gibt es gemeinsame Sichtweisen bzw. wo unterscheiden sich die Aussagen?
3. **Schritt: Deutung**
   - An welchen Stellen bilden die Aussagen eine objektive Betrachtung?
   - An welchen Stellen weichen die Schilderungen von einer allgemeingültigen Version der Ereignisse ab?
   - Bei mehreren Zeitzeugen: Was sind mögliche Gründe für unterschiedliche Aussagen und Wertungen?

Viele eurer Eltern und Großeltern haben den Kalten Krieg, die Teilung Deutschlands oder die Wiedervereinigung miterlebt oder waren von den Ereignissen selbst betroffen. Sie können ihre persönlichen Eindrücke und Erfahrungen darüber vermitteln, wie es war, in diesen Zeiten zu leben. Sie sind Zeitzeugen. Durch zahlreiche Einzelheiten, die in Zeitzeugenberichten dargestellt werden, wird vieles besser vorstellbar und Zusammenhänge werden deutlich.

Zeitzeugenaussagen sind Quellen, die wie andere historische Quellen kritisch hinterfragt werden müssen. Dies ist wichtig, da zwischen dem Ereignis und der Zeitzeugenbefragung häufig eine lange Zeit liegt. Die Erinnerung an das Ereignis oder dessen Bewertung aus heutiger Sicht kann sich beim Zeitzeugen verändert haben. Besonders interessant ist es, wenn man zu einem Ereignis zwei oder mehrere Personen befragen kann. So ergeben sich womöglich unterschiedliche Aussagen, z. B. aufgrund des Alters oder der Perspektive.

Tipps für Fragen:

- Wie heißen Sie?
- Wie alt sind Sie jetzt?
- Wie alt waren Sie, als ...?
- Wie lebten Sie damals?
- Wer waren wichtige Personen für Sie?
- An welche Situationen erinnern Sie sich noch genau?
- Warum war das damals für Sie bedeutsam?
- Welche Gefühle hatten Sie damals?
- Wie bewerten Sie das heute?
- Welche Gefühle haben Sie, wenn Sie sich heute daran zurückerinnern?
- ...

Karl-Heinz Ruckdeschel ist 1934 geboren worden. Zur Zeit der Wiedervereinigung war er Stadtkämmerer der Stadt Hof. Durch die Nähe zur innerdeutschen Grenze war er unmittelbar mit den Ereignissen der Jahre 1989/90 konfrontiert. Er war damals 56 Jahre alt und in seiner Funktion als Stadtkämmerer für die Auszahlung des Begrüßungsgeldes verantwortlich. Der Beitrag schildert die Ereignisse in der Stadt Hof in den ersten Tagen nach dem Mauerfall. In seinen Schilderungen wird deutlich, dass die Hofer Bürger die Menschen aus der DDR wohlwollend begrüßt hätten. Lediglich habe es mit ortsfremden Händlern Ärger gegeben, die überteuerte Preise verlangt hätten. Mit diesem Zeitzeugenbeitrag wird der Fokus auf einen kleinen Baustein des großen Ganzen gelegt.
Karl-Heinz Ruckdeschel verstarb 2017

M1 Der Mauerfall aus West-Sicht

WES-104984-203
Bericht Karl-Heinz Ruckdeschel

Rainer Eppelmann wurde am 12. Februar 1943 in Berlin geboren. Als er mit 23 Jahren den Wehrdienst und den Fahneneid verweigerte, wurde er für acht Monate inhaftiert. 1969–1974 studierte Eppelmann evangelische Theologie in Berlin. Ab 1974 arbeitete er in Berlin als Gemeinde- und Kreisjugendpfarrer. Er organisierte u.a. innerhalb der Kirche umstrittene Veranstaltungen für Jugendliche. 1982 veröffentlichte er zusammen mit Robert Havemann den „Berliner Appell – Frieden schaffen ohne Waffen". Darin wurde vor einem Atomkrieg gewarnt, zur Abrüstung in Ost und West aufgefordert und das Recht auf freie Meinungsäußerung verlangt. Im Oktober 1989 gründete Eppelmann mit Gleichgesinnten die Partei Demokratischer Aufbruch (DA) und nahm von Dezember 1989 bis März 1990 als Vertreter des DA am „Runden Tisch" teil. Im Februar 1990 wurde er Minister der DDR in der Regierung von Hans Modrow, im April 1990 Minister für Abrüstung und Verteidigung in der Regierung von Lothar de Maizière. Von 2008 bis 2013 war Eppelmann Mitglied des Beirats beim BStU (Bundesbeauftragter für die Unterlagen des Staatssicherheitsdienstes der ehemaligen DDR). Seit 1998 ist er zudem Vorstandsvorsitzender der Bundesstiftung zur Aufarbeitung der SED-Diktatur.

M2 Der Mauerfall aus Ost-Sicht

WES-104984-204
Bericht Rainer Eppelmann

Horst M. Teltschik ist am 14. Juni 1940 in Klantendorf, heutige Tschechische Republik, geboren worden. Nach dem Ende des Zweiten Weltkriegs floh seine Familie nach Bayern, wo er am Tegernsee in Oberbayern aufwuchs. Nach dem Abitur und Studium arbeitete er in der CDU, wo er bis zum außenpolitischen Berater Helmut Kohls aufstieg. Später leitete er auch die Münchner Sicherheitskonferenz. Zur Zeit der Wiedervereinigung ist er ein wichtiger Berater des deutschen Bundeskanzlers und einer der maßgeblichen Unterhändler der BRD. Nach der Wiedervereinigung war er u.a. Vorstandsmitglied bei BMW und Präsident von Boeing Deutschland.

M3 Ein Zeitzeuge berichtet aus der West-Perspektive.

WES-104984-205
Bericht Horst Teltschik

Ulrike Poppe wurde am 26. Januar 1953 in Rostock geboren. Sie studierte in Ost-Berlin und engagierte sich in Bürgerrechtsgruppierungen, was die Führung der DDR als Kritik am System versteht. Zur Zeit des Mauerfalls und der Wiedervereinigung ist sie in der Bürgerbewegung „Demokratie Jetzt". Zahlreiche Ehrungen werden ihr aufgrund ihres Engagements für Menschenrechte zuteil. Von 2010–2017 ist sie Beauftragte zur Aufarbeitung der Folgen der kommunistischen Diktatur in Brandenburg, wo sie u.a. Opfer der SED-Diktatur berät.

M4 Eine Zeitzeugin berichtet aus der Ost-Perspektive.

WES-104984-206
Bericht Ulrike Poppe

ARBEITSAUFTRÄGE

Gruppenpuzzle

1 a) Bearbeitet mithilfe der Schritte und der Webcodes die Zeitzeugenaussagen M1–M4.
b) Stellt eure Ergebnisse der Klasse vor.

2 Vergleicht die Zeitzeugenaussagen. HILFE

Das Zeitgeschichtliche Forum Leipzig virtuell erkunden

Entstehung

Stiftung
Haus der Geschichte
der Bundesrepublik Deutschland

HAUS DER GESCHICHTE BONN

ZEITGESCHICHTLICHES FORUM LEIPZIG

M1 Logo des Zeitgeschichtlichen Forums Leipzig

Das Zeitgeschichtliche Forum wurde 1999 als Ausstellungs-, Informations- und Dokumentationszentrum eröffnet. Leipzig ist als Standort ausgewählt worden, da in der Stadt die Friedliche Revolution von 1989/1990 ihren Anfang nahm. Träger des Forums ist die Stiftung Haus der Geschichte der Bundesrepublik Deutschland. Über 3,7 Millionen Menschen besuchten die Ausstellungen bis 2021.

M2 Webseite des Zeitgeschichtlichen Forums Leipzig

Q1 Der Internetauftritt des Museums gibt Auskunft zur Organisation:

Geschichte erleben – im Zeitgeschichtlichen Forum Leipzig.
Mit Ausstellungen, Veranstaltungen, Online-Angeboten und Publikationen präsentieren wir deutsche Geschichte vom Ende des Zweiten Weltkriegs bis in die Gegenwart. Unser Haus ist damit eines der vier Museen der Stiftung Haus der Geschichte der Bundesrepublik Deutschland.
Unsere Dauerausstellung veranschaulicht mit rund 2000 Objekten, Fotos und Filmen die Geschichte des geteilten Deutschlands und der Zeit nach der Wiedervereinigung. Bis zu drei Wechselausstellungen pro Jahr beleuchten zusätzlich aktuelle Themen. Mit Podiumsdiskussionen, Vorträgen, Lesungen und Filmvorführungen bietet unser Veranstaltungsprogramm eine Plattform für gesellschaftliche Diskurse mit Zeitzeugen, prominenten Vertretern aus Politik, Wissenschaft, Kultur sowie Medien und fördert die öffentliche Auseinandersetzung mit aktuellen Themen. Unser Bildungsprogramm stellt lebenslanges Lernen in den Mittelpunkt und vermittelt die Ausstellungen zielgruppenorientiert an Kinder, Jugendliche und Erwachsene. Weit über das Museum hinaus reichen unsere digitalen Angebote im Netz zu Geschichte Online. Sammeln und Bewahren sind auch zentraler Bestandteil unserer Arbeit. Unsere Sammlung zur Geschichte der DDR umfasst mehr als 200 000 Objekte, darunter herausragende Bestände zu Opposition und Widerstand in der DDR, aber auch den Nachlass Johannes Hegenbarths, Autor des DDR-Comics „Mosaik“, oder private Gegenstände des Entertainers Heinz Quermann.
Wir verstehen uns als einzigartiges Forum für die Auseinandersetzung mit jüngerer deutscher und europäischer Geschichte.

Virtuelle Erkundung

Ist ein Besuch des Zeitgeschichtlichen Forums nicht möglich, bietet der Internetauftritt verschieden Varianten, sich der Thematik virtuell zu nähern.

So gewährt ein Museumspodcast ungewöhnliche Einblicke und Erkenntnisse. In ihm geht es sowohl um die Museumsarbeit hinter den Kulissen als auch um die Geschichte und Hintergründe einzelner Ausstellungsstücke.

Darüber hinaus können in dem im Internet aufrufbaren Audioguide die Austellungsräume online abgeschritten werden. 25 Objekte der Dauerausstellung lassen sich auf diese Weise virtuell erkunden.

ZEITGESCHICHTE(N)

Wir haben einen Museumspodcast!

Geschichte zum Hören: Unser Podcast "Zeitgeschichte(n) – Der Museumspodcast" gibt in 10 Folgen mit herausragenden Objekten exklusive Einblicke in die Museumsarbeit und erzählt spannende Geschichten.

M3 Verweis auf den Museumspodcast des Zeitgeschichtlichen Forums Leipzig

M4 Verweis auf den Audioguide des Zeitgeschichtlichen Forums Leipzig

ARBEITSAUFTRÄGE

1. Erläutere unter Nutzung von Q1 die Intention des Zeitgeschichtlichen Forums in Leipzig.
2. Erkunde das Museum unter Nutzung von Podcast und Audioguide.
3. Erkläre, inwiefern die Konfrontation der Systeme thematisch eine Rolle in den Präsentationen spielt.
4. Bewerte den Internetauftritt des Zeitgeschichtlichen Forums nach selbstgewählten Kriterien. Bienenkorb
5. Begründe, inwiefern Schülerinnen und Schüler deiner Generation dieses Forum online oder direkt besuchen sollten.

Die deutsche Einheit 1990

Der Wunsch nach Wiedervereinigung

Nach der Grenzöffnung siedelten viele DDR-Bürger und -Bürgerinnen in die Bundesrepublik über. Um dies zu verringern, bestand nach Ansicht der Verantwortlichen nur die Möglichkeit, die DDR wirtschaftlich neu aufzubauen. Der dazu ausgearbeitete Staatsvertrag trat am 1. Juli 1990 in Kraft. Damit übernahm die DDR das wirtschaftliche und sozialpolitische System der Bundesrepublik und führte die westdeutsche Währung ein.

M1 Zur Einführung der D-Mark standen viele Menschen Schlange vor den Banken und Sparkassen. (Foto, 01.07.1990)

Ein gemeinsames Deutschland entsteht

Die Bundesrepublik und die DDR vereinbarten am 31. August 1990 im Einigungsvertrag den einseitigen Beitritt des Gebietes der DDR zur Bundesrepublik. Damit entstand also nicht ein neuer Staat, sondern die Bundesrepublik und der Geltungsbereich des Grundgesetzes wurden um das Gebiet der DDR erweitert. Den Staat DDR gab es nicht mehr.

Die Alliierten erlauben die Wiedervereinigung

Die vier Siegermächte bestanden allerdings auf ihr Mitspracherecht bei der Einheit. Dies war 1945 in der Potsdamer Konferenz so festgelegt worden. Am 12. September 1990 wurde in Moskau der „Vertrag über die abschließende Regelung in Bezug auf Deutschland", kurz 2+4-Vertrag, von den vier Siegermächten und beiden deutschen Regierungen unterzeichnet. Damit konnte die deutsche Wiedervereinigung am 3. Oktober vollzogen werden.

M2 Die Regeln des Zwei-plus-Vier-Vertrags

WES-104984-207
Filmclip zur deutschen Wiedervereinigung

Q1 **Aus der Fernsehansprache des letzten DDR-Ministerpräsidenten Lothar de Maizière am 2. Oktober 1990:**

Es ist ungewöhnlich, dass sich ein Staat freiwillig aus der Geschichte verabschiedet [...]. Die Geschichte der letzten vier Jahrzehnte ist trotz aller Widersprüche [...] ein Teil unserer persönlichen Biografie [...]. Sie hat uns geprägt [...]. Die Deutsche Einheit ist mit dem Beitritt nicht abgeschlossen. Sie ist und bleibt eine Gemeinschaftsaufgabe aller Deutschen [...]. Die Einheit will nicht nur bezahlt, sondern auch mit dem Herzen gewollt werden.

Q2 **Aus der Ansprache des Bundespräsidenten Richard von Weizsäcker beim Festakt am 3. Oktober 1990:**

Unser Dank gilt den Bürgerbewegungen und Völkern in Ungarn, in Polen und in der Tschechoslowakei. Die Menschen in Warschau, Budapest und Prag haben Beispiele gegeben. Sie haben den Weg zur inneren Freiheit in der DDR [...] ermutigt. Unvergessen ist auch ihre Hilfe für die Flüchtlinge und damit ihr ganz direkter Beitrag zur Überwindung von Mauer und Stacheldraht. Das vereinte Deutschland wird mit ihnen in Zukunft eine offene und enge Nachbarschaft suchen.

M3 Am Abend des 3. Oktober 1990 feierten die Menschen vor dem Reichstagsgebäude in Berlin ... (Foto, 03.10.1990)

M4 ... und ebenso am Brandenburger Tor. (Foto, 03.10.1990)

M5 Während der Feierlichkeiten: ① Altbundeskanzler Willy Brandt, dessen Neue Ostpolitik wesentlich zur Annäherung von Ost und West beigetragen hatte; ② Außenminister Hans-Dietrich Genscher, dessen Verhandlungen in Ungarn, Polen und mit der DDR die Wiedervereinigung prägten; ③ Kanzlergattin Hannelore Kohl; ④ Bundeskanzler Helmut Kohl, auch heute noch „Kanzler der Einheit" genannt; ⑤ Bundespräsident Richard von Weizsäcker, der das Einigungsgesetz unterschrieb; ⑥ Lothar de Maizière, der erste frei gewählte und zugleich letzte DDR-Ministerpräsident (Foto, 03.10.1990)

ARBEITSAUFTRÄGE

1. Nenne die verschiedenen Stationen auf dem Weg zur Wiedervereinigung.
2. Erkläre, warum die Alliierten bei der Wiedervereinigung mitbestimmten.
3. a) Begründe, warum die Menschen ein geeintes Deutschland wollten.
   b) Beurteile, warum es für die Regierung der DDR keinen anderen Ausweg gab.
4. a) Recherchiere, welche Veränderungen es in deiner Region nach der Wiedervereinigung gab.
   b) Stelle deine Ergebnisse in der Klasse vor.
5. a) Befragt Zeitzeugen zu den positiven Seiten und zu den Problemen, die sie durch die Wiedervereinigung erlebt haben.
   b) Tragt eure Ergebnisse auf einem Plakat zusammen.
   c) Stellt die positiven Seiten und die Probleme gegenüber.

Digitale Quellen bewerten

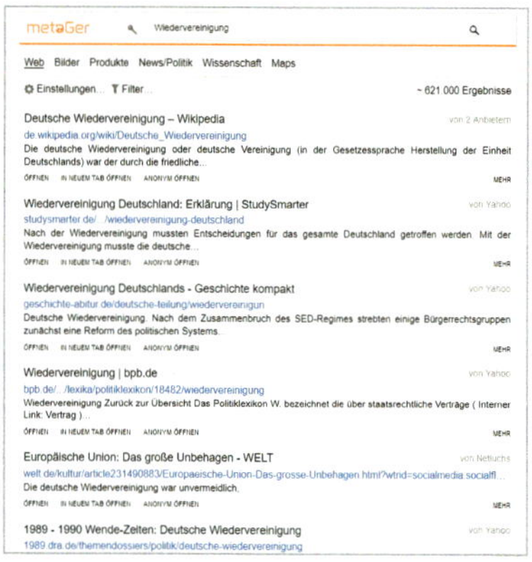

M1 Die Suchmaschine metaGer unterliegt den deutschen Datenschutzgesetzen, d. h., es werden keine Daten der Nutzer, z. B. zu Werbezwecken, gespeichert. (Screenshot, 2022)

Fake News: falsche oder irreführende Berichte; werden vor allem in den Sozialen Medien verbreitet

Impressum: Ansprechpartner/-in, Anschrift, Kontaktdaten der Verfasserin/des Verfassers

Digitale Medien

Vor der Erfindung des Internets musste eine Recherche zu geschichtlichen Ereignissen mithilfe von Büchern und Zeitschriften geschehen. Seit ungefähr 30 Jahren können Informationen zunehmend im Internet recherchiert werden. Insbesondere Kinder und Jugendliche greifen bei Recherchen vor allem auf das Internet zu. Sie nutzen dazu nur noch selten Bücher oder Zeitschriften.

Mithilfe sogenannter Suchmaschinen kann im Internet zum Beispiel nach Quellen, Daten oder Filmen gesucht werden. Es gibt viele unterschiedliche Suchmaschinen. Bei den großen und bekannteren werden die Suchergebnisse, die auf der ersten Seite erscheinen, oft als Werbung bezahlt. Hier lohnt es sich, auch die Folgeseiten zu berücksichtigen, um davon unabhängige Information zu erhalten.

Bei der Internetrecherche werden sowohl digitale Lexika als auch Seiten von Sozialen Medien als Informationsquellen benutzt. Was im Internet steht, muss ja richtig sein, denken dabei viele Nutzer. Leider stimmt das oft nicht. Jeder kann Informationen ins Internet stellen und sogar in Online-Lexika eingeben. Ob diese richtig oder gut recherchiert sind, lässt sich nicht auf Anhieb erkennen. Manchmal werden auch gezielt falsche Informationen, „Fake News“, veröffentlicht, um Nutzer von einer bestimmten Sichtweise zu überzeugen. Diese sind mitunter nur schwer von den richtigen Informationen zu unterscheiden. Deshalb solltest du wissen, wie du digitale Medien bewerten kannst.

Schritte zur Einschätzung von digitalen Medien

1. **Schritt: Überprüfe, wer den Inhalt veröffentlicht hat.**
   - Was weißt du über die Verfasserin/den Verfasser?
     Ist es eine Privatperson, eine Partei, eine Behörde oder Organisation? Verfolgt die Person ein bestimmtes Ziel? Behörden/Universitäten gelten als glaubwürdiger als Privatpersonen. Hier kannst du davon ausgehen, dass die Informationen besser abgesichert sind. Parteien verfolgen meist einen bestimmten Zweck. Arbeitet die Autorin/der Autor bei einer seriösen Zeitung?
   - Gibt es auf der Internetseite ein Impressum?
     Fehlt das Impressum oder ist nur ein Postfach angegeben, solltest du die Seite kritisch hinterfragen.
2. **Schritt: Überprüfe die Richtigkeit der Informationen.**
   - Besuche andere Internetseiten. Werden die Informationen dort genauso wiedergegeben?
   - Gibt es eine Quellenangabe? Woher stammen die Informationen ursprünglich?
3. **Schritt: Überprüfe die verwendeten Bilder.**
   - Werden die Bilder im Internet in einem anderen Zusammenhang benutzt?
   - Wo stammen die Bilder her?
4. **Schritt: Überprüfe, ob die Informationen aktuell sind.**

Das Internetportal LeMO

Hinter der Abkürzung LeMO verbirgt sich das Projekt „Lebendiges Museum Online“. Das LeMO ist ein digitales Museum, das von der Stiftung Haus der Geschichte der Bundesrepublik Deutschland (HdG) betreut wird. Weitere Partner sind das Deutsche Historische Museum (DHM) und das Bundesarchiv (BArch).

Hier finden sich von Historikern und Historikerinnen geprüfte und aufbereitete Informationen zur deutschen Geschichte von 1848 bis zur Gegenwart. Das LeMO stellt unter anderem folgende Inhalte zu wichtigen Stationen der deutschen Geschichte bereit: Bild- und Tondokumente, Kartenmaterial, Abbildungen von Ausstellungsstücken, Zeitzeugenberichte, Videos.

Die Inhalte werden entweder zu bestimmten Themen zusammengefasst, in einem Zeitstrahl dargestellt oder als Bestand unter dem jeweiligen Inhalt gelistet (Dokumente, Videos, Karten etc.). Hinzu kommt ein eigener Lernbereich. Hier bilden einzelne Objekte den Ausgangspunkt für „kleine Geschichten“ etwa zu „Geheimkamera“, „Westpaket“ oder „Karikatur“, die sich beim weiteren Online-Besuch mit dem großen Ganzen verbinden.

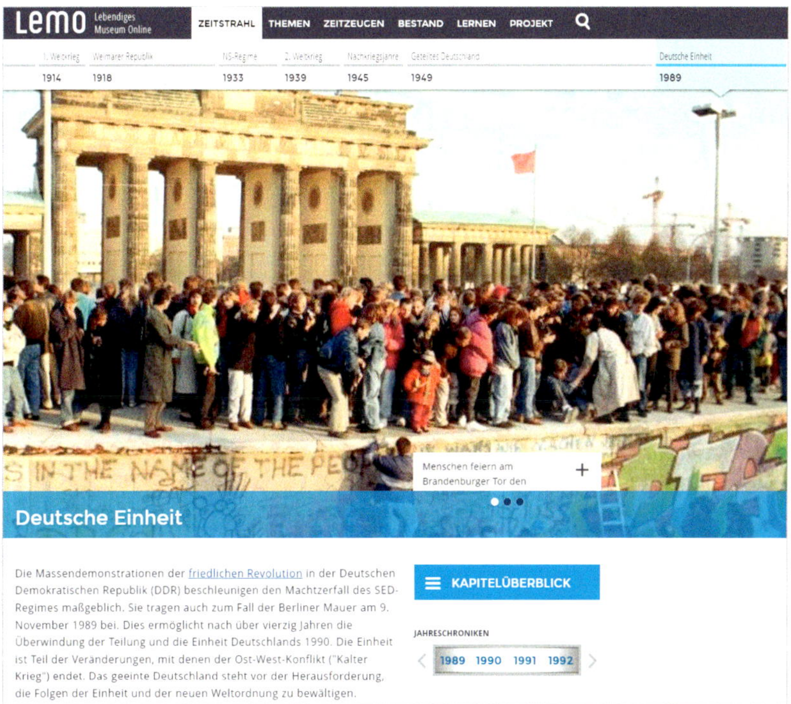

M2 Zeitstrahl des LeMO zur Deutschen Einheit (Screenshot, 2022)

ARBEITSAUFTRÄGE

Bearbeitet die Aufgaben im Rahmen einer Gruppenarbeit.

1 a) Sucht unter dem Schlagwort „Deutsche Einheit“ nach verschiedenen Internetseiten.
b) Untersucht jeweils eine Internetseite mithilfe der Methodenschritte.
c) Stellt eure Ergebnisse in der Klasse vor.

2 a) Überprüft die Internetplattform „LeMO“.
b) Diskutiert, warum es sich dabei um eine glaubwürdige Seite handelt.
Debatte

Tipp:
Einen Webcode zur Gruppenarbeit findest du auf S. 15.

Gedenkstätten zur Teilung und zur Einheit 1

Checkpoints/Grenzübergangstellen

Zwischen den westalliierten Besatzungszonen und der sowjetischen wurden ab 1. Juli 1945 Kontrollstützpunkte errichtet. Die Westalliierten nannen sie „Checkpoints", die UdSSR und später die DDR nannten sie „Grenzübergangsstellen". Die jeweiligen Ortschaften, die in West und Ost in der Nähe und sich somit direkt gegenüber lagen, bildeten weitere Namenszusätze.

Mödlareuth – ein geteiltes Dorf

Das Dorf Mödlareuth befindet sich mit einer Hälfte im Bundesland Thüringen, mit der anderen Hälfte in Bayern. Bis nach Sachsen sind es nur wenige Kilometer. Mitten durch das Dorf fließt der Tannbach. Er bildet die Grenze zwischen dem Ostteil und dem Westteil Mödlareuths.

Nach der Gründung der DDR und der Bundesrepublik Deutschland 1949 gehörte der Ostteil Mödlareuths zur DDR, der Westteil zur Bundesrepublik. Dadurch gehörten beide Teile des Dorfes nicht nur unterschiedlichen Staaten an, sondern auch unterschiedlichen politischen, militärischen, wirtschaftlichen und gesellschaftlichen Systemen.

WES-104984-208
Webseite des Deutsch-Deutschen Museums Mödlareuth

M1 Gedenkstätte Mödlareuth, heute: Wachturm, Warnschilder und Panzersperren (sog. „Tschechenigel") (Aktuelles Foto)

M2 Eine Plattenwand aus Beton- und Holzelementen bildete Anfang der 1950er-Jahre die erste Begrenzung. (Foto, 1964)

M3 Bau der 700 m langen Betonsperrmauer, die die Grenze Mitte der 1960er-Jahre neu befestigte (Foto, 1966)

M4 Öffnung des Grenzübergangs Mödlareuth nach dem Mauerfall (Foto, 09.12.1989)

Checkpoint Alpha/Grenzübergangstelle Marienborn

Die westalliierten Checkpoints wurden mithilfe von Buchstaben benannt. Beim Checkpoint „A“ war dies das Alpha, wie beim internationalen Buchstabieren üblich.

An allen Grenzübergangsstellen erfolgten Pass- und Zollkontrollen. Es wurde nach Schmuggelware gesucht und nach Schriften, Büchern oder Tonträgern, die in der DDR verboten waren. Außerdem sollte sichergestellt werden, dass sich keine DDR-Bürger und -Bürgerinnen in den Westen schmuggeln ließen. Die Kontrollen dauerten teils mehrere Stunden an.

Die Grenzübergangsstelle Marienborn, bzw. der Checkpoint Alpha bei Helmstedt entwickelte sich zur größten und bedeutendsten Kontrollstelle außerhalb von Berlin. Hier wurde sowohl der Kraftfahrzeug- als auch der Eisenbahnverkehr zwischen Hannover und West-Berlin geregelt. Im Laufe der Zeit entstand dabei auf der Seite der DDR eine riesige Anlage.

WES-104984-209
Webseite der Gedenkstätte Marienborn

M5 Gedenkstätte Marienborn, heute: Container zur Passkontrolle bei Einreise mit dem PKW (Aktuelles Foto)

M6 Grenzübergangsstelle Marienborn in den 1960er-Jahren (Foto, 1960er-Jahre)

M7 Grenzübergangstelle Marienborn in den 1980er-Jahren (Foto, 1980er-Jahre)

M8 Am 10. November 1989 bildeten sich am Grenzübergang Marienborn lange Autoschlangen. (Foto, 10.11.1989)

ARBEITSAUFTRÄGE

Erstellt in Gruppenarbeit eine Präsentation zu einer Gedenkstätte.

1 a) Bildet vier Gruppen.
b) Recherchiert zu den verschiedenen Gedenkstätten.
c) Erstellt eine Präsentation zur jeweiligen Gedenkstätte.
d) Gestaltet in eurer Schule eine Ausstellung.

2 Recherchiert weitere Gedenkstätten, wie die Runde Ecke in Leipzig oder die Gedenkstätte Bernauer Straße.

Tipp:
Einen Webcode zur Gruppenarbeit findest du auf S. 15.

Gedenkstätten zur Teilung und zur Einheit 2

Checkpoint Bravo/Grenzübergangsstelle Drewitz

Checkpoint Bravo hieß die zweite Kontrollstützpunkt bei den Westalliierten. Über Dreilinden in West-Berlin und Drewitz in Potsdam führte die kürzeste Transitstrecke zu Checkpoint Alpha/Grenzübergangsstelle Marienborn. Hier erfolgte der Grenzübertritt zwischen DDR und Bundesrepublik.

Checkpoint Bravo befand sich auf einem schmalen westberliner Streifen nördlich der Grenzübergangsstelle Drewitz. Somit durchquerte der Verkehr zunächst DDR-Gebiet, dann Checkpoint Bravo und anschließend nochmals DDR-Gebiet, bis er West-Berlin erreichte. Deshalb verlegte die DDR 1969 sowohl Autobahnabschnitt als auch Grenzübergangsstelle. Diese befand sich nun in Kleinmachnow, behielt jedoch den Namen „Drewitz“ bei.

Kurz hinter der Grenze stand bis Anfang der 1990er-Jahre ein Denkmal. Es zeigte den ersten russischen Panzer, der Berlin im Zweiten Weltkrieg erreichte. Die abrückenden Sowjettruppen nahmen ihn mit. Kurze Zeit später wurde heimlich eine rosa angestrichene Schneefräse auf den Sockel des Denkmals gehoben. Sie steht auch heute noch da.

WES-104984-210
Webseite des Checkpoint Bravo e. V.

M1 Checkpoint Bravo/Grenzübergangsstelle Drewitz, heute: Wachturm, Gedenkstätte (Aktuelles Foto)

M2 Checkpoint Bravo/Grenzübergangsstelle Drewitz, Anfang der 1970er-Jahre: Grenz-, Zoll- und Passkontrolle (Foto, 1972)

M3 Checkpoint Bravo/Grenzübergangsstelle Drewitz, Ende der 1970er-Jahre: Blick in Richtung West-Berlin (Foto, 1978)

M4 Checkpoint Bravo/Grenzübergangsstelle Drewitz, heute: Schneefräse statt sowjetischer Panzer (Foto, 2019)

Checkpoint Charlie/Grenzübergangsstelle Friedrichstraße

Der Checkpoint Charlie befand sich in der Friedrichstraße in West-Berlin. Er trennte den US-amerikanischen vom sowjetischen Sektor der Stadt.

Während der „Berlinkrise“ standen sich im Oktober 1961 sowjetische und US-amerikanische Panzer am Checkpoint Charlie schussbereit gegenüber. Hintergrund waren die Drohung der sowjetischen Führung, die Aus- und Einreisekontrolle nach West-Berlin an die DDR zu übergeben, sowie der im August des Jahres erfolgte Mauerbau.

Checkpoint Charlie durften nur Diplomaten und ausländische Besucher benutzen – dies ist auch der Grund, weshalb er in mehreren Spionagefilmen eine Rolle spielt und hierdurch Popularität erlangte. Auf der westlichen Seite befand sich hier nur ein kleines Kontrollhäuschen. Auf der DDR-Seite befand sich die Berliner Mauer mit einem großen Grenzübergang.

WES-104984-211
Webseite des Mauermuseums

M5 Checkpoint Charlie, Grenzübergang zwischen Ost- und West-Berlin, heute: Nachbau der Kontrollbaracke aus dem Jahr 2000, die Sandsäcke sind mit Beton gefüllt. (Foto, 2013)

M6 Checkpoint Charlie während der Berlinkrise 1961: Zu sehen sind russische und US-amerikanische Panzer, die sich gegenüberstehen. (Foto, 28.10.1961)

M7 Checkpoint Charlie, Mitte der 1970er-Jahre (Foto, 21.09.1975)

M8 Checkpoint Charlie, Anfang der 1990er-Jahre (Foto, 01.06.1990)

ARBEITSAUFTRÄGE

Erstellt in Gruppenarbeit eine Präsentation zu einer Gedenkstätte.

1 a) Bildet vier Gruppen.
b) Recherchiert zu den verschiedenen Gedenkstätten.
c) Erstellt eine Präsentation zur jeweiligen Gedenkstätte.
d) Gestaltet in eurer Schule eine Ausstellung.

Tipp:
Einen Webcode zur Gruppenarbeit findest du auf S. 15.

M1 Unterschiedliche Zonen an einem Flughafen: Für EU-Bürgerinnen und -Bürger sind die Passkontrollen bspw. an Flughäfen sehr vereinfacht oder entfallen sogar ganz.
(Foto, 2006)

Von der Wirtschaftsgemeinschaft zur Union

Neue Ziele in der Zusammenarbeit

Nach der Gründung der EWG wurde mit der Zeit deutlich, dass ein gemeinsames und erfolgreiches Europa nicht nur wirtschaftlich, sondern auch politisch stärker zusammenarbeiten musste. 1993 trat deswegen der Vertrag von Maastricht in Kraft. Durch ihn wurde es möglich, aus den Europäischen Gemeinschaften (EG) eine politische Union zu formen.

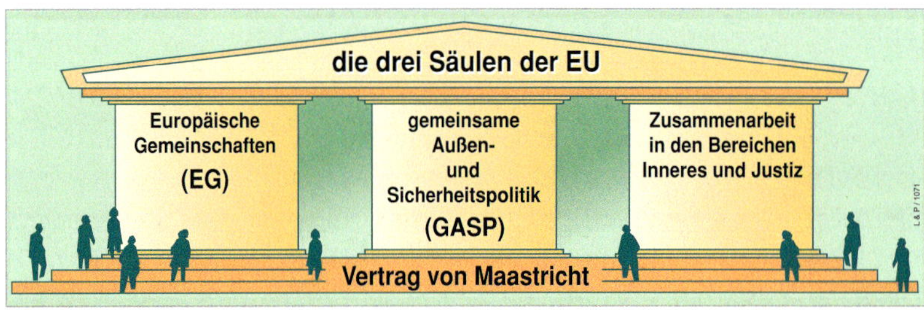

M2 Der Vertrag von Maastricht

Aus den EG wurde nun die Europäische Union (EU), mit den drei Säulen, die auch heute noch Bestand haben. Dies ermöglichte z. B.

- gemeinsame Gesetze und Rechtsprechung,
- gemeinsamen Umweltschutz,
- gemeinsame Außen- und Sicherheitspolitik.

Die EU fasste 2009 die unterschiedlichen Verträge der EU im Vertragswerk von Lissabon zusammen, so dass es nur noch einen Gesamtvertrag gibt.

WES-104984-212
Filmclip über die Entstehung der EU

Der gemeinsame Binnenmarkt

Die Europäische Union hat durch einheitliche Rechtsvorschriften einen gemeinsamen Markt geschaffen. Wichtige Bestandteile dieses EU-Binnenmarktes sind:

- die Erleichterung des Handels,
- der Wegfall von Zöllen zwischen den einzelnen EU-Mitgliedstaaten,
- einheitliche Qualitätsstandards aller Waren aus EU-Ländern,
- freie Wahl des Wohn-, Studien- oder Arbeitsorts innerhalb der EU,
- die gegenseitige Anerkennung der meisten beruflichen und schulischen Abschlüsse.

Mit diesen Freiheiten will die EU die Lebens- und Qualitätsstandards innerhalb ihrer Mitgliedstaaten angleichen bzw. verbessern.

WES-104984-213
Filmclip über den EU-Binnenmarkt

Eine gemeinsame Währung

Eine gemeinsame Währung war von Beginn an eine Absicht der Europäischen Union. Zum ersten Mal konnten, nach langen Verhandlungen, am 1. Januar 2002 einige Mitgliedstaaten mit dem Euro bezahlen.

M3 Schaufenster in Griechenland, Preise in Euro (Foto, 2021)

Seither ist das Handeln mit anderen Euro-Ländern leichter, weil die Länder eine gemeinsame Währung haben. Für die deutsche Wirtschaft ist die Eurozone ein Vorteil, weil Deutschland ein Exportland ist. Das bedeutet, dass es mehr Güter ins Ausland verkauft, als es von dort bezieht.

Die Vorteile des Euro
- Der Euro trägt dazu bei, dass die Währung zwischen den Ländern stabil bleibt. Die Herstellung von Produkten wird hierdurch billiger.
- Der Euro stärkt den Wettbewerb, denn die Kunden können die Preise nun besser miteinander vergleichen.
- Für Reisen in Euro-Ländern entfällt der Umtausch des Geldes. Bankgebühren und Wechselkurse fallen weg, das Reisen wird günstiger.
- Überweisungen kosten im gesamten Euro-Gebiet genauso viel wie innerhalb des jeweiligen Heimatlandes.
- Das Abheben von Geld und das Bezahlen mit EC- und Kreditkarten kosten im Euro-Gebiet nicht mehr als zuhause.

ARBEITSAUFTRÄGE

1 I Nenne Vorteile des EU-Binnenmarkts.
II Erkläre mithilfe von M1, warum der Binnenmarkt eine Verbesserung der Leben der EU-Bürgerinnen und -Bürger bedeutet.
III Bewerte, inwieweit der Binnenmarkt die Lebens- und Qualitätsstandards innerhalb der EU verbessert.

2 Diskutiert mithilfe von M3 Vorteile und Nachteile, die eine gemeinsame Währung in Europa bringt. Fishbowl

Die europäischen Institutionen

Wer ist in der EU zuständig

Die Europäische Union ist kein eigenständiger Staat, sondern ein Zusammenschluss verschiedener Mitgliedsländer, die eng zusammenarbeiten und gemeinsame Beschlüsse fassen. Politische Entscheidungen werden von den verschiedenen Institutionen der Europäischen Union getroffen.

Alle fünf Jahre wählen die Bürgerinnen und Bürger der EU das Europäische Parlament. Jedes Mitgliedsland wird nach Bevölkerungszahl durch Abgeordnete vertreten.

Insgesamt gibt es sieben Institutionen in der EU. Jede ist für einen bestimmten Bereich zuständig. Vier dieser Institutionen sind direkt für die Politik der EU verantwortlich. Jeder Mitgliedstaat ist in ihnen durch Fachkräfte, Ministerinnen und Minister vertreten. Im Europäischen Rat kommen die Regierungschefs der Mitgliedstaaten zusammen.

WES-104984-214
Filmclip über die europäischen Institutionen

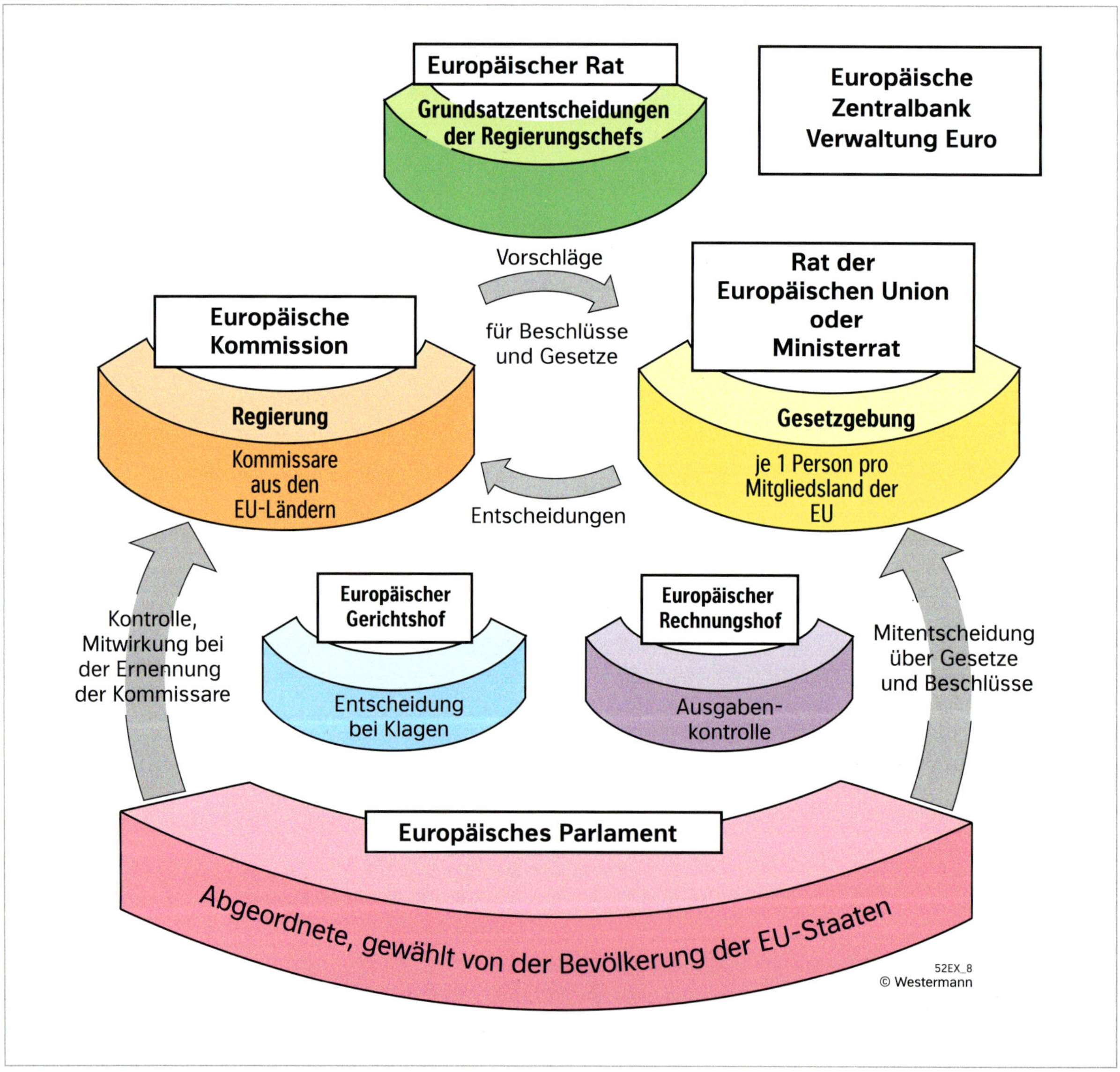

M1 Einrichtungen der Europäischen Union

Europäischer Rat
Die Regierungschefs der Mitgliedsländer bilden den Europäischen Rat. Er legt die Leitlinien der Politik fest und tagt mindestens zweimal jährlich in unterschiedlichen europäischen Städten.

Die **Europäische Zentralbank** in Frankfurt/Main verwaltet den Euro und ist für die Währungspolitik zuständig. Sie versucht unter anderem, Verbraucherpreise stabil zu halten, und legt sogenannte Leitzinsen fest, die im gesamten Euroraum gelten.

Europäische Kommission
Die Europäische Kommission in Brüssel ist die Regierung der EU. Sie kontrolliert die Einhaltung der Gesetze und verwaltet den Haushalt. Sie kann Gesetze zur Abstimmung vorschlagen. Jedes Mitgliedsland stellt einen Kommissar.

Ministerrat (Rat der Europäischen Kommission)
Er ist an der Gesetzgebung beteiligt und tagt in Brüssel. Zum Ministerrat gehören die Fachminister der Mitgliedsländer. Geht es um Wirtschaftsfragen, treffen sich die Wirtschaftsminister, geht es um die Außenpolitik, treffen sich die Außenminister, etc.

Der **Europäische Gerichtshof** in Luxemburg urteilt bei Rechtsstreit zwischen Mitgliedsländern. Er sorgt auch dafür, dass EU-Regeln und -Gesetze in allen Mitgliedsländern umgesetzt und eingehalten werden.

Der **Europäische Rechnungshof** in Luxemburg kontrolliert die Einnahmen und Ausgaben, also den Haushalt der EU. Einmal pro Jahr legt er einen Bericht hierüber vor.

Europäisches Parlament
Das Europäische Parlament ist an der Gesetzgebung beteiligt und kontrolliert die Arbeit der Regierung. Zudem genehmigt es den Haushalt der EU. Sein Sitz befindet sich in Brüssel. Es besteht aus über 700 Abgeordneten aus den EU-Mitgliedsländern.

M2 Europäische Zentralbank in Frankfurt/Main (Foto, o. J.)

M3 Sitzungssaal des Europäischen Parlaments (Foto, 2009)

ARBEITSAUFTRÄGE

1. Ordne die Textkarten dem Schaubild in M1 zu.
2. a) Beschreibe eine der Institutionen der EU genauer. HILFE
   b) Recherchiere weitere Informationen zur ausgewählten Institution.
3. Diskutiert, welche Schwierigkeiten ein Parlament hat, das aus Menschen aus verschiedenen Staaten besteht. Fishbowl

Der Europatag

Am 9. Mai feiert die EU den Europatag. Viele Schulen planen für diesen Tag Projekte, um zu informieren und Interesse für Europa zu wecken. Bereitet selbst einen Projekttag vor.

So geht ihr vor:

1. **Schritt: Planung des Projekts**
   - Gemeinsame Ideen zum Projekt sammeln
   - Themen festlegen
2. **Schritt: Arbeitsgruppen bilden**
3. **Schritt: Informationsbeschaffung und Auswertung**
   - Macht euch auf die Suche nach Informationen zu diesen Fragen: Nationalgerichte, Städte, Sehenswürdigkeiten, Flaggen, Sprachen, Geschichte ...
   - Fundstellen sind: Lexika, Länderberichte, Geschichtsbücher, Reiseführer, Bildbände, Videos, Filme, Zeitschriften und das Internet.
4. **Schritt: Vorbereitung der Präsentation**
   - Wählt eine Form der Präsentation: Umfrage zu Europa, Europa-Puzzle, Europa-Quiz, Ländersteckbrief ...
5. **Schritt: Projekttag an der Schule durchführen.**

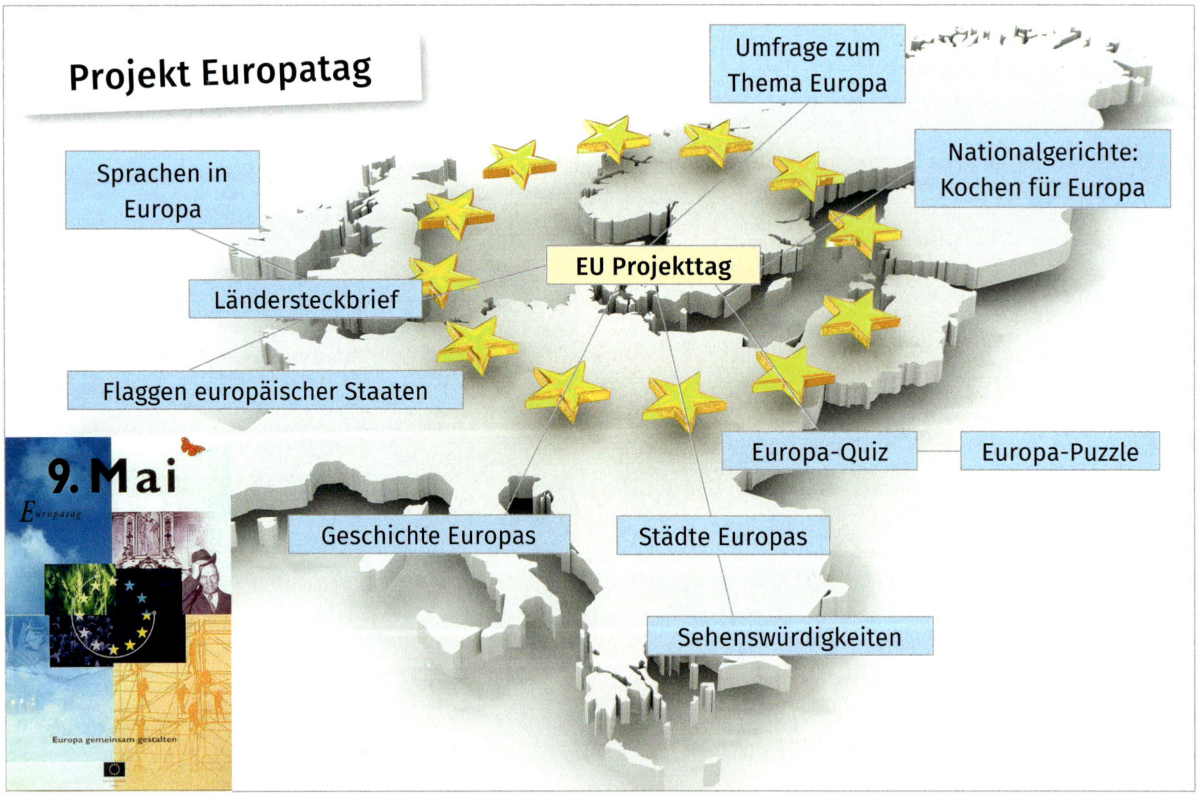

M1 Ein Projekt zum Europatag

M2 So könnte ein Europa-Quiz aussehen

ARBEITSAUFTRÄGE

1 a) Bildet Gruppen.
b) Wählt einen EU-Mitgliedstaat aus.
c) Recherchiert zu einem EU-Mitgliedstaat.
d) Tragt Informationen zusammen.

2 Erstellt eine Präsentation zu eurem EU-Staat.

3 Gestaltet eine Ausstellung in der Schule.

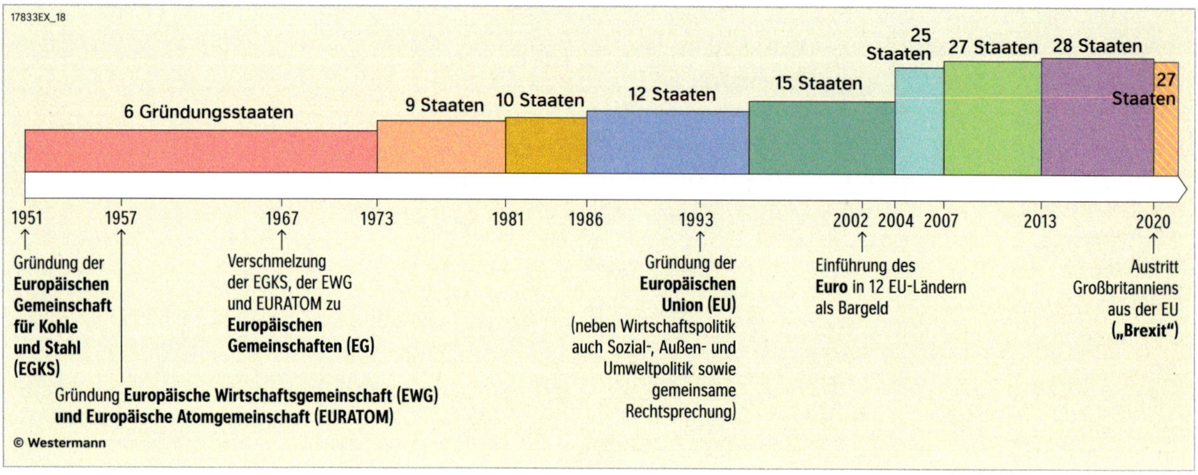

M1 Die Entwicklung der EU

Ein gemeinsames Europa entsteht

Die EU wird erweitert

Bis 1995 hatte sich die EU von sechs auf 15 Mitgliedstaaten erweitert. 2004 traten gleich zehn neue europäische Staaten bei. Diese bisher größte Erweiterungswelle wird auch als „Osterweiterung" bezeichnet. Mit dem Beitritt von Rumänien, Bulgarien und Kroatien bestand die EU mehrere Jahre lang aus 28 Mitgliedstaaten. Nach einer Volksabstimmung trat jedoch Großbritannien 2020 wieder aus der EU aus (sog. „Brexit").

M2 Die Erweiterung der EU

M3 Am Vorabend des Beitritts Kroatiens zur Europäischen Union am 1. Juli 2013 (Foto, 31.06.2013)

Die Mitgliederentwicklung der EU

Die EU könnte sich rein geografisch noch weiter über den europäischen Kontinent ausdehnen. Die Schweiz und Norwegen sind zum Beispiel noch keine Mitglieder der EU. Beide Länder streben diesen Status aber auch nicht an. Andere Länder, gerade in Osteuropa, wären gerne Mitgliedsländer der EU. Wenn ein Land Mitglied in der EU werden will, muss es ein kompliziertes Antragsverfahren durchlaufen. Die größten Probleme entstehen dabei durch

- zu niedrige wirtschaftliche Leistungsfähigkeit der Länder,
- schlechte finanzielle Versorgung in den Ländern,
- unzureichende Gewaltenteilung,
- nicht ausreichende gemeinsame Grundwerte, wie z. B. Demokratie, Menschenrechte und Selbstbestimmung der Menschen.

Q1 Aus einer Broschüre des Europäischen Parlamentes:

Beitrittskandidaten müssen wirtschaftliche und politische Bedingungen [...] für den Beitritt erfüllen [...]. Gegenwärtige und künftige Kandidatenländer [...] dürfen zur Erlangung der EU-Mitgliedschaft in ihren Reformanstrengungen nicht nachlassen. Entscheidend sind die Schaffung eines funktionierenden Rechtssystems, die Gewährung der Meinungsfreiheit, die Gestaltung gutnachbarschaftlicher Verhältnisse, die faire Behandlung ethnischer Minderheiten sowie der Kampf gegen Korruption und organisierte Kriminalität.

ARBEITSAUFTRÄGE

1. Liste mit M2 die EU-Staaten und ihr jeweiliges Beitrittsjahr auf. HILFE
2. WAHL
   - I Nenne die Beitrittskriterien der EU.
   - II Erkläre mithilfe von Q1 die Beitrittskriterien der EU.
   - III Begründe mithilfe von Q1, welche Voraussetzungen Beitrittskandidaten der EU erfüllen müssen.
3. Arbeite die Stimmung der Menschen in M3 heraus. Marktplatz
4. Recherchiere die Hintergründe zum Brexit.

Was bringt mir ein vereinigtes Europa?

Europa und wir

Binnenmarkt, einheitliche Qualitätsstandards, Reisefreiheit, eine gemeinsame Währung – all diese Errungenschaften der Europäischen Union klingen zunächst einmal abstrakt. Doch sie haben große Auswirkungen auf die Menschen, die in der EU leben.

M1 Internet-Shopping

Jana, 16, berichtet über einen Einkauf im Internet:

„Neulich habe ich mir Fanartikel von meiner Lieblingsband in Spanien bestellt. Dort sind sie deutlich billiger als hier bei uns. Dadurch, dass Spanien auch in der EU ist, musste ich auch keine Zollgebühren zahlen. Ich musste sogar nur ein paar Euro Versandkosten zahlen. Insgesamt habe ich 5 € weniger ausgegeben, als wenn ich mir die Sachen in Deutschland gekauft hätte."

Sarah, 17, erzählt von ihrem Italien-Urlaub:

„Ich hatte Glück. Nach einem Badeunfall wurde ich im örtlichen Krankenhaus ohne große Bürokratie direkt behandelt. Ich musste nur meine Krankenversichertenkarte vorzeigen. Die gilt überall in der EU. Damit habe ich bei Reisen Anspruch auf medizinisch notwendige Leistungen des öffentlichen Gesundheitswesens des jeweiligen EU-Landes."

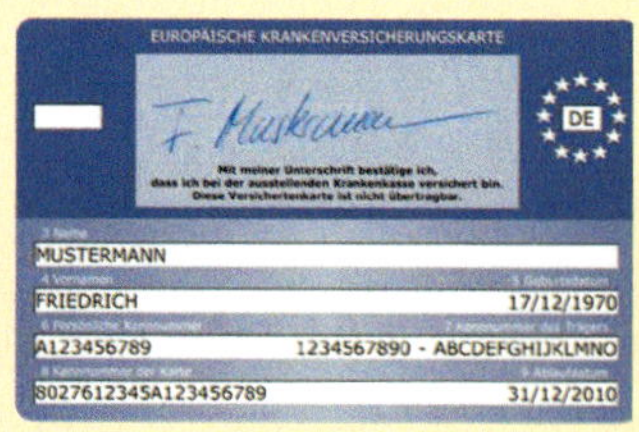

M2 Krank im Urlaub

M3 Lebensmittel aus der EU

Theo, 14, erklärt, worauf seine Mutter beim Einkauf achtet:

„In meiner Familie essen wir alle total gerne Honig. Neulich sollte ich neuen Honig kaufen. Ich habe einfach irgendeinen gekauft. Meine Mutter sagte dann, dass ich den falschen Honig gekauft habe. Sie kauft immer Honig, der nur aus EU-Ländern kommt. Hierdurch fördert man auch in Europa die Bienenvölker, die für die Bestäubung der Pflanzen wichtig sind."

Leonard, 15, erzählt von der Arbeit seines Vaters:

„Mein Vater muss für seinen Job viel in Europa herumreisen. Glücklicherweise ist er dabei jedoch fast immer in der EU unterwegs. Wir skypen dreimal in der Woche und telefonieren auch sonst sehr häufig. Da es aber das EU-Roaming gibt, haben wir keine Extrakosten. So können wir immer sehr lange miteinander sprechen."

M4 EU-Roaming

Die Europäische Union und unser Alltag

Die Europäische Union, besteht aus derzeit 27 Staaten. Sie arbeiten in vielen Bereichen eng zusammen, wie zum Beispiel in der

- Wirtschafts- und Währungspolitik,
- Außenpolitik,
- Arbeits- und Sozialpolitik,
- Landwirtschaft.

An vielen Stellen haben wir direkt mit der Europäischen Union zu tun, ohne das überhaupt zu merken – etwa beim Einkaufen, beim Reisen, beim Arbeiten oder bei unserer Gesundheit. In allen diesen Bereichen gibt es viele Entscheidungen der Europäischen Union, die direkte Auswirkungen auf unseren Alltag haben.

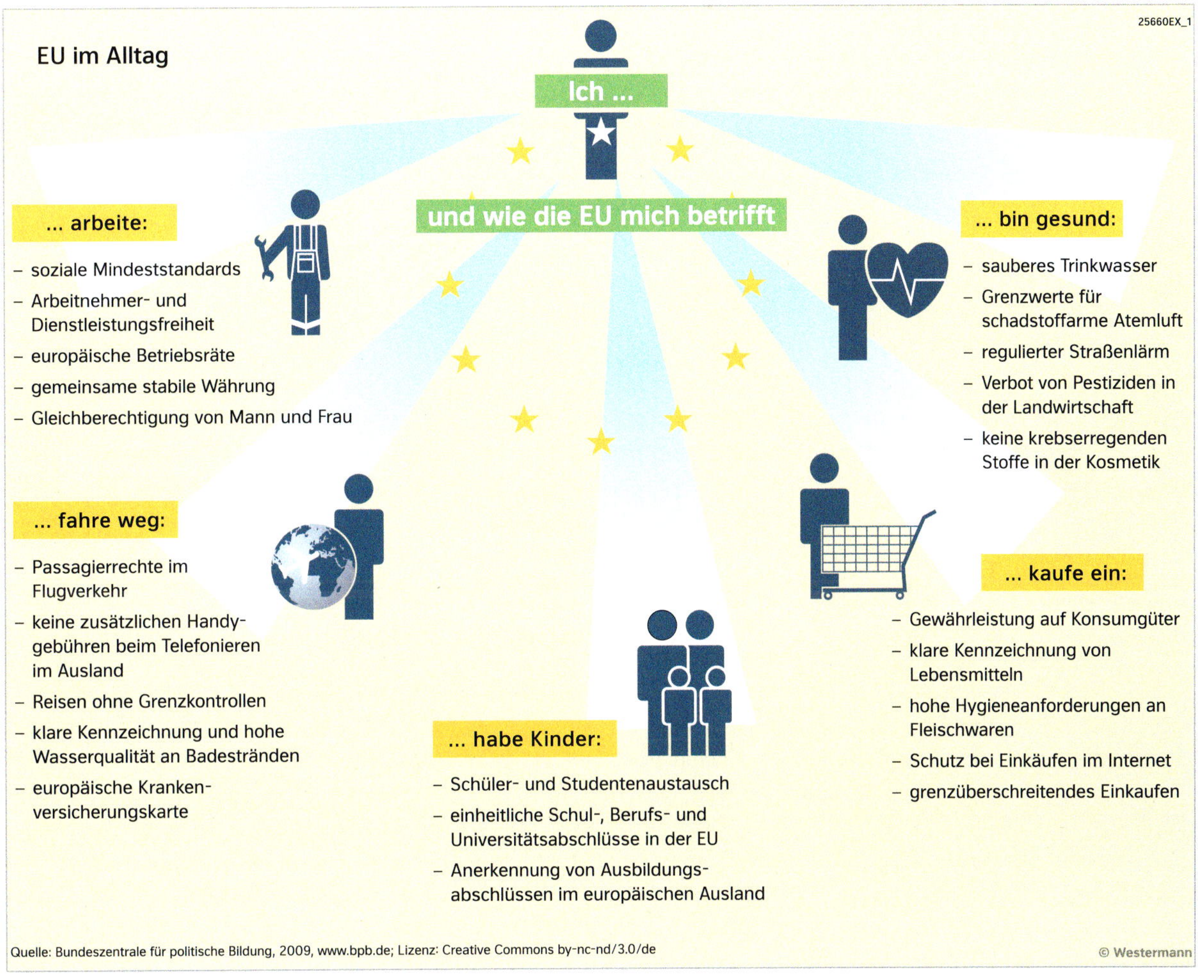

M5 EU im Alltag

ARBEITSAUFTRÄGE

Ihr könnt die Aufgaben alleine oder in Gruppen lösen.

AUSWAHL **1** I Nenne mithilfe von M1–M4 Bereiche, in denen die EU für dich eine Rolle spielt.

II Beschreibe mithilfe von M1–M5 Vorteile, die die EU in deinem persönlichen Alltag bietet.

III Bewerte mithilfe von M1–M5, welche Rolle die EU für dich spielt.

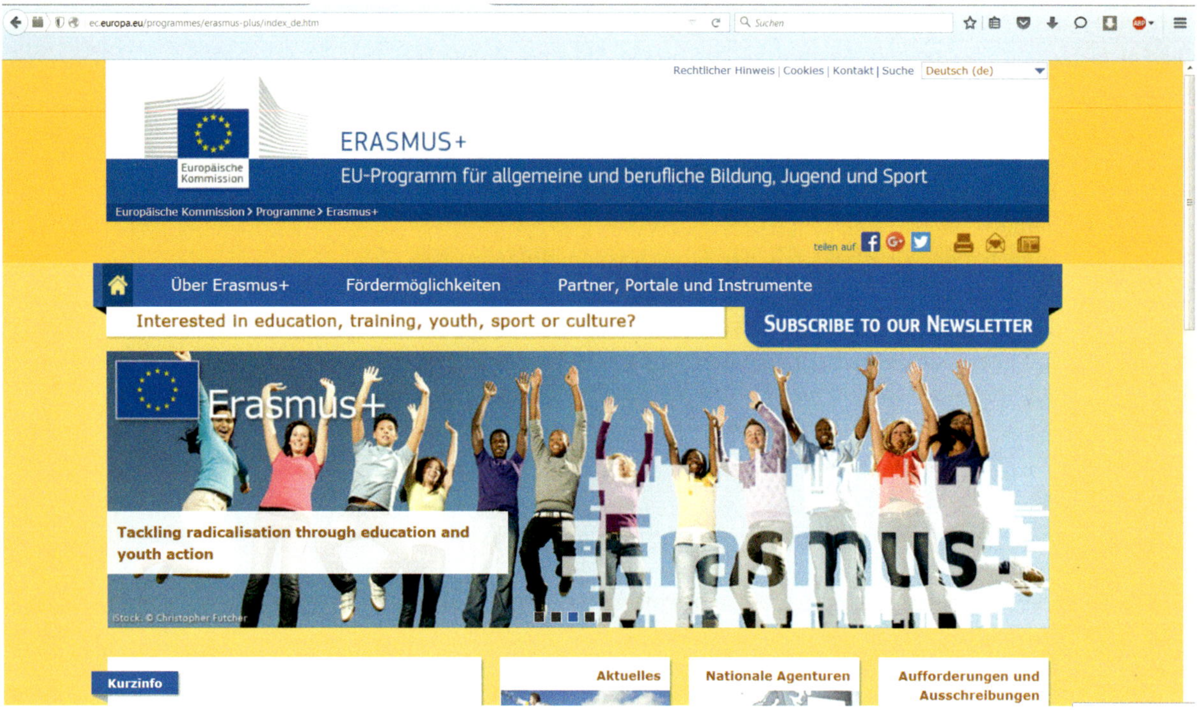

M1 Homepage des EU-Programms für allgemeine und berufliche Bildung, Jugend und Sport

Mach was in Europa!

Lerne Europa kennen

Europa kann man bei Begegnungen mit Jugendlichen aus anderen europäischen Ländern, über die Schule, die Ausbildung oder ganz privat im Urlaub erleben. Solche Begegnungen zwischen Schülern und Auszubildenden aus verschiedenen Ländern werden oft von der Europäischen Union finanziell unterstützt, zum Beispiel durch das Programm „Erasmus+".

Jugendliche von Finnland bis Malta, von Portugal bis Estland treffen sich, um gemeinsame Schulprojekte durchzuführen. Aber auch Praktika sind für junge Menschen im „Erasmus+" vorgesehen. Es ist zum Beispiel möglich, im Rahmen seines Ausbildungsberufs ein Praktikum im EU-Ausland zu machen.

Einige von der EU geschaffene und finanzierte Programme sind für einzelne oder Gruppen offen. Weitere Projekte kann man selbst bei der EU beantragen und mit Partnern in Europa ausgestalten, zum Beispiel die schulischen Erasmusprogramme. So haben mehr als eine Million Jugendliche seit 1987 mit Unterstützung der EU im Ausland gelebt, gelernt und gearbeitet.

Erasmus+

„Erasmus+" kombiniert mehrere EU-Programme für allgemeine und berufliche Bildung von Jugendlichen.

- Es konnten 500 000 junge Menschen am Jugendaustausch teilnehmen.
- Zudem hatten 650 000 Jugendliche die Möglichkeit, berufliche Ausbildungen oder Praktika im Ausland zu absolvieren.
- Darüber hinaus bietet das „Erasmus+"-Programm für 2 Millionen Studentinnen und Studenten Fördermittel für ein Studium im Ausland.

M2 Die Entwicklung des „Ersamus+"-Programms seit 1987

Die EU macht Schule

Es gibt verschiedene Programme und Aktionen, mit denen die EU Einblicke in ihre Arbeit gewährt, zu Diskussionsrunden mit Politikerinnen und Politikern einlädt oder Schülerinnen und Schüler dazu einlädt, auf spielerische Weise die EU kennenzulernen.

Simulation Europäisches Parlament (SIMEP)
Beim SIMEP begeben sich Schülerinnen und Schüler ab der 10. Klasse für zwei Tage in die Rolle von EU-Abgeordneten. Sie diskutieren in Ausschüssen zu bestimmten Themen, diskutieren weiter in den Fraktionen ihrer Parteien und schließlich im Parlament, wo es auch zur Abstimmung kommt. Journalisten und Journalistinnen begleiten diese Arbeit – eine weitere Rolle, die das SIMEP zur Erkundung anbietet.

Modell Europa Parlament (MEP)
Beim Rollenspiel des MEP schlüpfst du in die Rolle europäischer Parlamentarier. Hierzu reisen aus jedem Bundesland Schülerinnen und Schüler ab der 9. Klasse nach Berlin, um einen ihnen zugeteilten EU-Staat zu vertreten. In den letzten Jahren fand das Planspiel online statt. Zugeschaltet waren und werden viele Politiker und Politikerinnen aus der EU oder Deutschland, mit denen zu aktuellen Fragen der EU-Politik diskutiert wird.

Der jährliche EU-Projekttag an Schulen
Den EU-Projekttag gibt es seit 2007 einmal im Jahr. An diesem Tag sind Politikerinnen und Politiker in ganz Deutschland an Schulen vor Ort, um über Europa zu diskutieren und ihre Arbeit vorzustellen. Das sind Abgeordnete aus den Bundesländern, dem EU-Parlament oder auch des Bundestags. Die Einladung des oder der Abgeordneten kann auf direktem Weg per Brief/E-Mail/Telefon, der Besuch kann auch digital erfolgen.

ARBEITSAUFTRÄGE

1. Erkläre mit M2 die Möglichkeiten zum Schüleraustausch in Europa.
2. Recherchiere mithilfe von M1
   a) Staaten, die an Erasmus+ teilnehmen,
   b) Programme, an denen du über Erasmus+ teilnehmen kannst,
   c) wie du an einem Ersamus+-Austausch teilnehmen kannst.
3. Führt eine Aktion in eurer Schule durch. Reporter
   a) Befragt Lehrkräfte nach SIMEP, MEP und dem EU-Projekttag.
   b) Stellt ihnen weitere Informationen zu den Programmen vor.
   c) Erfragt die Bereitschaft zu einer Durchführung eines der Programme.

Lerne einen europäischen Staat kennen

Jeder Staat Europas, egal wie klein oder groß, hat spezielle kulturelle und gesellschaftliche Eigenheiten. Wir sollten versuchen, die nationalen Besonderheiten unserer Partnerländer zu verstehen und in unsere allgemeine europäische Identität zu übernehmen. Denn nur dann können wir uns tatsächlich als Europäer fühlen und bezeichnen. Damit wir dies leisten können, müssen wir uns allerdings zuerst einmal mit den europäischen Staaten beschäftigen.

So geht ihr vor:

1. Schritt: Planung des Projekts
- Schließt euch zu Arbeitsgruppen zusammen.
- Wählt einen europäischen Staat aus, den ihr bearbeiten wollt. Dieser kann ein Mitglied der EU sein, muss es aber nicht.

2. Schritt: Themen der Untersuchung festlegen
- Überlegt euch, welchen Fragen ihr nachgehen wollt.
- Folgende Stichwortliste kann euch helfen:
  - Wirtschaft: Landwirtschaft, Industriezweige, Dienstleistung, Währung, Arbeitslosigkeit, Bruttoinlandsprodukt (BIP)
  - Geschichte und Politik: Seit wann gibt es dieses Land in den aktuellen Grenzen? Wichtige geschichtliche Daten, Beziehung zu Europa, Kriege, heutige Staatsform, aktuelle Regierung
  - Kultur und Sport: Sprache, Religion, Bauwerke, Sportler, Musikgruppen
  - Erdkunde: Lage des Landes, Nachbarstaaten, Flächengröße, Bevölkerungszahl, Hauptstadt, Rohstoffe, Infrastruktur
  - Besonderheiten: landestypisches Essen, besondere Feiertage, Bräuche mit besonderen Festen, besondere Produkte

3. Schritt: Informationsbeschaffung und Auswertung
- Sucht Informationen zusammen und wertet sie aus.
- Fundstellen sind: Lexika, Länderberichte, Geschichtsbücher, Reiseführer, Bildbände, Videos, Filme, Zeitschriften und das Internet.

4. Schritt: Vorbereitung der Präsentation
- Wählt eine Form der Präsentation. Dies kann eine Wandzeitung, ein kleines Buch oder eine Mappe, ein Referat oder eine digitale Präsentation sein. Wichtig ist, dass ihr informative und kurze Texte schreibt und diese durch Karten, Tabellen, Diagramme, Fotos usw. veranschaulicht.

ARBEITSAUFTRÄGE

Löst die Aufgaben alleine oder in Gruppen.

1 Recherchiert zu einem europäischen Staat. HILFE

2 a) Erstellt eine Präsentation zu eurem Staat.
b) Stellt euren Staat in der Klasse vor.

3 Gestaltet eine Ausstellung in der Schule.

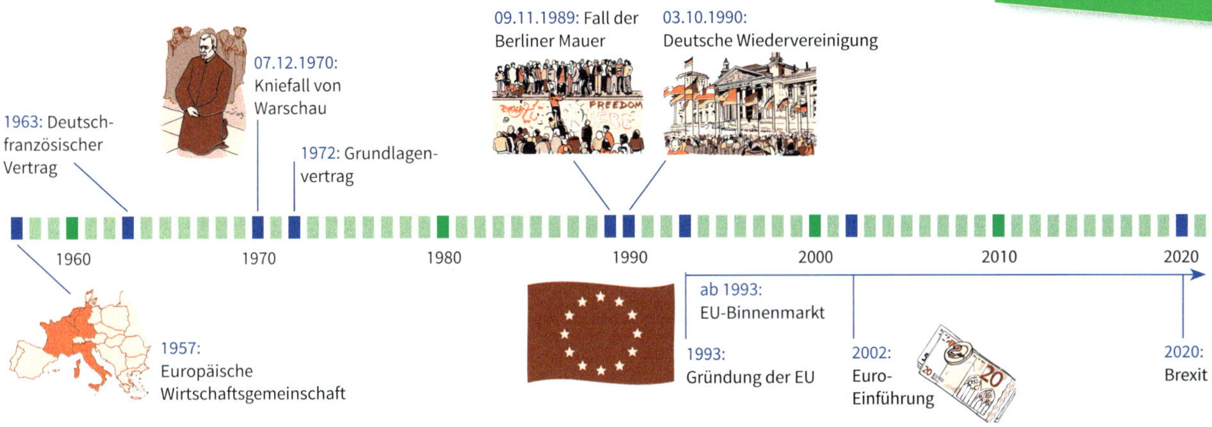

Längsschnitt: Europa im Aufbruch

Nach dem Ende des Zweiten Weltkriegs nutzten die Menschen in Europa die Chance, das Verhältnis der europäischen Staaten untereinander neu zu gestalten.

Mit der Politik der friedlichen Koexistenz gelang es, einen Prozess der Verständigung in Gang zu setzen. Durch den Wandel in der Sowjetunion und in den verbündeten Ländern konnte die Politik des Kalten Krieges überwunden werden. Der „Eiserne Vorhang" wurde geöffnet.

Für Deutschland war dies ein wichtiger Schritt zur Wiedervereinigung. Den Menschen in der DDR gelang es, im Herbst 1989 durch die friedliche Revolution den Fall der Mauer herbeizuführen.

Die Idee zur Schaffung eines vereinten Europas sollte die Kriegsgefahr für immer beseitigen. Als Ergebnis intensiver Bemühungen einer wirtschaftlichen Zusammenarbeit entstand aus der Europäischen Gemeinschaft für Kohle und Stahl 1957 die Europäische Wirtschaftsgemeinschaft (EWG), die sich über die Europäischen Gemeinschaften (EG) zur Europäischen Union (EU) entwickelte. Die gemeinsame Wirtschaftspolitik wird vor allem durch den EU-Binnenmarkt geprägt. Durch die wirtschaftliche Zusammenarbeit sind Waren, Dienstleistungen, Kapital und Arbeitsplätze den Menschen zugänglicher. In der Außen- und Sicherheitspolitik geht die EU ebenfalls gemeinsame Wege, um die Sicherheit der eigenen Grenzen zu gewährleisten und um Demokratie und Menschenrechte sowie die internationale Sicherheit zu stärken.

WICHTIGE BEGRIFFE:

der Einigungsvertrag
der Élysée-Vertrag
die Entspannungspolitik
der EU-Binnenmarkt
die Europäischen Gemeinschaften
die Europäische Union
die friedliche Koexistenz
die friedliche Revolution 1989
der Kalte Krieg
der Mauerfall
die Montagsdemonstrationen
die Neue Ostpolitik
der Prager Frühling
die Solidarnosc
der Rat für gegenseitige Wirtschaftshilfe
der Vertrag von Maastricht
die Wiedervereinigung
der 2+4-Vertrag

1 Zwei politische Strategien

Du kannst ...
a) die Satzkarten in M1 richtig zusammensetzen und aufschreiben. ✓
b) die Satzteile richtig zusammensetzen und der Entspannung, beziehungsweise der Abschreckung zuordnen. ✓✓
c) mithilfe der richtig zusammengesetzten Sätze die Politik der Abschreckung und der Entspannung erklären. ✓✓✓

Aufgrund der immer weiter steigenden Rüstungsausgaben ...	... konnten kleine Erfolge erzielt werden.
Erst nach langjährigen Verhandlungen ...	... wurde erreicht, als sowjetische Truppen in Afghanistan einmarschierten.
Mit den Abrüstungsverträgen ...	... bedeutete diese Strategie eine enorme Belastung durch die hohen Rüstungsausgaben.
Ein Tiefpunkt zwischen den USA und der UdSSR ...	... strebten beide Staaten nach militärischer Überlegenheit.
Auch wenn Politikern bewusst war, dass ein Krieg nicht gewonnen werden konnte, ...	... nahmen die USA und die UdSSR in den 1960er-Jahren Verhandlungen auf.
Für die jeweilige Volkswirtschaft ...	... verpflichteten sich die USA und die UdSSR erstmals, die Anzahl der Atomraketen zu begrenzen.

M1 Satzkarten zum Kalten Krieg

2 Der Weg zur deutschen Einheit

Du kannst ...
a) die 10 Begriffe im Gitterrätsel M2 zur Wiedervereinigung finden. ✓
b) die gefundenen Begriffe in eine zeitliche Reihenfolge einordnen. ✓✓
c) die gefundenen Begriffe einer Mitschülerin oder einem Mitschüler erklären. ✓✓✓

G	E	D	E	N	K	S	T	Ä	T	T	E	N	H	O	M	F
H	I	R	T	V	D	H	K	R	E	F	O	R	M	E	N	M
L	P	E	F	R	I	E	D	L	I	C	H	Ä	R	T	H	C
Ü	Z	Q	V	P	E	R	E	S	T	R	O	I	K	A	B	T
F	M	A	U	E	R	F	A	L	L	N	J	K	O	D	G	V
P	R	O	T	E	S	T	A	K	T	I	O	N	E	N	U	I
N	C	S	Y	Ö	R	E	V	O	L	U	T	I	O	N	M	I
H	F	G	L	A	S	N	O	S	T	F	S	A	I	T	G	Z
M	O	P	H	G	R	E	N	Z	Ü	B	E	R	G	A	N	G
W	I	E	D	E	R	V	E	R	E	I	N	I	G	U	N	G

M2 Gitterrätsel zur Deutschen Einheit

3 Mauerfall, Wiedervereinigung und die Folgen

Du kannst ...

a) Gründe für den Mauerfall nennen. ✓
b) mithilfe von M3 die Voraussetzungen zum Fall der Mauer erklären. ✓✓
c) mithilfe von M4 begründen, warum die Wiedervereinigung nicht nur eine Angelegenheit der beiden deutschen Staaten war. ✓✓✓

M3 Gedenktafel an der Brücke Bornholmer Straße (Aktuelles Foto)

M4 An der Grenze zwischen Österreich und Ungarn (Foto, 02.05.1989)

4 Die EU – Deutschland in Europa

Du kannst ...

a) mithilfe von M5 die derzeitigen Mitglieder der EU und die Euro-Länder nennen sowie den Fehler in der Karte herausfinden. ✓
b) die fünf Begriffe zur Europäischen Union im Silbenrätsel M6 richtig zusammensetzen und erklären. ✓✓
c) positive Entwicklungen und auch Herausforderungen darstellen, denen die EU begegnet. ✓✓✓

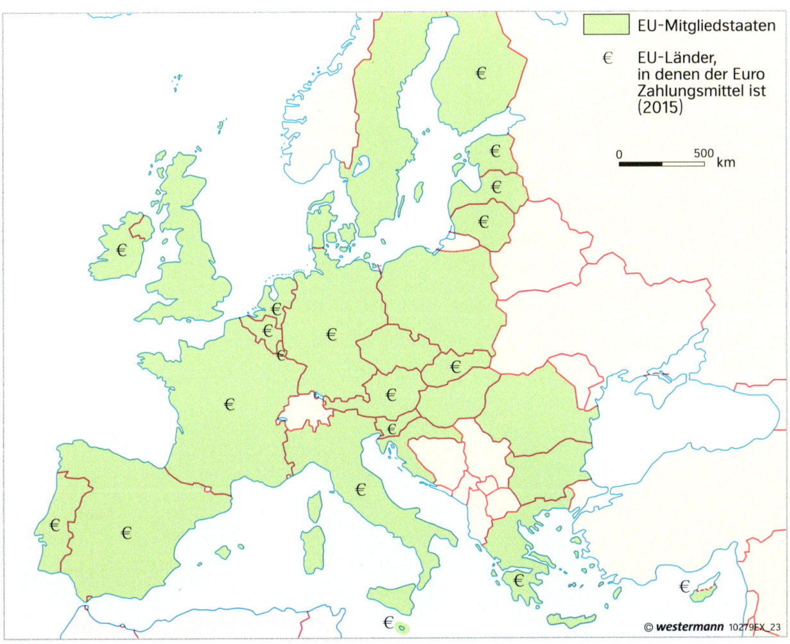

M5 EU- und Euro-Länder

OST – BRE – VON – MARKT – NIS – NEN – TRICHT – ER – VER – WEI – TRAG – MAAS – TER – XIT – UNG – BIN – MI – EU – RAT

M6 Silbenrätsel zur EU

WES-104984-215
Lösungen zum Kompetenzcheck

USA und Europa

Mit ihrem Eintritt in den Ersten Weltkrieg im Jahr 1917 wurde deutlich, dass die USA sich zu einer starken demokratischen Weltmacht entwickelt hatten. In den „Goldenen Zwanzigerjahren“ zeigten sich die wirtschaftliche Stärke und der kulturelle Wandel, der sich bis nach Europa ausbreitete. Die USA konnten ihre Stellung als Supermacht ausbauen und mit dem Kriegseintritt in den Zweiten Weltkrieg im Jahr 1941 festigen. Der Marshallplan aus den USA brachte Europa nach dem Krieg wieder auf die Beine. Nun wurde auch der „American Way of Life“ für Europa prägend. Nach dem Ende des Kalten Krieges sind die USA und Europa als freundschaftliche Partner verbunden.

Flutopfer in Louisville, USA vor einer Werbung für den „American Way of Life“ (Foto, 1937)

ST STANDARD OF LIVING
There's no way like the American Way

M1 Die Freiheitsstatue in New York ist das Symbol der USA für Freiheit (Foto, o. J.)

Der „American Dream“

Was ist der „American Dream“?

Der „amerikanische Traum“ bezeichnet den Wunsch nach einem sorglosen Leben in den USA. Nach dieser Vorstellung kann jeder – egal, woher er kommt – durch harte Arbeit reich und erfolgreich werden. Selbst eine arme Familie kann also Wohlstand erreichen, wenn sie fleißig ist. Der „American Dream“ steht aber auch für Chancengleichheit und die Freiheit, sich selbst zu verwirklichen.

M2 „American Dream“ meint auch ein eigenes Haus oder Auto wie den 1953 Mercury Monterey. (Aktuelles Foto)

Vom Tellerwäscher zum Millionär

Die USA werden auch als „Land der unbegrenzten Möglichkeiten“ bezeichnet. Das bezieht sich auf die großen Einwanderungswellen und die neuen Chancen, die der Staat Geflüchteten aus aller Welt eröffnete.

- Die „Neue Welt“ galt als Heimat der Heimatlosen und Vertriebenen.
- So steht auch die weltberühmte Freiheitsstatue, die die Einwanderer vor dem New Yorker Hafen symbolisch begrüßt, für Hoffnung.
- Jeder hat die Möglichkeit, aus dem Nichts aufzusteigen und erfolgreich zu werden, so der Traum.

Der Mensch soll nicht mehr nach seiner Herkunft und seinem Stand beurteilt werden, sondern nach seinem Fleiß und der Leistung, die er erbringt.

Q1 Die Geschichte von John Paul DeJoria:

John Paul DeJoria (*1944) hatte keine vielversprechende Kindheit: Als Kind aus einer armen italienisch-griechischen Immigrantenfamilie musste er bereits mit neun Jahren kleinere Jobs annehmen, um die Familie finanziell zu unterstützen. In seiner Jugend war er dann [...] Mitglied einer Gang aus Los Angeles, bis er in die Marine eintrat. Nach seiner Zeit im Militär arbeitete DeJoria bei einem Hersteller von Haarpflegeprodukten im Verkauf und Vertrieb. Wegen Unstimmigkeiten mit dem Vorgesetzten wurde er entlassen und gründete daraufhin mit nur 700 US-Dollar Startkapital sein eigenes Kosmetiklabel, „John Paul Mitchell Systems“. Sein Vermögen wird heute auf 4,3 Milliarden US-Dollar geschätzt. [verändert]

M3 Armut und Reichtum in den USA: Zelte von Obdachlosen neben Wolkenkratzern in Los Angeles (Foto, 2018)

Schattenseiten des „American Dream“

Dieses Prinzip der vermeintlichen Chancengleichheit hat allerdings auch Schattenseiten – und auch die Realität sieht leider anders aus. Nicht jeder kann Karriere machen und an der Spitze stehen.

Während einige Menschen viel Geld verdienen, arbeiten unzählige hart, nehmen mehrere Jobs gleichzeitig an und leben dennoch am Rande der Existenz. Soziale Absicherungen gibt es kaum, und die Kluft zwischen Arm und Reich ist sehr groß.

Doch ist im freiheitlichen System der USA nicht nur der Leistungsdruck hoch. Eine weitere Kritik lautet, dass die US-amerikanische Gesellschaft viele Zuwanderer in Billigjobs ausbeutet. Der „American Dream“ der wenigen wird demnach auf dem Rücken eines Elends der vielen verwirklicht.

Q2 Armut in den USA am Beispiel von Jibolah aus Nigeria:

Jibolah überlegt nicht lange und lädt sich die Kiste mit Obst, Gemüse, Fleisch- und Milchprodukten auf die Schulter: Das reicht für zwei bis drei Tage Essen für seine sechsköpfige Familie. Der gebürtige Nigerianer hat studiert, jetzt fährt er für Uber und arbeitet zwei Tage die Woche in einem Restaurant. Mehr Arbeit gibt es nicht, aber zum Leben reicht es auch nicht. Die Lebensmittel von Martha's Table [einer Wohltätigkeitsorganisation] sind für den 42-Jährigen überlebenswichtig.

ARBEITSAUFTRÄGE

1 I Recherchiere die Herkunft der Freiheitsstatue. HILFE
II Beschreibe, wofür die Freiheitsstatue symbolisch steht.
III Begründe den „American Dream“ mithilfe der Freiheitsstatue.

2 Erstellt in Gruppen Collagen zum „American Dream“ und seinen Schattenseiten. Think-Pair-Share HILFE

3 Recherchiere zum Beispiel die Schauspielerin Mila Kunis, den Musiker Wyclef Jean oder eine andere amerikanische Persönlichkeit aus dem Bereich Sport, Film oder Wirtschaft, die den „American Dream“ lebt, und stelle sie vor. HILFE

M1 Rekrutenwerbung der US-Armee während des Ersten Weltkriegs (Plakat, 1916/17)

Die USA im Ersten Weltkrieg

Der Kriegseintritt der USA

Zu Beginn des Ersten Weltkriegs hatte sich die Regierung der USA eine strenge Neutralität auferlegt. Dies bedeutete, dass sie sich aus allen nicht die USA betreffenden Belangen möglichst heraushalten wollte.

Dennoch unterstützte die US-Regierung die Alliierten mit Krediten, Waffen und Rohstoffen. Von einem eigenen militärischen Eingreifen war aber lange Zeit keine Rede. Dies änderte sich erst, als die deutsche Marine ihren U-Boot-Krieg auch auf US-amerikanische Frachtschiffe ausweitete.

Q1 US-Präsident Woodrow Wilson (1856–1924) am 2. April 1917 in einer Botschaft an den Senat:

Der gegenwärtige deutsche Unterseebootkrieg gegen den Handelsverkehr ist ein Krieg gegen die Menschen. Er ist ein Krieg gegen alle Nationen. Es sind keine Unterschiede gemacht worden, die Herausforderung hat der ganzen Menschheit gegolten. Jede Nation muss selber darüber entscheiden, wie sie sie aufnehmen will. Unser Beweggrund soll nicht Rachsucht sein […], sondern allein die Vertretung des Menschenrechts. […] Wir werden für Dinge kämpfen, die immer unseren Herzen am nächsten gelegen haben, für Demokratie, für das Recht derer, die einer Obrigkeit untertan sind, eine Stimme in ihrer eigenen Regierung zu haben, für die Rechte und Freiheiten der kleinen Nationen, für eine allgemeine Herrschaft des Rechts durch einen Bund freier Völker, der allen Nationen Frieden und Sicherheit bringt und schließlich die Welt selbst befreit.

M2 Ankunft von US-Soldaten in Frankreich (Foto, 1917)

Die USA kämpfen in Europa

1917 brachen die USA schließlich ihre diplomatischen Beziehungen zum Deutschen Reich ab, es erfolgte die Kriegserklärung. Es kamen Soldaten und riesige Mengen an Waffen, Munition, Geräten und Lebensmitteln aus den USA nach Europa. Zur Unterstützung der Alliierten gaben die USA 33,5 Milliarden Dollar aus, davon 10,3 Milliarden Kredite für die Verbündeten. Dies bedeutete für den Kriegsverlauf die entscheidende Wende. Der Eintritt der USA in die Auseinandersetzung brachte einen gewaltigen Kräftezuwachs für die Alliierten.

Soldaten	USA
eingesetzt	4 355 000
getötet	117 000
verwundet	206 000
getötete Zivilisten	1000

M3 USA: Verluste im Ersten Weltkrieg

M4 Produktion von Geschützen in den USA (Foto, 1918)

Politischer Rückzug nach dem Ende des Krieges

Nach Kriegsende zogen sich die USA militärisch und politisch wieder aus Europa zurück. Allerdings unterstützten sie viele europäische Länder beim Wiederaufbau:

- Sie vergaben zahlreiche Kredite für die europäische Wirtschaft und die Erneuerung der Verkehrswege.
- Sie stundeten den europäischen Alliierten die Rückzahlung der Kriegskredite für mehrere Jahre.
- Der Export von Waren, die in Europa dringend benötigt wurden, kurbelte auch die US-Wirtschaft an.

In den folgenden 1920er-Jahren konzentrierten sich die USA auf den Ausbau der eigenen Wirtschaft. Hieraus entwickelte sich schließlich auch kulturell der typische „American Way of Life“.

ARBEITSAUFTRÄGE

WAHL **1** I Benenne den Grund für die aktive Beteiligung der USA am Ersten Weltkrieg.

II Beschreibe mithilfe von Q1, wie Wilson das Eingreifen der USA begründet.

III Erläutere mithilfe von Q1 den Kriegseintritt der USA.

2 Diskutiert die Verluste und die Gewinne der USA nach Kriegsende.

Die USA zwischen den Weltkriegen

M1 Blick über Manhattan, New York (Luftaufnahme, 1924)
Banken und große Unternehmen bauten Wolkenkratzer als Symbol des Wirtschaftswachstums und des gewachsenen Selbstbewusstseins.

M2 Das erste Fließband der Welt bei Ford (Foto, 1913)
Die Ausweitung der Fließbandarbeit sorgte für eine schnellere und preiswertere Produktion.

M3 HOLLYWOOD-Schriftzug (Foto, o. J.)
Der Schriftzug wurde bereits 1923 in Hollywood aufgestellt.

ARBEITSAUFTRÄGE

Gruppenpuzzle
Löst die Aufgaben kooperativ in einer Kleingruppe und erstellt Informationsplakate.
a) Recherchiert nach weiteren Bildern und Informationen zu Filmindustrie, Prohibition, Sport, Architektur, Musik, Autos und Mode in den USA der 1920er- und 1930er-Jahre. HILFE

M4 Entsorgung von Alkohol während der Prohibition (Foto, 1920)
Von 1919 bis 1933 waren die Herstellung und der Verkauf von Alkohol in den USA verboten.

M5 Baseballspiel in New York City (Foto, 1926)
Sport wurde zu einer neuen Massenleidenschaft in den USA.

b) Sortiert eure Rechercheergebnisse und entscheidet euch entweder für einen Gesamtüberblick oder ein bestimmtes Unterthema für euer Plakat (etwa: „Die Entwicklung der Architektur/Musik/Filmindustrie ... in den USA zwischen den Weltkriegen“).
c) Gestaltet euer Plakat mit Fotos und kurzen Infotexten und präsentiert sie im Klassenverband.

Die USA im Zweiten Weltkrieg

M1 Japanischer Nakajima-Bomber, der beim Angriff auf Pearl Harbour zum Einsatz kam (Foto, 1945)

Eintritt der USA in den Krieg

Im Dezember 1941 überfiel die japanische Luftwaffe die Kriegsflotte der USA in Pearl Harbour auf Hawaii. Die USA reagierten mit der Kriegserklärung an Japan, woraufhin Deutschland und Italien, die mit Japan verbündet waren, den USA den Krieg erklärten. Nun waren die USA auch direkt am Zweiten Weltkrieg in Europa und Asien beteiligt. Zuvor hatten sie Frankreich und Großbritannien wirtschaftlich unterstützt.

Der Krieg in Asien

In Asien war die japanische Armee zunächst siegreich und eroberte weite Teile des Kontinents. Eine große Schlacht im Pazifischen Ozean brachte 1942 jedoch die militärische Wende. Die japanischen Truppen wurden immer weiter zurückgedrängt.

Dennoch dauerte der Zweite Weltkrieg in Asien noch mehrere Jahre an. Die japanische Regierung kapitulierte erst, nachdem US-amerikanische Flugzeuge im September 1945 Atombomben auf die Großstädte Hiroshima und Nagasaki abgeworfen hatten. Viele hunderttausend Menschen wurden dabei getötet, schwer verletzt oder starben an den Folgen der Strahlung.

Q1 **Eine wissenschaftliche Homepage berichtet über den ersten Test und Einsatz von Atomwaffen durch die USA:**

Am 16. Juli 1945 explodierte die erste Atomwaffe der Geschichte über der Wüste in New Mexico in den USA [...]. In der Wüste [...] testeten die USA eine [...] radikal neu entwickelte Implosionswaffe, die den Zweiten Weltkrieg beenden sollte. Die [B]ombe, die beim Atomtest [...] explodierte, war der gleiche Typ Bombe, die auf Nagasaki am 9. August 1945 abgeworfen wurde und binnen 4 Monaten 64 000 Menschen tötete.

M2 Explosion der Atombombe über Nagasaki am 9. August 1945 (Foto, 1945)

Der Krieg in Europa

In Europa gehörten die USA seit Januar 1942 zur Anti-Hitler-Koalition, gemeinsam mit Großbritannien und der Sowjetunion. Sie entsandten Soldaten und Kriegsgerät nach Europa. Ziel war es, den Kontinent von der Herrschaft des Deutschen Reichs zu befreien.

Die Landung der Alliierten in der Normandie

Die Befreiung begann mit dem sog. „D-Day" am 6. Juni 1944. Alliierte Soldaten landeten an der französischen Küste an und drangen von Westen weiter in Richtung Deutsches Reich vor. Die deutschen Truppen mussten nun einen intensiven Zwei-Fronten-Krieg führen – im Westen gegen u.a. US-amerikanische, britische und kanadische Truppen, im Osten gegen die der Sowjetunion. Dies brachte die entscheidende Wende im Krieg.

WES-104984-301
Filmclip zur Landung der Alliierten in der Normandie

M3 Rund 57 000 alliierte Soldaten wurden am D-Day getötet, 155 000 verwundet und 18 000 als vermisst gemeldet. Auf deutscher Seite gab es 200 000 Tote. Noch heute wird jedes Jahr am 6. Juni der Landung der Alliierten gedacht. (Foto, 1944)

Neuordnung nach Kriegsende

Nach der Kapitulation des Deutschen Reichs am 8. Mai 1945 trafen sich die Staatschefs der Anti-Hitler-Koalition im Juli und August zu Beratungen in Potsdam. Im Mittelpunkt der Beratungen standen die Behandlung des Deutschen Reichs und der von ihm besetzten Gebiete nach Kriegsende sowie die angestrebte Gründung der Vereinten Nationen. Auf der Potsdamer Konferenz wurde das Deutsche Reich aufgeteilt und die Nachkriegsordnung wurde von den Alliierten festgelegt.

Tipp:
Weitere Informationen zur Potsdamer Konferenz findest Du auf S. 16.

ARBEITSAUFTRÄGE

WAHL **1** I Benenne mithilfe von Q1 die Folgen des japanischen Angriffs auf Pearl Harbour für den Verlauf des Kriegs.
II Begründe mithilfe von Q1, warum nach dem japanischen Angriff der Krieg zu einem Weltkrieg wurde.
III Erläutere den Zusammenhang zwischen dem Eintritt Japans in den Krieg und der Ausweitung des Kriegs zu einem Weltkrieg.

2 Recherchiert weitere Informationen zum D-Day und diskutiert sie in der Klasse. Fishbowl HILFE

Engagement in Europa

M1 Von 1946–1960 wurden über 10 Millionen Care-Pakete aus den USA nach Europa geschickt. (Foto, o. J.)

Eine außenpolitische Herausforderung

Nachdem das Ausmaß der Schäden des Zweiten Weltkriegs deutlich wurde, war klar, dass der amerikanische Einsatz in Europa noch nicht beendet war. Die USA übernahmen die wichtigste Rolle beim Wiederaufbau.

US-Präsident Harry Truman entschied sich gegen eine politische Isolierung und wirtschaftliche Belastung Deutschlands. Es sollte für ganz Europa die Chance auf Demokratie, Wohlstand und politische Stabilität garantiert werden. Zudem sollte die Wiederbelebung der deutschen Wirtschaft auch die amerikanischen Steuerzahler vor einer drohenden Dauerbelastung schützen.

M2 Nach dem Ende des Krieges in Berlin: US-amerikanische Soldaten verteilen Süßigkeiten an deutsche Kinder. (Foto, 1945)

Eine außenpolitische Herausforderung

Am 5. Juni 1947 stellte US-Außenminister George Marshall ein komplett neues Wiederaufbauprogramm für Europa vor, das „European Recovery Program" (ERP), auch Marshallplan genannt. Die Idee eines vereinten Europas mit funktionierender Wirtschaft und ähnlichen Wertvorstellungen wie in den USA wurde auch von der US-Bevölkerung unterstützt.

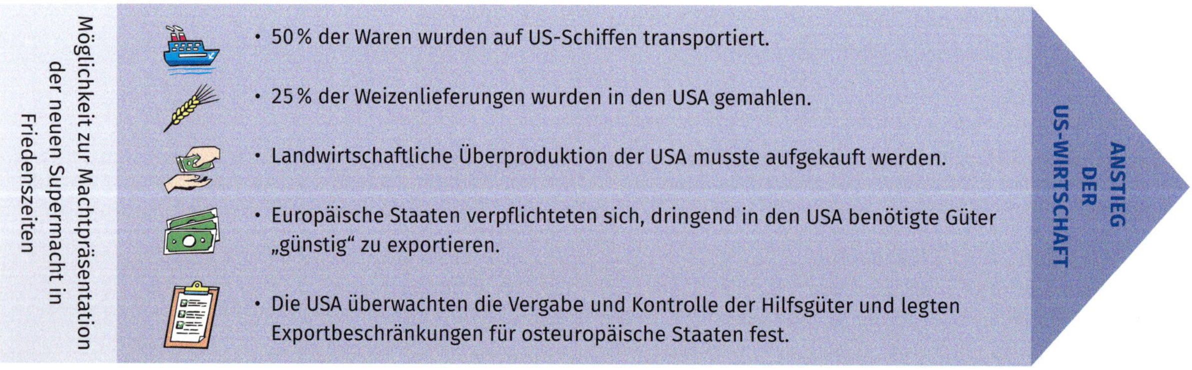

M3 Die Bedeutung des Marshallplans für die USA

Der Marshallplan spaltet Europa

Die neue Stellung der USA eröffnete neue Konfliktfelder, wie die Auseinandersetzung mit der Sowjetunion im Umgang mit Deutschland zeigte. Trumans Europa- bzw. Deutschlandpolitik verstärkten diese Spannungen. Zudem machte der Umgang mit dem Marshallplan die Differenzen noch deutlicher.

M4 Plakat aus der amerikanischen Besatzungszone, 1949.
Der Marshallplan war für den Wiederaufbau Europas gedacht, setzte aber als Bedingung eine ähnliche politische Weltanschauung wie die USA voraus.

M5 Plakat aus der sowjetischen Besatzungszone, 1948.
Die Sowjetunion lehnte den Marshallplan ab und verbot auch jenen europäischen Staaten, die unter ihrem Einfluss standen, die Teilnahme.

M6 Plakat aus den Vereinigten Staaten, 1948.
Auch in den USA wurde für den Marshallplan geworben. Hier ein Vorschlag aus einem Plakatwettbewerb, der im Jahr 1948 veranstaltet wurde.

Die Rolle der NATO

In Großbritannien wurde sehr schnell das Ausmaß der sowjetischen Ablehnung erkannt. Die USA sollten deshalb über den Marshallplan hinaus an Europa gebunden werden. Zunächst gründete Großbritannien die Westeuropäische Union, der auch Frankreich, Belgien und Luxemburg sowie die Niederlande angehörten. Mit dem Beitritt der USA 1949 wurde daraus der Nordatlantikpakt (North Atlantic Treaty Organisation, NATO). Weitere Staaten folgten. Die Führungsrolle übernahmen die USA. Sie lieferten Waffen und finanzielle Unterstützung zur Ausrüstung.

Die NATO wurde zu einem weltumspannenden Verteidigungsbündnis. Damit banden sich die USA untrennbar an Westeuropa.

WES-104984-302
Filmclip zur NATO

ARBEITSAUFTRÄGE

1 a) Benenne, was der Marshallplan für Europa brachte.
b) Beschreibe mithilfe von M3, welche wirtschaftlichen Vorteile die USA durch den Marshallplan hatten. Stühletausch

2 I Beschreibe die beiden Plakate M4 und M5 und arbeite Unterschiede heraus.
II Erläutere mithilfe von M4 und M5, inwiefern der Marshallplan Europa zugleich einte und spaltete.
III Begründe mithilfe von M2, M4 und M6, wie der Marshallplan die USA mit Westeuropa verband.

Die USA in den 1950er-Jahren

Boom der Freizeitindustrie

Hotel- und Restaurantketten wie Holiday Inn (1952) und McDonald's (1954) entstanden. „Disneyland" ①, der erste nationale Vergnügungspark, eröffnete 1955 in Kalifornien.

Jugendkultur und Popkultur

Der Rock 'n' Roll war nicht nur die beliebteste Musikrichtung oder ein moderner Tanz, sondern umfasste einen ganzen Lebensstil: Frisuren, Film, Kleidung, Autos und Freizeitgestaltung. Musiker wie Elvis Presley ②, Buddy Holly ③ oder Schauspieler wie James Dean ④ waren berühmte Stars.

Pop Art

Junge Künstler wie Claes Oldenburg, Roy Lichtenstein und Andy Warhol arbeiteten mit modernen Techniken und produzierten Kunst für die Massen. Alltagsgegenstände, Werbung und Filmstars sowie der amerikanische Alltag gehörten zu ihren Motiven. Doch auch der Comic ⑤ erlebte in den 1950er-Jahren enorme Popularität und schaute sich seine intensiven Farben von der Pop Art ab.

AMERICAN WAY OF LIFE

Massenkonsum und Konsumkultur

Der Collegebesuch wurde in den USA immer selbstverständlicher, denn er erhöhte auch die Chancen auf einen gut bezahlten Arbeitsplatz. Einkaufscenter, sogenannte „Malls" ⑥, und immer wieder neue Produkte, die beworben wurden, verlockten zum Geldausgeben.

ARBEITSAUFTRÄGE

1. Recherchiere ein amerikanisches Jugendidol aus den 1950er-Jahren und stelle es vor. HILFE
2. Recherchiert weitere Beispiele des „American Way of Life" und erstellt Collagen dazu. Galeriegang HILFE

Die Wohlstandsgesellschaft

(7)

Diverse Haushaltsgeräte und ein eigenes Auto (7) gehörten schnell zum Standard. Auch das Eigenheim in den ruhigen amerikanischen Vorstädten konnte sich dank eines sicheren Arbeitsplatzes über die Hälfte der Amerikaner leisten

Umweltverschmutzung

(8)

Industrieanlagen (8) verschmutzten mit ihren Abwässern die Flüsse und Seen, auch die Luft war teilweise grau von den Industrieabgasen.

AMERICAN WAY OF LIFE

Die Schattenseiten

(9)

In den USA gab es eine scharfen Gegensatz zwischen Armut und Reichtum, Verwahrlosung und Überfluss. In jeder amerikanischen Großstadt gab es Slums und Gettos (9), in denen Gewalt, Drogenkonsum und Armut zum Alltag gehörten.

3 Stelle positive und negative Seiten des „American Way of Life" einander gegenüber. Recherchiere dazu weitere Beispiele. Reporter HILFE

M1 Martin Luther King (1929–1968) spricht in Washington, D.C. (Foto, 1963)

M2 „White only“: Noch in den 1960er-Jahren war es Schwarzen in den USA vielerorts nicht erlaubt, dieselben Verkehrsmittel wie Weiße zu benutzen. (Foto, 1962)

Die Bürgerrechtsbewegung in den USA

„I have a dream“

Der christliche Pfarrer und spätere Friedensnobelpreisträger Martin Luther King war seit Mitte der 1950er-Jahre der bekannteste Sprecher und Aktivist der Bürgerrechtsbewegung in den USA. King wandte sich gegen Alltagsrassismus, die noch herrschende gesetzliche Rassentrennung sowie die Vorenthaltung des Wahlrechts für Schwarze in einigen Landesteilen.

1963 führte King den „Marsch auf Washington“ an und hielt seine weltberühmte Rede „I have a dream“, in der er das Ende der Rassendiskriminierung forderte. Im Jahr 1968 wurde er erschossen.

M3 Die US-amerikanischen Sprinter Tommie Smith und John Carlos protestierten 1968 gegen die Rassendiskriminierung während der Olympischen Spiele in Mexiko. (Foto, 1968)

Q1 Martin Luther King, am 28.08.1963 in Washington, D.C.:

Ich freue mich, heute mit euch zusammen an einem Ereignis teilzunehmen, das als die größte Demonstration für die Freiheit in die Geschichte unserer Nation eingehen wird. Vor hundert Jahren unterzeichnete ein großer Amerikaner [...] die Emanzipationsproklamation. [...] Aber hundert Jahre später ist der Neger immer noch nicht frei. Hundert Jahre später ist das Leben des Negers immer noch verkrüppelt durch die Fesseln der Rassentrennung und die Ketten der Diskriminierung. Hundert Jahre später schmachtet der Neger immer noch am Rande der amerikanischen Gesellschaft und befindet sich im eigenen Land im Exil.

Gleichberechtigung für alle

Die Bürgerrechtsbewegung strahlte seit den 1960er-Jahren auch auf andere Bewegungen aus:

- Frauenrechtlerinnen forderten weitergehende Gleichberechtigung und bekämpften Alltagssexismus.
- Für Gleichberechtigung kämpften auch die Native Americans, da die Indianerpolitik bisher als gescheitert galt.
- Studentische Protestaktionen richteten sich vor allem gegen die atomare Aufrüstung und gegen die Beteiligung der USA am Vietnamkrieg.

Die Bürgerrechtsbewegung heute

„Black Lives Matter“ (Schwarze Leben zählen) ist eine internationale Bewegung, die in den USA entstanden ist und sich gegen Gewalt gegen Schwarze und People of Color einsetzt. Sie wurde 2013 nach dem Freispruch des Wachmanns George Zimmerman ins Leben gerufen, der den 17-jährigen Schwarzen Trayvon Martin erschoss. Nach dem Tod George Floyds im Jahr 2020 rückte „Black Lives Matter“ auch international verstärkt in den Fokus.

M4 Logo von „Black Lives Matter“. Die Bewegung begann 2013 unter dem Hashtag #BlackLivesMatter und organisiert Proteste gegen Rassismus und die Tötung Schwarzer durch Polizeibeamte.

Q2 Wer war George Floyd? Die Zeitschrift „Der Spiegel“ erklärt:

George Floyd war ein Schwarzer, der im Mai von Polizisten in Minneapolis, einer Stadt im US-Bundesstaat Minnesota, bei seiner Festnahme getötet wurde. Einige Passanten filmten den Vorfall mit ihrem Handy und posteten die Videos in den sozialen Medien. Das löste in vielen Teilen der Welt Empörung und große Proteste aus, auch in Deutschland. Die vier – mittlerweile aus dem Polizeidienst entlassenen – US-Polizisten wurden unter anderem wegen Mordes und Beihilfe zum Mord angeklagt.

M5 Blumen an dem Tatort, an dem George Floyd ermordet wurde. Im Hintergrund ist ein Wandbild zu sehen, das George Floyd zeigt. (Foto, 2020)

ARBEITSAUFTRÄGE

1 I Beschreibe mithilfe von Q1, worauf Martin Luther King in seiner Rede Bezug nimmt.
II Belege mithilfe von M2 die in Q1 dargestellte Ausgrenzung der Schwarzen in den USA.
III Begründe mit Q1, M2 und M3 den Protest in den 1960er-Jahren.

2 a) Recherchiere den Lebenslauf von Tommie Smith oder John Carlos aus M3 und erstelle einen Steckbrief dazu. HILFE
b) Stelle ihn in der Klasse vor.

3 Begründe mithilfe von M3–M5, dass die Bürgerrechtsbewegung der 1960er-Jahre auch heute noch von Bedeutung ist. Bushaltestelle

4 Recherchiere mithilfe von Q2 und weiterer Quellen HILFE
a) zum Leben George Floyds,
b) zum Ausgang des Prozesses.
c) Stelle dein Ergebnis in der Klasse vor.

Info:
Easy Rider, Pando Company Inc., Raybert Productions, 1969
Regie: Dennis Hopper
Drehbuch: Dennis Hopper, Peter Fonda, Terry Southern
Produktionsland: USA
Vertrieb: Sony Pictures Entertainment Deutschland GmbH, 2000

M1 Szene aus dem Film „Easy Rider" (Foto, 1969: Dennis Hopper, Peter Fonda, Jack Nicholson)

Ein Filmsequenzprotokoll zu „Easy Rider"

„Sie suchten Amerika, aber sie fanden es nicht"

Mit diesem Satz wurde der Kinostart von „Easy Rider" 1969 beworben. Der Film stand am Ende eines turbulenten Jahrzehnts in der Geschichte der USA und setzt sich mit dem Lebensgefühl einer ganzen Generation auseinander. „Easy Rider" steht für den verloren gegangenen amerikanischen Traum von Freiheit, Hoffnung, Unabhängigkeit und persönlichem Glück. Hierbei lässt er Werte wie Pioniergeist, Freiheitsdrang und Abenteuerlust fortleben.

„Easy Rider" ist ein sogenanntes „Road Movie", also ein Film, der hauptsächlich auf Highways oder Landstraßen spielt. Um Kosten zu sparen, wurden viele Szenen mit Laienschauspielern gedreht. Statt extra komponierter Filmmusik wurden aktuelle amerikanische Rock- und Folksongs verwendet. Die Musik ersetzt zum Teil auch die Dialoge. Mit ihrer Hilfe werden die Gedanken und Gefühle der Figuren dargestellt, ohne dass diese über sie sprechen müssen.

M2 Am Lagerfeuer: Szene aus dem Film „Easy Rider" (Foto, 1969: Peter Fonda, Dennis Hopper)

Q1 Filmszene: Gespräch am Lagerfeuer, Anwalt George Hanson (gespielt von Jack Nicholson) erzählt:

Ich finde, es ist wirklich schwer, frei zu sein, wenn man verladen und verkauft wird wie eine Ware. Aber wehe, du sagst jemandem, er sei nicht frei – dann ist er sofort bereit, dich zu töten oder dich zum Krüppel zu schlagen, um zu beweisen, dass er frei ist.

Um die Bedeutung, Wirkung und Aussagen von Spielfilmen geschichtlich deuten zu können, ist es wichtig, die wechselnde Beziehung von Form, Inhalt und Wirkung herauszuarbeiten. Besonders gut eignet sich dazu die Erstellung eines Filmsequenzprotokolls.

Eine Sequenz ist hierbei eine bestimmte Szene oder eine Abfolge weniger Szenen. So lässt sich der Film in mehrere bedeutende Teile gliedern. Der Vorteil ist, dass etwa die Wirkung eines bestimmten Musikstücks in diesen Sequenzen besser analysiert werden kann als im groben Zusammenhang des gesamten Films.

Schritte zur Erstellung eines Filmsequenzprotokolls:

1. **Schritt**
   - Schaut euch den Film „Easy Rider“ im Klassenverband an.
2. **Schritt**
   - Einigt euch auf eine Einteilung des Films in verschiedene Abschnitte (Sequenzen), in denen sich einzelne Szenen gut zusammenfassen lassen.
3. **Schritt**
   - Bildet Gruppen, die je eine Sequenz bearbeiten. Erstellt dazu eine Tabelle:

Zeit/ Sequenz	Inhalt/ Handlung	Auffälligkeiten, Kamera, Bild, Ton, Figuren ...	Wirkung/ Funktion
7:10 „Born to be wild“	Idealvorstellung vom Westen, weite Landschaft, einsame Straßen ...	Lied leitet Szene ein und kommentiert diese ...	Freiheit scheint möglich ...

4. **Schritt**
   - Präsentiert eurer Arbeitsergebnisse in der Klasse. Erstellt abschließend gemeinsam eine **Handlungsverlaufskurve.**

Handlungsverlaufskurve:

Wesentliche Handlungselemente werden mit Minutenangaben festgehalten. Die Zahlen markieren den Anfang, mögliche Wendepunkte, den Höhepunkt und das Ende. Die Kurvenverläufe können sich teils stark unterscheiden, dies ist vom jeweiligen Film abhängig.

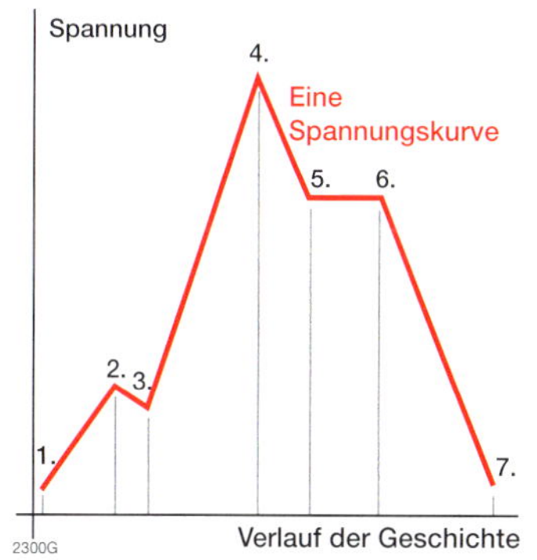

„Forrest Gump“ – ein weiterer Kultfilm

Dieser Film von 1994 erzählt die außergewöhnliche Lebensgeschichte der Titelfigur Forrest Gump. An einer Bushaltestelle erzählt Forrest wechselnden Zuhörern aus seinem Leben, das stets wie zufällig mit bedeutenden Ereignissen der US-amerikanischen Geschichte verknüpft wird.

So wird er etwa Tischtennisprofi, Kriegsheld in Vietnam und beobachtet einen Gouverneur beim Versuch, schwarze Studenten am Betreten der Universität zu hindern. Zudem inspiriert Forrest Elvis Presley zu seinem berühmten „Hüftschwung“, schüttelt im Weißen Haus US-Präsident Kennedy die Hand und deckt „aus Versehen“ einen der größten politischen Skandale der US-Geschichte auf.

M3 Plakat für den Film „Forrest Gump“ (Foto, 1994: Tom Hanks)

M4 Forrest Gump und seine Freundin Jenny, Szene aus dem Film „Forrest Gump“ (Foto, 1994: Robin Wright, Tom Hanks)

Info:
Forrest Gump, The Tisch Company, 1994
Regie: Robert Zemeckis
Drehbuch: Eric Roth
Produktionsland: USA
Vertrieb: Paramount Pictures, 2002

ARBEITSAUFTRÄGE

Bearbeitet die Aufgabe kooperativ in einer Gruppenarbeit.
a) Schaut den Film „Easy Rider“ oder „Forrest Gump“ an und sucht 2- bis 3-minütige Szenen aus, die mit Musik unterlegt sind.
b) Erstellt in Kleingruppen ein Filmsequenzprotokoll und stellt es vor.

Tipp:
Einen Webcode zur Gruppenarbeit findest du auf S. 15.

„History in a box“

Was ist „History in a box“?

Unter „History in a box“ oder „Geschichte im Schuhkarton“ versteht man eine Art Minimuseum zu einem historischen Thema. Dieses Museum besteht allerdings nur aus einem Schuhkarton, in dem passende Szenen oder Gegenstände in detailgetreuer Kleinarbeit als Modelle entworfen und gestaltet wurden.

So gehst du vor:

1. Schritt: Vorbereitung
- Recherchiere dein Thema gründlich.
- Notiere in Stichpunkten wichtige und interessante Aspekte zu deinem Thema.
- Überlege dir jeweils passende Gegenstände, Figuren und sinnvolle Bilder.
- Alle Gegenstände sollten in den Schuhkarton hineinpassen und nicht zu groß sein.

2. Schritt: Material
- Schuhkarton (mittelgroß)
- Bunt-/Farbstifte
- Farbige Pappe/Farbkarton
- Schere
- Kleber
- Karteikarten aus Pappe oder Papier

3. Schritt: Gestaltung
- In den Deckel klebst du eine Zusammenfassung des Themas.
- In die Kiste selbst platzierst du die einzelnen Gegenstände, die zu dem Thema gehören.
- Falls es der Platz zulässt, können die Gegenstände mit kleinen Erklärungen auf Karteikärtchen erläutert werden.
- Falls dafür kein Platz ist, bekommen die Gegenstände eine Ziffer und die Karteikärtchen mit den Ziffern werden dann einfach neben der Box platziert.
- Die Innenwände und auch die Außenseiten der Box sollten passend zum Thema gestaltet werden.

4. Schritt: Präsentation
- Nenne dein Thema und zeige dann deine Box von außen.
- Berichte nun deiner Klasse anhand deiner Gegenstände aus der Box, worum es bei deinem Thema geht.
- Vielleicht können die Boxen auch im Schulhaus ausgestellt werden.

ARBEITSAUFTRÄGE

a) Gestalte eine eigene „History in a box“ zu einem Aspekt des „American Dream“ wie z. B. Filmstars, Sport, Popkultur oder Rassendiskriminierung.
b) Stelle die Box in der Klasse vor.

① „The Oscars“ werden seit 1927 jedes Jahr von der „Academy of Motion Picture Arts and Science“ in Los Angeles verliehen.

② „Hollywood“ ist ein Stadtteil von Los Angeles und das Zentrum der US-amerikanischen Filmindustrie. Der Name steht für die US- amerikanische Filmbranche.

③ Das Dolby Theater ist ein Veranstaltungssaal in Hollywood, in welchem seit 2002 die Oscars (Academy Awards) verliehen werden.

④ Die Oscar-Statue ist 34 cm groß, 3,85 kg schwer und besteht seit 2016 wieder, wie ganz zu Anfang, aus Bronze, überzogen mit 24-karätigem Gold.

⑤ Die Moderatoren der Oscarverleihung waren in den Anfangsjahren der Academy Awards häufig die Präsidenten der Academy. Heute sind es namhafte Schauspieler, Comedians oder Entertainer.

⑥ Früher hieß es „And the winner is ...“, was einige Leute nicht gut fanden. Seit einigen Jahren sagt der Präsentator „And the Oscar goes to ...“

⑦ Die Oscar-Veranstaltung ist immer sehr glamourös, alle Filmschaffenden achten auf ein entsprechendes Auftreten in teurer Kleidung und mit viel Schmuck.

⑧ Das Publikum im Dolby Theater sind alle namhafte Schauspieler, Regisseure und sonstige Filmschaffende, die hier feiern und international auftreten.

M1 „And the Oscar goes to ...“: Beispiel einer „History in a box” und zugehörige Karteikarten

M1 Inzwischen gibt es an vielen europäischen Schulen einen Schüleraustausch in die USA. (Aktuelles Foto)

Transatlantische Beziehungen

Die USA beeinflussen das Leben in Europa

Die Beziehungen zwischen Europa und den USA sind bestimmt durch politische, militärische und vor allem wirtschaftliche Zusammenarbeit. Wichtig sind hierbei die Verbundenheit durch demokratische freiheitliche Selbstbestimmung und die Wirtschaftsfreiheit.

In vielen europäischen und somit auch deutschen Städten gibt es sog. „Amerikahäuser". Sie widmen sich der Förderung und Diskussion der Beziehungen des jeweiligen Landes mit den USA sowie deren Politik, Kultur und Gesellschaft. Andere Institutionen bieten Programme zu Schüleraustausch und Auslandsstudium, in denen junge Menschen das Leben in dem jeweiligen anderen Land kennenlernen können. Die Verbundenheit zwischen den USA und Europa zeigt sich aber vielfach auch in unserer Lebenswelt:

- Musik und Filme aus den USA sind in Europa sehr erfolgreich und beliebt.
- Etwa zu Halloween oder Weihnachten sind amerikanische Dekorationen und Traditionen auch in Europa zu erkennen.
- In vielen europäischen Sprachen ist die Nutzung von Fremdwörtern aus dem US-amerikanischen Englisch mittlerweile normal.
- US-amerikanische Coffeeshops und Burgerläden findet man in fast jeder größeren europäischen Stadt.

DAIS
DEUTSCH-AMERIKANISCHES INSTITUT SACHSEN

M2 Das Deutsch-Amerikanische Institut Sachsen (DAIS) ist ein gemeinnütziger Verein zur Förderung des deutsch-amerikanischen Dialogs in Sachsen und Mitteldeutschland. Es konzentriert sich vor allem auf Demokratieförderung, die Bekämpfung von Vorurteilen und die Förderung internationaler und transatlantischer Perspektiven.

M3 Das deutsch-amerikanische Volksfest in Berlin gibt es seit 1961 jedes Jahr. Es wird von der US-amerikanischen Botschaft unterstützt und ist eines der meistbesuchten Volksfeste der Stadt. Weitere deutsch-amerikanische Volksfeste gibt es etwa in Wiesbaden oder Grafenwöhr. (Foto, 2003)

Europäische Einflüsse in den USA

Aber nicht nur die USA beeinflussen das alltägliche Leben in Europa, genauso findet auch eine Beeinflussung der USA durch die europäische Kultur statt. Beispiele für den europäischen Einfluss auf die USA sind etwa:

- Nach wie vor versuchen viele Menschen, aus Europa in die USA auf der Suche nach dem „American Dream" auszuwandern.
- Aber auch Autos aus Europa sind in den USA sehr beliebt.
- Auch das US-amerikanische Englisch kennt viele Wörter, die aus europäischen Sprachen stammen („Kindergarten", „Kitsch", „Café" ...).
- Die soziale Absicherung der Menschen ist auch in den USA ein wichtiger und viel diskutierter Punkt.

M4 Ein typisch deutscher Export in die USA sind die Oktoberfeste. Sie werden an vielen Orten in den USA gefeiert, wie z. B. in der Stadt Helen in Georgia. Es gibt u. a. Bier, Wurst und „Brezen". (Foto, 2010)

Zusammenarbeit zwischen Europa und den USA

Die Europäische Union und die USA verbinden heute die weltweit umfangreichsten Wirtschafts- und Handelsbeziehungen. Handel und Investitionen führen zu Wirtschaftswachstum und einer Vielzahl an Arbeitsplätzen in der EU und den USA. US-Bürger und -Bürgerinnen investieren dreimal so viel in der Europäischen Union wie in ganz Asien. EU-Bürgerinnen und -Bürger investieren achtmal so viel in den USA wie in China und Indien zusammen.

Darüber hinaus verbindet viele europäische Staaten mit den USA eine enge Zusammenarbeit im Bereich Sicherheit und Verteidigung, wie z. B. die Mitgliedschaft in der NATO. Die USA wurden zudem 2021 ein gleichwertiger Partner der „Ständigen Strukturierten Zusammenarbeit" (PESCO) der EU, bei der es um gegenseitige Unterstützung geht – etwa im Projekt zur Abstimmung der Sanitätsdienste „European Medical Command" (EMC).

M5 Logo des EMC

ARBEITSAUFTRÄGE

1 Nenne die wichtigsten Grundlagen der Beziehungen zwischen den USA und Europa.

2 Recherchiere zur deutsch-amerikanischen Freundschaft und erstelle eine Collage dazu. HILFE

3 a) Recherchiere weitere PESCO-Projekte. Think-Pair-Share HILFE
b) Diskutiert die Vorteile gemeinsamer Projekte der USA und der EU wie z. B. das EMC. Debatte

M1 „9/11“: Anschlag auf das World Trade Center in New York am 11. September 2001. Über 2000 Menschen, die in den Gebäuden arbeiteten, und 147 Passagiere und Besatzungsmitglieder der Maschinen starben. Über 300 Feuerwehrleute kamen bei Rettungsmaßnahmen ums Leben. (Foto, 11.09.2001)

Der Kampf gegen den Terrorismus

Ziele terroristischer Gruppen

Mit Attentaten und Entführungen verbreiten terroristische Gruppen weltweit Angst und Schrecken. Sie nehmen es auch in Kauf, unbeteiligte Zivilpersonen sowie Frauen und Kinder zu töten. Manche Terroristen sind auch als Selbstmordattentäter bereit, ihr eigenes Leben zu opfern. Die Ziele dieser terroristischen Gruppen sind unterschiedlich: Einige versuchen, ihre religiöse oder politische Überzeugung durchzusetzen, andere wollen Unabhängigkeit für ihr Land erreichen oder die eigene Regierung stürzen.

11. September 2001

In den letzten 20 Jahren wurden immer wieder auch Anschläge gegen westliche Staaten unternommen, um Werte wie Freiheit und Demokratie anzugreifen. Die Anschläge des 11. September 2001 bildeten den bisherigen Höhepunkt einer Vielzahl solcher terroristischen Attentate.

Das „Welthandelszentrum“ mit seinen berühmten „Twin Towers“ (Zwillingstürmen) stürzte in sich zusammen, nachdem islamistische Terroristen zwei entführte Passagierflugzeuge in es hineinflogen. Eine weitere Maschine wurde kurze Zeit später in das „Pentagon“ (US-Verteidigungsministerium) gesteuert. Dieser Tag, an dem fast 3000 Menschen ihr Leben verloren, ist seitdem im Gedächtnis der Menschen fest verankert.

M2 Zerstörungen am Pentagon in Washington, D.C. (Foto, 11.09.2001)

Islamistischer Terror

Durch „9/11“ wurden Mittel und Ziele des islamistischen Terrors weltweit bekannt. Verantwortlich für die Anschläge war das Terrornetzwerk Al-Qaida. Dessen Gründer Osama bin Laden hatte im Afghanistankrieg die Mudschahedin unterstützt und baute Al-Qaida später in Afghanistan auf.

Die islamistischen Terroristen begründen ihre Anschläge immer wieder mit der Notwendigkeit, ihre Religion und Kultur gegen westliche Einflüsse und Unmoral verteidigen zu müssen. Zur internationalen Verbreitung ihrer Ideen bedienen sie sich auch moderner Medien. Allerdings ist der islamistische Terror keineswegs mit der Weltreligion des Islam gleichzusetzen. Die große Mehrheit der Muslime lehnt das Vorgehen der Terroristen ab. Zudem sind die weltweit meisten Opfer islamistischen Terrors sebst Muslime.

WES-104984-303
Filmclip zu den Anschlägen am 11. September 2001

M3 Feuerwehrleute in den Trümmern des World Trade Centers. Als „Ground Zero“ ist der Platz, auf dem das World Trade Center stand, heute nicht mehr bebaut. Stattdessen befindet sich auf den ehemaligen Grundrissen der „Twin Towers“ ein in den Boden eingelassenes Denkmal. (Foto, 13.09.2001)

Q1 Der Feuerwehrmann Hisham Tawfiq erinnert sich an den Anschlag:

Ich heiße Hsham Tawfiq und bin [d]er einzige muslimische Feuerwehrmann, der am 11. September [...] dabei war. [...] Es war das totale Chaos und überall Rauch und Staub. Vom Terroranschlag erfuhr ich erst später. Und noch viel später, dass arabische Islamisten dahintersteckten. Nein, keine Sekunde habe ich mich als Muslim schlecht gefühlt. [...] Meine Religion hat nichts mit dem Terror gemein. Sie predigt Frieden. Für uns Muslime sind Selbstmordattentäter schlimme Verbrecher.

Der „Kampf gegen den Terror“

Der UN-Sicherheitsrat erkannte die Anschläge in den USA als Bedrohung des Weltfriedens und der inneren Sicherheit an. Er sprach den USA somit das Recht zur Selbstverteidigung zu.

Der damalige US-Präsident nutzte dies im Oktober 2001 zum Eingreifen in Afghanistan, wo führende Mitglieder von Al-Qaida vermutet wurden. Zudem sollte dort die islamistische Regierung der „Taliban“ gestürzt werden. An dem NATO-Einsatz beteiligten sich noch weitere Staaten. Erst im Jahr 2021 endete der Einsatz mit dem Abzug aller NATO-Soldaten.

Tipp:
Näheres zum Afghanistankrieg erfährst du auf S. 180–183.

Im März 2003 unternahmen die USA mit dem Einmarsch in den Irak einen weiteren Schritt in ihrem Kampf gegen den Terror. Dem Irak, bzw. ihrem Präsidenten Saddam Hussein wurden u.a. die Planung terroristischer Aktionen und der Besitz von Massenvernichtungswaffen vorgeworfen. Im Dezember 2011 verließen die letzten US-Soldaten den Irak, der seither einen gewählten Präsidenten hat.

ARBEITSAUFTRÄGE

WAHL **1** I Ordne der Gruppe, die für den Anschlag verantwortlich ist, eines der terroristischen Ziele zu.
II Beschreibe mithilfe von Q1 die Vorurteile gegenüber Hisham Tawfiq.
III Nimm mithilfe von Q1 Stellung zu der Frage, inwieweit eine Religion für den Terrorismus verantwortlich gemacht werden kann. HILFE

2 Befrage Verwandte oder Bekannte als Zeitzeugen danach, wie sie den Anschlag damals erlebt haben.

M1 Antiamerikanisches Wandbild an der ehemaligen US-Botschaft in Teheran im Iran. Spätestens seit dem Krieg zwischen den Nachbarländern Iran und Irak, in dem die USA den Irak unterstützten, gelten der Iran und die USA als „Erzfeinde". So gibt es bis heute keine offiziellen diplomatischen Beziehungen zwischen den beiden Ländern. (Foto, 2015)

Die USA zwischen Kritik und Antiamerikanismus

Kritik am Auftreten der USA

Die USA haben als Weltmacht eine globale Vorreiterrolle inne. Sie können politische, militärische oder wirtschaftliche Entwicklungen anstoßen und beeinflussen. Wegen dieser Vormachtstellung in der Welt stehen die USA aber auch immer wieder in der Kritik. Die USA präsentieren sich als eine Weltmacht, deren Lebensweg als der einzig richtige angesehen wird. Das bringt Probleme, etwa wenn sie gegen ihre eigenen Werte verstoßen.

Verstoß gegen die eigenen Wertvorstellungen

International kritisiert wird der Umgang der USA mit Gefangenen im Zuge ihres Kampfes gegen den Terrorismus. Seit 2002 betreiben sie das Gefangenenlager „Guantanamo" auf Kuba. Hierher wurden des Terrorismus verdächtige Personen aus aller Welt verbracht, ohne Gerichtsurteil gefangengehalten und teils mit Foltermethoden verhört. Eine Schließung der Lagers wurde mehrfach angekündigt und soll nun bis spätestens 2025 erfolgen.

Im Jahr 2004 wurden zudem Aufnahmen aus dem Gefängnis Abu-Ghuraib im Irak öffentlich. Auf diesen ist zu sehen, wie mehrere US-Soldaten Inhaftierte demütigten, folterten und hierdurch vielfach umbrachten.

M2 Gefangene und Wachpersonal in Guantanamo, Kuba (Foto, 2004)

Kritik an den USA als „Weltpolizei"

Eine weitere Kritik kommt von Staaten, die die militärische Macht der USA ablehnen. So ist etwa in Serbien (früher Jugoslawien) der Nationalismus stark ausgeprägt. Ein Eingreifen der USA gilt als unrechtmäßig. Da die USA die größte Macht in der NATO sind, wird auch sie von Serbien abgelehnt.

Verstärkt wurde diese ablehnende Haltung durch die Beteiligung der NATO am Kosovokrieg 1998/1999: Als sich die Region Kosovo von Jugoslawien abspalten wollte, befürchtete die NATO, dass es zu ähnlichen Kriegsverbrechen kommen könnte wie in den Jugoslawienkriegen einige Jahre zuvor. Deshalb flog sie Luftangriffe auf jugoslawische (heute serbische) Städte und entschied somit den Krieg zugunsten des Kosovo. Dieser ist inzwischen ein eigenständiger Staat, wird jedoch nicht von allen Mitgliedern der UNO als solcher anerkannt – unterem anderem von Serbien.

M3 Antiamerikanisches Graffiti in Belgrad, Serbien. „Yankee" ist ein Schimpfwort unklarer Herkunft, das sich heutzutage vor allem auf US-Amerikaner bezieht. (Foto, 2017)

Antiamerikanismus in westlichen Demokratien

Doch auch in anderen westlichen Demokratien gibt es Menschen, die die US-amerikanische Politik und Weltanschauung ablehnen. Sie sehen die Kriege der USA als Imperialismus an. Manche machen hierfür nicht nur eine falsche Politik, sondern auch die US-amerikanische Kultur und Gesellschaft verantwortlich. Dies bezeichnet man als Antiamerikanismus.

Imperialismus: Streben eines Landes nach politischer, militärischer, kultureller und wirtschaftlicher Vormacht

Kritik an der Verzögerung des Klimaschutzes

Bereits im Jahr 1997 verständigten sich viele Staaten weltweit darauf, den von den Vereinten Nationen geforderten Klimaschutz umzusetzen. Ziel des hier beschlossenen Kyoto-Protokolls war es, in Zukunft weniger Schadstoffgase zu produzieren, die den Treibhauseffekt und damit die globale Erderwärmung fördern. Doch die USA unterschrieben das Protokoll nicht.

Q1 Der Umweltaktivist Robert Kennedy sagte in einem Interview:

Es ist ein wirklich trauriger Tag für unser Land und für die ganze Welt, denn die USA sind der größte Umweltverschmutzer. Also tragen wir auch die größte Verantwortung […]. Leider haben wir einen Präsidenten, der […] von der Ölindustrie und dem Bergbau kontrolliert wird. Und das sind die schlimmsten Umweltverschmutzer Amerikas – eine Industrie, die rund 100 Millionen Dollar für die Wahlkämpfe […] gespendet hat.

Gerade bei vielen Jugendlichen traf die Haltung der USA, das Kyoto-Protokoll nicht zu unterzeichnen, auf Unverständnis und Widerstand. So lehnen einige Jugendliche deshalb auch Produkte aus den USA ab, boykottieren Fastfoodketten und auch die amerikanischen Musik- und Modetrends.

M4 Hunderte Klimaaktivisten versammelten sich in München, um für mehr Klimaschutz zu demonstrieren. (Foto, 10.09.2021)

M5 „Sich Freiheiten herausnehmen“: Demonstrantin in London (Foto, 2006)

ARBEITSAUFTRÄGE

1. Nenne die Gründe der Serben für die Ablehnung der USA.
2. Bezeichne Motive mancher Jugendlicher, die USA abzulehnen. Graffiti
3. Sammelt Schlagzeilen über antiamerikanische Haltungen und diskutiert sie in der Klasse. Bienenkorb HILFE

Eine Online-Präsentation erstellen

Bei der Vorstellung von Arbeitsergebnissen in der Klasse ist es für die Zuhörer hilfreich, wenn der mündliche Vortrag in einer Präsentation mithilfe von Bildern, Statistiken oder Stichpunkten ergänzt wird.

Das Internet bietet viele Möglichkeiten, Arbeitsergebnisse und Ideen bildhaft zu machen. Diese Präsentationen können dann eingesetzt werden, um den Vortrag zu unterstützen, sind aber auch als Hilfe bei der Vorbereitung für eine Klassenarbeit ein geeignetes Mittel.

Internetseiten, Prezi oder PowerPoint

Eine Präsentation kann als Internetseite gestaltet werden, etwa als sogenanntes „Wiki", eine Art Online-Lexikon zu einem bestimmten Thema. Dieses Thema wird in verschiedene Unterthemen aufgeteilt, die alle eine eigene Seite erhalten. Per Mausklick sind diese verbunden. Eine weitere Möglichkeit bietet das freie Internetprogramm Prezi. Hier können verschiedene Folien mit Zoomtechnik verbunden werden, sodass die Präsentationen einer Mindmap ähneln. Es gibt aber auch die Möglichkeit, mit PowerPoint, einem Officeprogramm, anschauliche Präsentationen zu erstellen.

Tipp:
Hier findest du die nötigen Programme oder kannst gleich online loslegen:
www.mediawiki.org
www.prezi.de

So geht ihr vor:

1. Schritt: Auswahl des Themas und der Präsentationsmethode
- Formuliere das Thema der Präsentation.
- Wähle eine Präsentationsform. Diese ist davon abhängig, ob du mit der Präsentation einen mündlichen Vortrag unterstützen möchtest oder ob die Präsentation für sich stehen soll und als Lernhilfe genutzt wird.

2. Schritt: Informationen auswählen
- Trage die Informationen zu deinem Thema zusammen. Informationen findest du in Lexika, Zeitungen, Zeitschriften, Büchern oder im Internet. Auch durch das Befragen von Fachleuten kannst du wichtige Informationen erhalten.
- Werte die Informationen aus und wähle Schwerpunkte, auf die du dich in deiner Präsentation konzentrieren möchtest. Halte die Ergebnisse schriftlich fest und notiere die Quelle.

3. Schritt: Präsentation erstellen
- Erstelle mithilfe einer der genannten Möglichkeiten eine Präsentation. Auch hierbei ist es wichtig, wie die Präsentation genutzt wird. In jedem Fall sollten Texte oder Stichpunkte nur das Wesentliche enthalten.
- Verwende in der Präsentation nach Möglichkeit unterschiedliche Darstellungsformen. Diagramme, Bilder oder Filme machen die Präsentation für den Betrachter anschaulicher.

4. Schritt: Präsentation zeigen
- Wenn du die Präsentation über einen Beamer zeigst, ist es wichtig, vor der Präsentation zu überprüfen, ob diese für alle gut sichtbar ist.

M1 Joe Cocker auf dem Woodstock-Festival in Bethel, New York (Foto, 1969)

M2 Schlammrennen gegen den Regen (Foto, 1969)

„Make Love not War“ – die Hippiebewegung in den USA

Vom einstigen „American Way of Life“ waren viele Amerikaner abgekommen. Hauptsächlich die Jugendlichen aus der weißen Mittelschicht wollten einen alternativen Lebensweg suchen. Zum Alltag ihrer Gegenkultur gehörten u. a.:

- bewusstseinserweiternde illegale Drogen wie LSD und Heroin,
- intensive Rock- und Pop-Musik,
- Meditationsformen aus dem Fernen Osten und
- freie, zwanglose Liebe.

Den Höhepunkt der US-Hippiebewegung stellte das „Woodstock Music and Art Festival“ im August 1969 dar. Trotz Regen, Staus, schlechter Bühnentechnik und unzureichender Versorgung haben Hunderttausende friedlich zusammen gefeiert und konnten Jimi Hendrix, Janis Joplin, Joe Cocker, The Who und viele andere Künstler live erleben. Musikalisch wurde die Hippie-Bewegung in den 1970er-Jahren von anderen Musikrichtungen abgelöst. Sie beeinflusste aber auch weiterhin viele alternative Bewegungen.

WES-104984-304
Filmclip zur Hippiebewegung

M3 Luftaufnahme des Woodstock-Festival-Geländes. Es waren über 400 000 Menschen dort. (Foto, 1969)

ARBEITSAUFTRÄGE

a) Erstelle eine Online-Präsentation zu den „Hippies“. HILFE
b) Stelle deine Präsentation in der Klasse vor.

Die „Native Americans“

M1 Denkmal für Pocahontas (1595–1617). Die Tochter eines Häuptlings rettete angeblich einem britischen Siedler das Leben. Sie wurde später nach England entführt und zwangsgetauft. Sie heiratete einen englischen Siedler und kehrte nach Amerika zurück, starb schließlich aber in London mit 22 Jahren. (Aktuelles Foto)

Die Native Americans werden Opfer der Besiedlung

In der Unabhängigkeitserklärung der USA waren Gleichheit und Freiheit aller Menschen festgeschrieben worden. Doch auf die Native Americans, die Ureinwohner und Ureinwohnerinnen Amerikas, wurde dieses Recht nicht angewendet:

- Religiöse Heiligtümer waren durch die Siedler zerstört und geschändet worden.
- Den Native Americans war die christliche Religion aufgezwungen worden.
- Die Bevölkerungszahl der Indianerstämme dezimierte sich durch Kriege und Krankheiten um bis zu 90%.
- Die Jagdreviere der Native Americans wurden von Siedlern und Farmern besetzt. Ihre Beutetiere, insbesondere die Bisons, wurden massenhaft getötet und sie selbst von dem Land vertrieben.
- In sogenannten Wildwest-Shows wurden viele Native Americans wie Ausstellungsobjekte gezeigt und von Besuchern häufig erniedrigt.

Den verbliebenen Native Americans wurden besondere Gebiete, sog. Reservate, zugewiesen. Nur dort durften sie ihre traditionelle Kultur leben. Allerdings gab es in diesen Gebieten kaum Lebensperspektiven. Ob das Land fruchtbar war oder zu dem bisherigen Leben der Indianerstämme passte, wurde nicht berücksichtigt.

Erst 1924 erhielten die Native Americans die Bürgerrechte, duften wählen und wurden rechtlich gleichgestellt. Und erst in der heutigen Zeit begann von staatlicher Seite eine Aufarbeitung des damaligen Unrechts. Nach vielen Protesten erfolgte 2009 zumindest eine finanzielle Entschädigung für die an den Native Americans begangenen Verbrechen.

M2 Beispiel „History in a box“

M3 Ärmliche Behausung in einem Reservat in Flagstaff, Arizona (Foto, 2008)

ARBEITSAUFTRÄGE

1 Erstellt in der Klasse zu verschiedenen Aspekten der Native Americans je eine „History in a box“. HILFE

2 Präsentiert sie in der Klasse. Galeriegang

1914–1918:
Erster Weltkrieg

1920er-Jahre:
Wirtschaftsaufschwung

1939–1945:
Zweiter Weltkrieg

1945–1990:
Kalter Krieg

1948–1952:
Marshallplan

1960er-Jahre:
Bürgerrechtsbewegung

11.09.2001:
Terroranschlag in New York

2001–2021:
Besetzung Afghanistans

2003–2011:
Besetzung des Irak

1910 1920 1930 1940 1950 1960 1970 1980 1990 2000 2010 2020

USA und Europa

Der berühmt gewordene „American Dream“ ist für viele Menschen auch heute noch ein erstrebenswertes Ziel. Daher wandern nach wie vor viele Menschen in die USA ein, um dort ein besseres Leben, Demokratie, Freiheit und Selbstbestimmung zu erfahren. Diese Werte prägen das US-amerikanische Selbstverständnis.

Nach dem Ersten Weltkrieg kam es in den USA zu einem massiven Wirtschaftswachstum. Als Siegermacht beeinflussten die USA auch nach dem Zweiten Weltkrieg maßgeblich die Entwicklung in Westeuropa. Viele westeuropäische Staaten profitierten hierbei vom Marshallplan und von der Mitgliedschaft in der NATO. Darüber hinaus teilten sie aber auch immer mehr die US-amerikanische Weltanschauung und fühlen sich heute mit den USA in einer Wertegemeinschaft verbunden. Vor allem junge Menschen übernahmen zudem den „American Way of Life“.

Innenpolitisch haben die Bürgerrechts- und die Friedensbewegung die USA weiter entwickelt. Rassendiskriminierung wurde per Gesetz verboten, ist aber auch heute immer noch ein Problem in den USA.

Militärisch entwickelten sich die USA zu einer Supermacht. Dies wird in einigen Teilen der Welt auch kritisch gesehen, bis hin zu offenem Antiamerikanimus. Die Terroranschläge im September 2001 veranlassten die USA, Kriege in Afghanistan und im Irak zu führen.

WICHTIGE BEGRIFFE:

der „American Dream“
der „American Way of Life“
der Antiamerikanismus
die Bürgerrechtsbewegung
die Friedensbewegung
der Kampf gegen den Terror
der Marshallplan
die NATO
die USA im Ersten Weltkrieg
die USA im Zweiten Weltkrieg
die Wertegemeinschaft

M1 Die Freiheitsstatue auf Liberty Island, New York (Aktuelles Foto)

1 Das „Land der unbegrenzten Möglichkeiten"

Du kannst ...

a) die positiven und negativen Seiten des „American Dream" nennen. ✓

b) die Freiheitsstatue als Symbol für den „American Dream" beschreiben. ✓✓

c) den „American Dream" mithilfe von Q1 erläutern. ✓✓✓

Q1 Vom Frisör zum Millionär – das Leben des Friedrich Trump:

Friedrich Trump war unzufrieden. Zwar hatte der aus Kallstadt stammende junge Mann schon eine Frisörausbildung absolviert und war mit gerade einmal 16 Jahren in die USA migriert. Doch nun, mit Anfang 20, reichte ihm das nicht mehr. Er wollte reich werden. Er lieh sich Geld, um ein kleines Restaurant in einem Schmuddelbezirk von Seattle zu übernehmen. Bis dahin hatte er bei seiner Schwester in New York gewohnt. Ein sehr deutsches Leben: Er sprach deutsch, kleidete sich wie in der Heimat, aß deutsches Essen. In Seattle war damit Schluss, er wurde Amerikaner. Wirklich reich wurde er aber erst mit Immobiliendeals in [New Yorks Stadtteil] Queens. Geerbt hat dieses Imperium Donald Trump, sein Enkelsohn.

2 Die USA im Zweiten Weltkrieg

Du kannst ...

a) den Eintritt der USA in den Zweiten Weltkrieg beschreiben. ✓

b) die Sprechblasen in M2 mit sinnvollen Aussagen ergänzen. ✓✓

c) die Invasion in der Normandie als kriegsbeendende Maßnahme erklären. ✓✓✓

M2 US-Soldaten zur Zeit des D-Day in der Normandie (Foto, 1944)

3 Der „American Way of Life“

Du kannst ...
a) in M3 die richtigen Schlagworte den Bildern zuordnen. ✓
b) beschreiben, was die Schlagworte mit dem „American Way of Life“ zu tun haben. ✓✓
c) den US-amerikanischen Einfluss auf die westliche Jugend erklären. ✓✓✓

①

A Filmidole
B Pop Art
C Wohlstandsgesellschaft
D Fast Food
E Haushaltsgeräte
F Umweltverschmutzung
G Verwahrlosung
H Freizeitindustrie

②
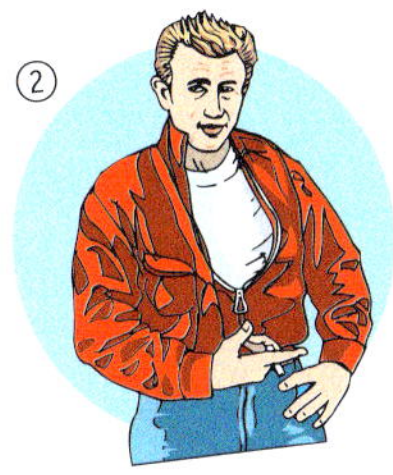

③

④

⑤

⑥

⑦

⑧

M3 Collage zum „American Way of Life“

4 Kritik an den USA

Du kannst ...
a) die Kritik Serbiens an den USA benennen. ✓
b) die Ablehnung der USA bezüglich des Klimaschutzes beschreiben. ✓✓
c) mit M4 die Folgen der Terroranschläge vom 11. September 2001 erläutern. ✓✓✓

M4 Memorial am Ground Zero in New York (Aktuelles Foto)

WES-104984-305
Lösungen zum Kompetenzcheck

Fallbeispiel: Historische Wurzeln eines aktuellen Konflikts

Das Zusammenleben der Menschen wird von Konflikten geprägt. Sie entstehen aufgrund verschiedener Ursachen und können im schlimmsten Fall in Gewalt und Krieg münden.
Als einer der am längsten andauernden und bis heute ungelösten Konflikte gilt der Nahostkonflikt. Trotz internationaler Bemühungen gelang es bisher nicht, einen dauerhaften, stabilen Frieden im Nahen Osten zu schaffen.
Auch in anderen Regionen gibt es seit langer Zeit Konflikte und Kriege, die noch nicht gelöst sind.

Ein palästinensischer Junge auf Trümmern in Gaza-Stadt (Foto, 2014)

Konflikte in Vergangenheit und Gegenwart

Konflikte als Bestandteil menschlichen Handelns

Überall, wo Menschen zusammenleben, gibt es Konflikte. Darunter ist der Zusammenstoß widerstreitender Interessen, Auffassungen und Werte zwischen einzelnen Personen, Gruppen oder Staaten zu verstehen. Außenstehende nehmen diese Konflikte meist erst dann wahr, wenn sie sich verschärfen. Da die eigentlichen Ursachen nicht immer sofort erkennbar sind, ist es notwendig, ihre Vorgeschichten genau zu betrachten.

Unterentwicklung, Armut und Ausweglosigkeit sind einerseits Ursachen, andererseits aber auch Folgen von Konflikten. Ebenso können diese sich aufgrund religiöser oder kultureller Feindbilder entwickeln. Aber auch das Streben nach Macht, Geld, Rohstoffen oder Land mündet häufig in Auseinandersetzungen. Konfliktsituationen können sowohl friedlich als auch mit Gewalt ausgetragen werden.

Kriege und Konflikte in der Gegenwart

Auch nach dem Ende des Zweiten Weltkrieges ist eine erhebliche Zahl von Kriegen und bewaffneten Konflikten zu verzeichnen. Dabei nimmt jedoch die Anzahl der „klassischen“ Kriege zwischen einzelnen Staaten ab und die Zahl innerstaatlicher Konflikte zu.

Verschiedene Bevölkerungsgruppen mit eigenen Werten und Kulturen stehen sich bei innerstaatlichen Konflikten gegenüber. In Abgrenzung zu Kriegen zwischen Staaten werden sie Bürgerkriege genannt. Menschenrechtsverletzungen, Unterdrückung und Gewalt kennzeichnen diese Auseinandersetzungen aber ebenso wie die klassischen Kriege.

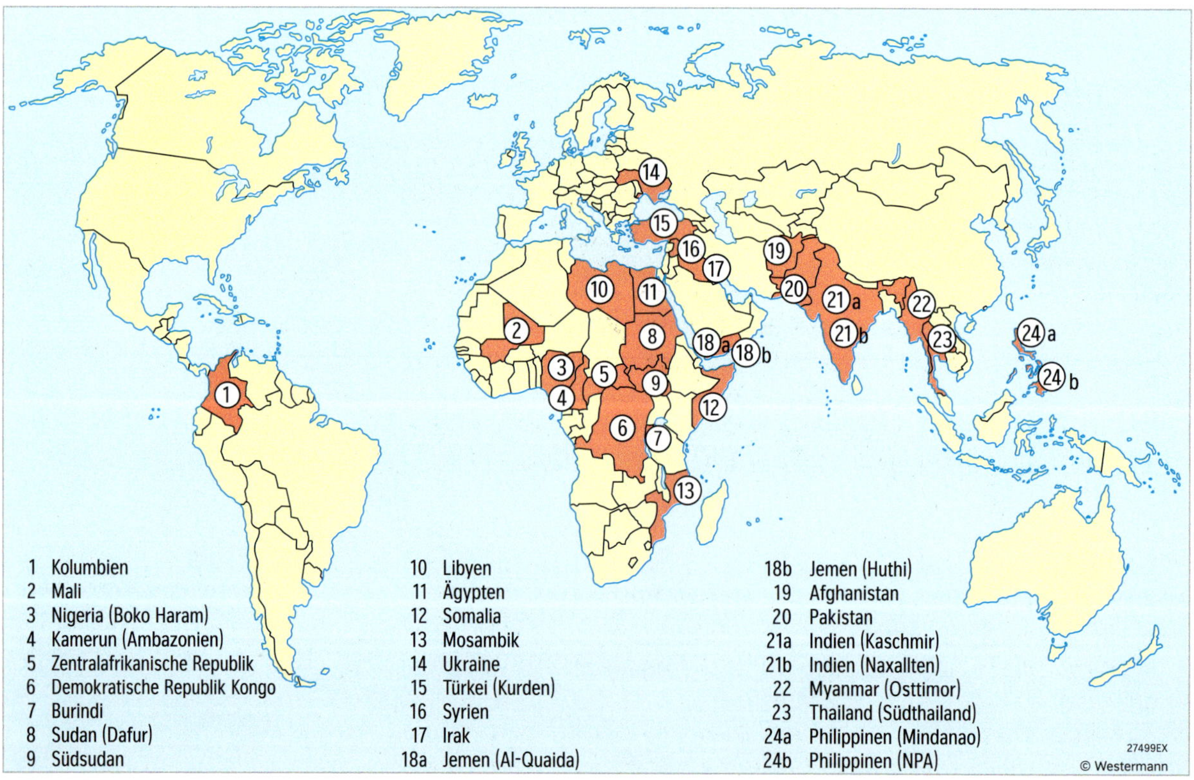

M1 Länder, in denen 2020 Kriege herrschten

M2 Folgen von Konflikten: ① Hungernde Kinder in Somalia (Foto, 2017); ② Geteilter Staat: Trennung des griechischen und türkischen Teils von Nikosia, Zypern (Foto, 2003); ③ Fliehende Menschen aus der zerstörten Stadt Vukovar, Kroatien (Foto, 1995); ④ Flüchtlingslager in Pakistan (Foto, 2010); ⑤ Verletzte durch einen Luftangriff in Syrien (Foto, 2014)

Lösung von Konflikten

Konflikte beinflussen Staaten negativ und können ganze Regionen instabil machen. Die Folgen sind für die Bevölkerung meist fatal: Armut, Hunger, Flucht und Vertreibung aus der Heimat. Aus diesem Grund ist es wichtig, dass Konflikte gelöst werden. Dies kann friedlich geschehen, indem zum Beispiel Kompromisse ausgehandelt werden. Oft geschieht dies durch die Einbindung internationaler Organsisationen wie der Vereinten Nationen, durch die Vermittlung anderer Staaten oder internationale Gerichte.

Viele Konfrontationen werden allerdings militärisch ausgetragen, was nur selten zu einer dauerhaften Beilegung des Konfliktes führt. Nur wenn die jeweiligen Ursachen behoben werden, kann es gelingen, Konflikte dauerhaft zu lösen und so den Frieden für eine lange Zeit zu sichern.

ARBEITSAUFTRÄGE

1 Nenne Ursachen von Konflikten.

2 a) Fasse den Begriff „Konflikt" in eigenen Worten zusammen.
b) Wähle einen Krieg aus der Karte M1 aus, recherchiere Ursachen, Anlass und die beteiligten Parteien und stelle ihn als Steckbrief in der Klasse vor. HILFE

3 Untersucht die Medienberichterstattung auf aktuelle Konflikte und erstellt Wandzeitungen zu euren Ergebnissen. Stellt diese in der Klasse aus. Galeriegang

M1 Die Lage von Israel/Palästina

WES-104984-401
Filmclip über den Felsendom

Historische Wurzeln

Wieso Israel?

Im Judentum, Islam und Christentum hat die Region Palästina zwischen dem Fluss Jordan und dem Mittelmeer eine besondere Bedeutung. Vor allem gilt die Stadt Jerusalem als heiliger Ort, daher ist sie für alle drei Religionen wichtig. Das friedliche Zusammenleben der Kulturen und Religionen war in Jerusalem stets bedroht. Die Christen sind mittlerweile nicht mehr direkt in den Konflikt um die Stadt verwickelt. Jüdische und arabische Bewohner Palästinas liefern sich aber bis heute massive Auseinandersetzungen um eine Vormachtstellung in Jerusalem und den umgebenden Regionen.

M2 In der Altstadt von Jerusalem liegen die heiligen Stätten der drei großen Weltreligionen nahe beieinander: ① Grabeskriche (Christen), ② Felsendom (Muslime) und ③ Klagemauer (Juden) (Foto, o. J.)

Vorgeschichte

In Folge zahlreicher Kämpfe und Kriege in der Region wurden die jüdischen Bewohner Palästinas seit der Antike nach und nach vertrieben. Sie siedelten sich im Mittelmeerraum und in Europa an, wo sie fortan lebten. Spätestens seit dem Mittelalter wurde Palästina dann mehrheitlich von arabischen Menschen bewohnt. Sie nennt man auch heute noch Palästinenser. Die heute wieder in Israel lebenden Juden bezeichnet man als Israelis – dies ist jedoch nicht ganz korrekt, da über 20 % der israelischen Bevölkerung muslimischen Glaubens sind.

Aktuelle Konflikte

Den Kern des Nahostkonflikts bilden die Ansprüche der jüdischen und palästinensischen Bevölkerung auf das Land. Palästinenser streben ebenfalls wie die Israelis einen eigenen Staat an. Zwischen den Konfliktparteien sind vor allem diese Punkte umstritten:

- der künftige Grenzverlauf zwischen Israel und Palästina,
- die Kontrolle über die Wasserressourcen,
- die jüdischen Siedlungen in den besetzten Gebieten,
- der alleinige Anspruch auf Jerusalem sowie
- das Rückkehrrecht der palästinensischen Flüchtlinge, die überwiegend in den Nachbarstaaten Zuflucht fanden.

Israel hat in den zurückliegenden Jahrzehnten versucht, die Situation in Bezug auf alle Punkte zu seinen Gunsten zu verändern. Durch den Bau israelischer Siedlungen zeigte Israel den Anspruch auf das Land.

Unter britischer Verwaltung

Zu Beginn des 20. Jahrhunderts kamen wegen verstärkter Ausgrenzung in ihren europäischen Heimatländern vermehrt jüdische Einwanderer zurück nach Palästina. Die Spannungen zwischen der jüdischen und der arabischen Bevölkerung wuchsen. Seit dem Ende des Ersten Weltkriegs verwaltete Großbritannien Palästina im Auftrag der Vereinten Nationen. Es genehmigte weitere Einwanderungen jüdischer Siedler. Wegen Vertreibungen in den 1930er-Jahren und insbesondere wegen des Holocausts versuchten weiterhin viele Juden, nach Palästina zu fliehen.

WES-104984-402
Filmclip über die Flucht der deutschen Juden

Der Teilungsplan der Vereinten Nationen

Nach dem Zweiten Weltkrieg spitzte sich der Konflikt zwischen Juden und Arabern erneut zu. 1947 teilten die Vereinten Nationen Palästina in einen jüdischen und einen arabischen Staat. Jerusalem sollte durch die Vereinten Nationen verwaltet werden. Die Araber lehnten diese Zweistaatenlösung jedoch als ungerecht ab, weil über die Hälfte der Fläche den Juden zugesprochen werden sollte. Der tatsächliche Bodenbesitz der Juden war zu dieser Zeit jedoch viel geringer.

Die Gründung des Staates Israel

Am 14. Mai 1948 erfolgte die Gründung des Staates Israel als parlamentarische Demokratie. Der junge Staat wurde jedoch sogleich von seinen Nachbarn angegriffen. In den monatelangen Kämpfen des sogenannten „Unabhängigkeitskrieges“ setzte sich Israel schließlich durch. Israel hatte bedeutende Gebiete, die nach dem Teilungsplan der UNO eigentlich einem arabischen Staat gehören sollten, erobert.

M3 Verkündung der Staatsgründung durch Ministerpräsident David Ben Gurion (Foto, 14.05.1948)

ARBEITSAUFTRÄGE

1. Recherchiere die Bedeutung der Stadt Jerusalem für die drei großen Weltreligionen. HILFE
2. (AUSWAHL) I Benenne die Gründe für die Gründung des Staates Israels in fünf Sätzen.
   II Fasse die Gründe zur Gründung Israels zusammen.
   III Erläutere Stationen auf dem Weg zur Gründung des Staates Israel.

Eine Mindmap zum Nahostkonflikt

M1 Der Begründer der Zionismus Theodor Herzl in Palästina (Foto, 1898)

Eine Mindmap ist eine Art „Gedankenlandkarte“, die vielerlei Zwecken dienen kann.

- Mit ihrer Hilfe können Ideen, Gedanken und Informationen festgehalten und geordnet werden.
- Sie hilft dabei, die Inhalte eines Textes besser zu behalten.
- Sie kann bei einem Vortrag eine Unterstützung sein.
- Sie kann dabei helfen, selbst einen Text zu formulieren.
- Auch lässt sie sich als Vorbereitung auf eine Klassenarbeit gut nutzen.

Je nach Thema und Verwendungszweck können Mindmaps hierbei ganz unterschiedlich aussehen.

Schritte zur Erstellung einer Mindmap

Thema/Hauptknoten

1. Schritt: Beschaffen von Informationen
- Lies zu deinem Thema Bücher, Artikel und Texte aus dem Internet. Schaue dir auch passende Fernsehbeiträge an.
- Notiere dir Stichpunkte.
- Markiere die wichtigsten Informationen.

Unterthema/Unterknoten

Zweig/Ast/Kante

2. Schritt: Ordnen der Informationen
- Ordne die Stichpunkte zu sinnvollen Gruppen.
- Finde jeweils eine passende Überschrift zu den Gruppen.

3. Schritt: Erstellen der Mindmap, klassisch
- Schreibe das Thema in die Mitte eines DIN-A3-Blattes im Querformat. Kreise es farbig ein.
- Vom Thema ausgehend zeichnest du einzelne farbige „Äste“, die in einem „Unterthema“ enden. Dieses hebst du mit einer anderen Farbe hervor.
- Vom jeweiligen Unterthema ausgehend zeichnest du nun mehrere weitere „Zweige“ oder „Äste“. Diese enden wiederum in neuen Unterthemen. Hier hinein schreibst du erneut die jeweils passenden Informationen.
- Sinnvoll kann es sein, zu den einzelnen Zweigen kleine Bildchen oder Icons zu zeichnen oder einzufügen.

3. Schritt: Erstellen der Mindmap, online
- Führe eine Onlinesuche nach geeigneten Programmen durch, etwa: „Mindmap online erstellen“.
- Mache dich mit der Bedienung der Onlineanwendung vertraut. Wichtige Begriffe sind:
  - Knoten: Hier hinein schreibst du die Texte. Sie untergliedern sich nochmals in den Hauptknoten (das „Thema“) und mehrere Teil- oder Unterknoten.
  - Zweige/Äste/Kanten: Dies sind die Verbindungslinien zwischen den Knoten.
- Verfahrere nun wie in der „klassischen“ Mindmap. Denke daran, die Unterthemen und zugehörigen Äste/Kanten mit jeweils eigenen Farben zu gliedern.

Zionismus

Als Zionismus bezeichnet man eine Bewegung, die vor etwa 150 Jahren einen jüdischen Staat im heutigen Palästina forderte. Kopf dieser Gruppe und der gesamten Bewegung war der Wiener Journalist Theodor Herzl (1860–1904).

Die Verbindung des jüdischen Volkes mit dem „Gelobten Land“ beginnt nach jüdischer Auffassung in der Bibel: mit der göttlichen Verheißung des Landes an Abraham und seine Nachkommen. Historisch kann die Beziehung des Volkes zum Land in das 6. Jahrhundert vor Christus zurückdatiert werden, in die Zeit des babylonischen Exils. In dieser Zeit wurden die jüdischen Stämme von den Babyloniern aus dem Land vertrieben. Im Exil bildete sich dann die Sehnsucht nach einer Rückkehr heraus.

Zwar nannten die Hebräer, Israeliten, Judäer und Juden ihr Land stets Israel. Dieser Name besitzt aber eine Fülle von Synonymen. Eines davon ist Zion, nach dem Berg Zion in Jerusalem.

In der Diaspora – also ihrem Leben in der „Verstreuung“, vor allem in Europa – formulierten die Juden ihren Wunsch, ins Land Israel zurückzukehren. Für die meisten war Zion ein Wunschtraum, gepaart mit der Sehnsucht nach dem Messias.

Die politische Bewegung

Mit der Ausbreitung des Antisemitismus, des Rationalismus und des nationalen Bewusstseins im 19. Jahrhundert in Europa entstanden mehrere Gruppierungen, die in einer Rückkehr nach Israel und der Gründung eines eigenen Staates eine Lösung für die Probleme der Juden sahen.

Somit ist die Zionismus-Bewegung ein Sammelbegriff für viele unterschiedliche Denkweisen, Interpretationen und Ideale. Gemeinsam war ihnen die Auffassung, ein Staat Israel sei nicht nur die Beendigung der Flucht vor Antisemitismus, sondern vor allem auch eine Selbstverwirklichung. Die Gründung einer nationalen Einheit musste mit einer Entdeckung und Erneuerung der Juden selbst einhergehen.

Stichwortartige Musterlösung zu einer Mindmap „Zionismus“

1. **Schritt: Beschaffen**
   Begriffe zum Thema Zionismus
   - Jüdische Bewegung
   - Theodor Herzl
   - eigener jüdischer Staat
   - „Gelobtes Land“ aus der Bibel
   - Verheißung an Abraham
   - 6. Jhd. v. Chr.: babylonisches Exil
   - Diaspora = Zerstreuung
   - ...
2. **Schritt: Ordnen**
   Definition:
   - Jüdische Bewegung
   - Theodor Herzl
   - eigener jüdischer Staat
   - ...

   Begründung: ...
   Diaspora: ...
   Politische Bewegung: ...
3. **Schritt: Erstellen**
   - klassisch
   - online

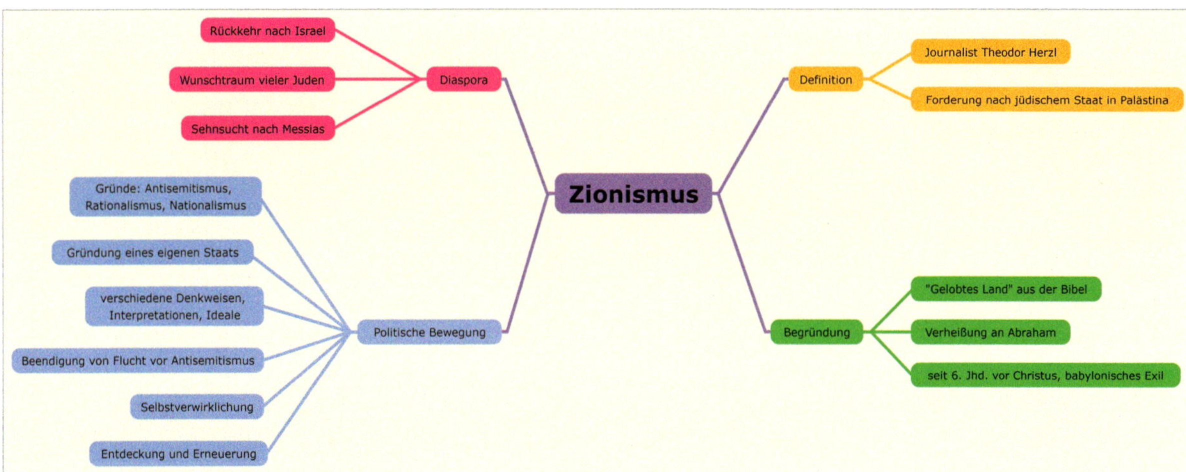

M2 Beispiel-Mindmap zum Thema „Zionismus“

ARBEITSAUFTRÄGE

1 Beschreibe mithilfe der Mindmap das Thema Zionismus.

2 Erstelle mithilfe der Musterlösung eine Mindmap zum Nahostkonflikt.

Jahrzehnte des Konflikts

Radikalisierung und Terror

Nach dem israelischen Unabhängigkeitskrieg flohen zahlreiche Palästinenser oder wurden vertrieben. Sie wichen nach Jordanien oder nach Ägypten aus. Viele von ihnen schlossen sich 1964 zur „Palästinensischen Befreiungsorganisation" (PLO) zusammen. Die stärkste Kraft in der PLO wurde die Fatah – eine Organistation, die bereits 1959 unter Führung Jassir Arafats gegründet worden war. Die PLO griff in den folgenden Jahrzehnten Israel immer wieder an. Um ihre Ziele zu erreichen, schreckte sie auch nicht vor Terroranschlägen zurück.

Kriege mit den Nachbarstaaten

Im Juni 1967 spitzte sich der Nahostkonflikt schließlich so zu, dass sich Israel zu einem Angriff entschloss. Im folgenden Sechstagekrieg mussten die arabischen Armeen eine schwere Niederlage hinnehmen. Israel besetzte die syrischen Golanhöhen und die ägyptische Halbinsel Sinai – sowie das Westjordanland, den Gazastreifen und Ost-Jerusalem. Diese drei Gebiete standen laut UN-Teilungsplan jedoch eigentlich den Palästinensern zu. Deshalb reagierte die UNO auf die Eroberungen, indem sie Israels Rückzug aus den Gebieten verlangte.

Jom Kippur: An diesem höchsten jüdischen Feiertag begann der Krieg.

Doch Israel weigerte sich. Dies löste 1973 den Jom-Kippur-Krieg aus. Ägyptische und syrische Truppen versuchten, die von Israel im Sechstagekrieg eroberten Gebiete zurückzugewinnen. Der Versuch scheiterte und der Krieg endete mit einer von UN-Friedenstruppen überwachten Waffenruhe. Nach dem Friedensschluss zwischen Ägypten und Israel 1979 fiel Sinai wieder an Ägypten, die Golanhöhen sind jedoch weiterhin umstritten.

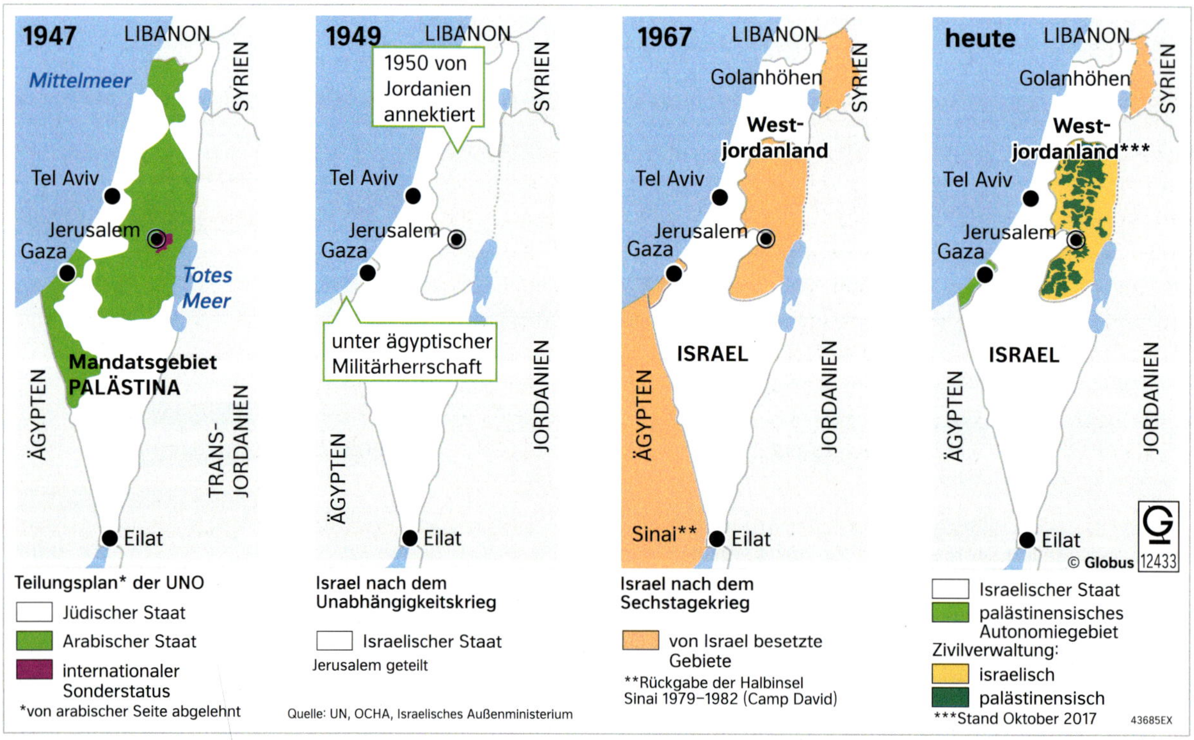

M1 Entwicklung israelischer und palästinensischer Gebiete

M2 Steine gegen Panzer: palästinensische Jugendliche während der 2. Intifada im Westjordanland (Foto, 2000)

Die Intifada – der Volksaufstand der Palästinenser

In den Jahren 1987–1993 und 2000–2005 kam es zu Aufständen der Palästinenser, die als Intifada bezeichnet werden. Ihr Ziel war es u. a., die Kontrolle über das Westjordanland, Ost-Jerusalem und Gaza zurückzugewinnen. Dabei entluden sich die aufgestaute Wut und Verzweiflung zunehmend in Gewalt. Israel reagierte während der Intifadas mit dem Bau mehrerer Sperranlagen um die umstrittenen Gebiete. Hierdurch sollte israelisches Territorium geschützt werden, da viele Israelis durch Selbstmordattentate und Bombenanschläge ums Leben kamen.

Intifada: kommt aus dem Arabischen und bedeutet „abschütteln“

Weitere Entwicklungen des Konflikts

Seit Mitte der 1980er-Jahre setzte sich die islamistische Gruppierung der Hamas an die Spitze des palästinensischen Kampfes. Seit 2006 kontrolliert sie den Gazastreifen und verübte immer wieder Terroranschläge in Israel. Zudem beschießt sie mit Raketen von Gaza aus israelisches Gebiet. Die israelische Armee reagiert häufig mit Bombardierungen des Gazastreifens und insbesondere der Hauptstadt Gaza-Stadt.

Auch im Jahr 2021 kam es zu militärischen Handlungen auf beiden Seiten. Zudem kämpfen auch andere Gruppierungen wie die libanesische Hisbollah oder der Islamische Dschihad z. B. mit Selbstmordattentaten gegen Israel und geben dem Konflikt eine zusätzliche religiöse Dimension.

WES-104984-403
Podcast zum Nahostkonflikt

ARBEITSAUFTRÄGE

1 I Benenne Konfliktpunkte zwischen Israel und Palästina.
II Erläutere mithilfe von M1 und M2 die Folgen der Gründung des Staates Israel 1948.
III Bewerte mithilfe von M1 und M2 das Vorgehen der am Konflikt beteiligten Parteien.

2 Recherchiere, auf welche Weise Palästinenser und Juden jährlich der Gründung Israels gedenken. HILFE

Verschiedene Aspekte des Konflikts

Flucht und Vertreibung

Infolge der israelisch-arabischen Kriege flohen viele Palästinenser aus den von Israel besetzten Gebieten oder wurden vertrieben. Die Vereinten Nationen sicherten ihnen ein Rückkehrrecht zu, auf das viele von ihnen bis heute beharren. Israel macht jedoch einen Rückkehrverzicht zu einer zwingenden Bedingung für einen möglichen Friedensvertrag. Über 1 000 000 Palästinenser leben heute in teilweise unwürdigen Verhältnissen in Flüchtlingslagern im Libanon, in Syrien und Jordanien oder in den von Israel besetzten Gebieten Palästinas.

M1 Bau israelischer Siedlungen im Westjordanland (Foto, 2013)

Siedlungspolitik

Im Zuge des Sechstagekriegs besetzte Israel u. a. den Gazastreifen und das Westjordanland – Gebiete, in dem viele Araber lebten. Israelische Siedler begannen, Siedlungen in diesen besetzten Gebieten zu bauen. Die israelische Regierungen tolerierte dies und förderte es teils sogar. Bis heute gerät Israel aufgrund dieser Siedlungspolitik immer wieder in internationale Kritik.

2016 lebten ca. 400 000 israelische Siedler im Westjordanland und ungefähr 200 000 in Ost-Jerusalem. Der Gaza-Streifen steht seit 2004 allerdings wieder unter palästinensischer Verwaltung.

M2 Teil der Sperranlage in Jerusalem, die israelische Stadtteile von palästinensischen Siedlungen trennt (Foto, 2011)

Ökologische Aspekte

Die Wasserknappheit in weiten Teilen des Nahen Ostens führte immer wieder zu Auseinandersetzungen. Dies zeigte sich auch im Sechstagekrieg. Neben der Politik ging es hier auch um das Wasser des Jordan-Flusses. So wollten Syrien, Jordanien und der Libanon einen Großteil des Wassers für ihre eigene Nutzung umleiten. Allerdings ist der Fluss für Israel von ebenso großer Bedeutung wie für die arabischen Nachbarstaaten.

Die Palästinenser sind von einer sicheren Wasserversorgung abgeschnitten. Im Westjordanland ist es ihnen nicht erlaubt, Brunnen anzulegen, die das Grundwasser erreichen. In Gaza ist Grundwasser kaum zugänglich. Entsalzungsanlagen gewinnen aus Meerwasser Trinkwasser, decken aber ebenso wie israelische Wasserlieferungen kaum den Bedarf.

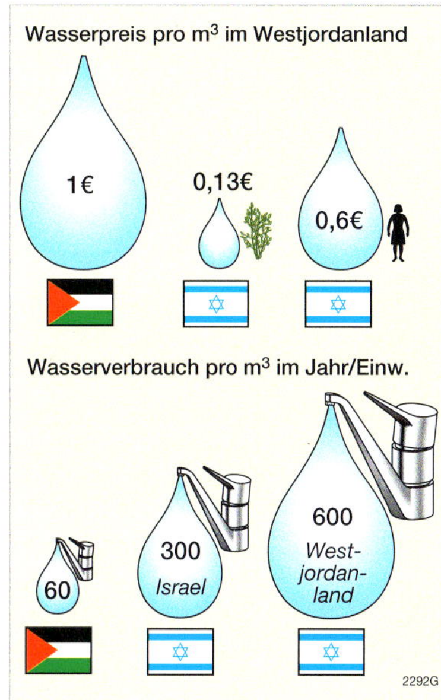

M3 Preis und Verbrauch von Wasser in Israel und Palästina

M4 Die ungleiche Aufteilung des Wassers

ARBEITSAUFTRÄGE

1. Fasse die Siedlungspolitik Israels zusammen.
2. WAHL
   - I Benenne mithilfe von M3 und M4 die ökologischen Konflikte.
   - II Begründe mithilfe von M3 und M4 die Rolle des Wassers im Nahostkonflikt.
   - III Beurteile mithilfe von M3 und M4 die Wichtigkeit des Wassers für den Konflikt.
3. Beurteile den Umgang Israels mit den palästinensischen Geflüchteten.

Berichterstattung über Konflikte und Kriege

Nahezu täglich wird in den Medien aus dem Nahen Osten berichtet. Die Medien kommen damit ihren Aufgaben von Information, Kritik und Kontrolle nach. Sie unterstützen die Menschen bei der Meinungsbildung. Allerdings hat die Medienberichterstattung oft deutlich gemacht, dass eine objektive Darstellung des Nahostkonfliktes sehr schwierig ist.

Dies beginnt bei der Situation der Journalisten. Üblich ist, dass der Journalist für seinen Auftraggeber im Ausland tätig ist und von dort berichtet. Bei ihrer Berichterstattung stecken die Journalisten aber in einer Zwickmühle. Sie können keine objektiven Beobachter der Gegebenheiten sein, weil sie länger vor Ort sein müssten, um das Land wirklich kennenzulernen. Ein solcher längerer Aufenthalt führt aber zwangsläufig zur Verzerrung der eigenen Perspektive des Journalisten. Doch auch der weitere Einfluss der Medien und speziell der Bilder auf das Denken der Menschen ist enorm. Fotos bilden nur scheinbar die Wirklichkeit ab. Tote Kinder oder Frauen, militante Palästinenser oder bewaffnete Israelis können so das Denken der Menschen beeinflussen oder sogar manipulierend wirken.

WES-104984-404
Interview zum Nahostkonflikt

So geht ihr vor:

1. **Schritt: Durchsucht die Medien zum Nahostkonflikt**
   - Sammelt z. B. aktuelle Zeitungsnachrichten und seht euch Fernsehberichte an.
2. **Schritt: Stellt Fragen, etwa:**
   - Gibt es einseitige Darstellungsweisen des Konflikts?
   - Dominieren bestimmte Bilder die Berichterstattung?
   - Wie werden die Konfliktparteien dargestellt?
   - Wer wird als Täter und wer als Opfer dargestellt?
   - Wird die Meinungsbildung des Betrachters beeinflusst?
   - Erscheinen manche Bilder als für die Kamera in Szene gesetzt?
3. **Schritt: Vergleicht die Darstellungen untereinander**
   - Widersprechen sich die Darstellungen eines Ereignisses?
   - Wird stets gleich nach Täter/Opfer unterschieden?
   - Benutzen bestimmte Medien häufiger schockierende Bilder oder grausame Schilderungen als andere?
4. **Schritt: Ergänzt eine Recherche zu folgendem Problem:**
   - Welchen Schwierigkeiten und Gefahren sind Journalisten bei der Informationsbeschaffung in Krisengebieten ausgesetzt?

Tipp:
Einen Webcode zur Gruppenarbeit findest du auf S. 15.

ARBEITSAUFTRÄGE

Bearbeitet die Aufgaben im Rahmen einer Gruppenarbeit.

a) Analysiert die Bilder M2 hinsichtlich ihres Inhaltes, der Darstellung der Konfliktparteien und ihrer Wirkung auf den Betrachter.

b) Benennt mithilfe von M1 die Sichtweisen in den Schlagzeilen. HILFE

c) Erläutert die Gefahren einer einseitigen Berichterstattung.

d) Arbeitet die Konsequenzen im Umgang mit Medien heraus.

e) Führt das Projekt in der Klasse durch.

M1 Der Nahostkonflikt in Schlagzeilen

M2 Der Nahostkonflikt in Bildern: ① zerstörte Häuser in Gaza-Stadt (Foto, 2014); ② ein Webreporter berichtet über Zerstörungen nach einem palästinensischen Raketenangriff (Foto, 2018); ③ Beerdigung einer israelischen Soldatin, die bei einem Anschlag ums Leben kam (Foto, 2017); ④ Mann und Sohn suchen Schutz vor Beschuss während der 2. Intifada (Foto, 2000); ⑤ Verbrennung der israelischen Fahne in Gaza (Foto, 2021)

M1 Der deutsche Bundespräsident Frank-Walter Steinmeier spricht im Yad Vashem Holocaust Memorial Museum in Jerusalem (Foto, 23.01.2020)

Die Nahostfriedenspolitik von Europa

Die Verantwortung Europas

Für den Nahostkonflikt trägt Europa aufgrund der räumlichen Nähe, der historischen Vergangenheit sowie religiöser und kultureller Gemeinsamkeiten eine hohe Verantwortung. Um dieser Verantwortung gerecht zu werden, unterstützt etwa die EU die Palästinensergebiete und die palästinensischen Geflüchteten finanziell. Politisch ist die EU im sogenannten Nahostquartett vertreten. Dies ist ein Forum zur Unterstützung von Friedensverhandlungen zwischen den Konfliktparteien und umfasst außer der EU die Vereinten Nationen, Russland und die USA. Wie die weiteren Mitglieder des Nahostquartetts sieht die EU in einer Zweistaatenlösung für Israel und die Palästinenser den Schlüssel zum Frieden.

Gescheiterte Versuche

Widersprüchlich zeigt sich die EU-Handelspolitik. Obwohl sie den israelischen Siedlungsbau in den besetzten Gebieten ablehnt, dürfen dort angebaute israelische Produkte importiert werden. Eine einheitliche EU-Nahostpolitik erweist sich zudem als schwierig, da die Einzelstaaten unterschiedliche Positionen vertreten. Trotz des Engagements des Nahostquartetts, eine friedliche Lösung zu finden, kommt es immer wieder zu kriegerischen Auseinandersetzungen zwischen Israelis und Palästinensern. Eine friedliche Lösung des Nahostkonflikts ist trotz aller Bemühungen noch immer nicht in Sicht.

M2 Obst und Gemüse werden aus Israel nach Europa exportiert. Für den Anbau werden große Wassermengen benötigt, die in Israel jedoch kaum ausreichend vorhanden sind. (Aktuelles Foto)

M3 Ein palästinensischer Junge erhält Lebensmittel aus der Europäischen Union über das WFP (Welternährungsprogramm) der Vereinten Nationen (Foto, 2003)

M4 Der Flughafen in Gaza wurde mit europäischer Unterstützung gebaut. Während der 2. Intifada wurde er von Israel bombardiert und ist seither außer Betrieb. (Foto, 2014)

M5 UN-Soldaten überwachen seit 1974 die Grenze zwischen Israel und Syrien auf den Golanhöhen. Hieran sind auch Soldaten aus vielen europäischen Staaten beteiligt. (Foto, 2014)

M6 „Es war einen erneuten Versuch wert" – eine Karikatur zum Nahostkonflikt aus dem Jahr 2018

ARBEITSAUFTRÄGE

AUSWAHL **1** I Beschreibe mithilfe von M1–M5 die Nahostpolitik der Europäischen Union.
II Erkläre mithilfe von M1–M5, welche Projekte die Europäische Union im Nahen Osten betreut.
III Begründe mithilfe von M1–M5, weshalb es wichtig ist, die Menschen im Nahen Osten zu unterstützen.

2 Analysiere die Karikatur M6. HILFE

M1 Die Lage von Afghanistan

M2 Afghanische Mudschahedin-Kämpfer mit modernen Waffen (Foto, 1989)

Der Krieg in Afghanistan

Wieso Afghanistan?

Lange Zeit waren die Interessen an Afghanistan vor allem strategischer Natur. Schon im 19. Jahrhundert wollte sich Russland über Afghanistan einen Zugang zum Indischen Ozean sichern. Großbritannien ging es gleichzeitig darum, die Größe und den Einfluss seines „Empires" von Indien aus zu erweitern. Es führte mehrere verlustreiche Kriege in Afghanistan.

Später interessierten sich andere Länder und internationale Investoren für das Land wegen seiner zahlreichen Bodenschätze. Aber vor allem als Durchfuhrland für Gas- und Öl-Pipelines in Richtung Indischer Ozean war Afghanistan für viele Staaten von Interesse.

Sowjetische Interessen

Im Jahr 1979 marschierten sowjetische Truppen in Afghanistan ein. Dies wurde unter anderem damit begründet, dass die afghanische Regierung Hilfe gebraucht hätte im Kampf gegen die Widerstandskämpfer im Land.

Doch viele Afghanen mochten die neuen kommunistischen Besatzer nicht. Es formierten sich mehr und mehr Widerstandskämpfer. Diese nannten sich Mudschahedin und riefen den Dschihad, den heiligen Krieg, gegen die „gottlosen" Kommunisten aus.

Dschihad/Mudschahedin: Beide Worte stammen von demselben arabischen Wort ab – Dschihad bedeutet „sich anstrengen", Mudschahedin ist jemand, der den Dschihad betreibt. Beides wird heutzutage, aber auch bereits im Koran, vor allem als eine kriegerische Anstrengung verstanden.

Unterstützung von den USA, Saudi-Arabien und Pakistan

Waffen, Geld und Ausbildung bekamen sie vor allem von den USA, Saudi-Arabien und Pakistan. In Genf unterschrieben 1988 schließlich die ehemaligen Feinde Afghanistan und Pakistan eine Art Friedensabkommen. Die sowjetischen Truppen sollten bis 1989 das Land verlassen.

Weil die Mudschahedin das Abkommen aber nicht akzeptierten und weiter angriffen, ordnete die Sowjetunion schon 1988 den sofortigen Rückzug ihrer Truppen an. Über 1 000 000 Afghanen waren bis dahin in dem Krieg gestorben, auf sowjetischer Seite gab es nach offiziellen Angaben über 26 000 Tote.

Machtübernahme der Taliban

Die Mudschahedin kämpften nun um die Vorherrschaft in Afghanistan. Zunächst stürzten sie die von der UdSSR nicht länger direkt unterstützte Regierung, anschließend entwickelte sich ein weiterer Bürgerkrieg. 1994 benannten sich die Mudschahedin in Taliban um und übernahmen 1996 schließlich die Macht. Sie erklärten Afghanistan zu einem Emirat, in dem das Leben strengen religiösen Regeln und Bestrafungen folgt.

M3 Viele Afghanen wollten ihre Heimat gegen die Mudschahedin verteidigen. (Foto, 1998)

Der Einsatz der NATO und der USA

Der erneute Krieg in Afghanistan begann 2001. Die NATO und die USA wollten die Taliban stürzen und die Terrororganisation Al-Qaida bekämpfen. Letztere ist für die Terroranschläge am 11. September 2001 verantwortlich.

Die Taliban wurden entmachtet und Afghanistan erhielt eine demokratische Verfassung. Doch die Lage im Land blieb sehr instabil. So verübten die Taliban Anschläge gegen die afghanische Bevölkerung und die stationierten NATO-Truppen. In vielen Regionen befanden sie sich darüber hinaus auch im offenen Kampf mit der afghanischen Armee.

Das Ende des NATO-Einsatzes in Afghanistan

2021 kündigte US-Präsident Joe Biden den Abzug aller US-Streitkräfte aus Afghanistan an. Die übrigen beteiligten NATO-Länder schlossen sich an. Sogleich rückten die Taliban wieder vor, die afghanische Armee setzte dem nicht viel entgegen. Viele Menschen versuchten, das Land zu verlassen. Sie hatten für die NATO gearbeitet oder sich für Demokratie eingesetzt und fürchteten die Rache der Taliban. Im August 2021 nahmen die Taliban die Hauptstadt Kabul ein. Seither regieren sie Afghanistan wieder als Emirat.

Emirat: ein Herrscher („Emir") bestimmt das Zusammenleben der Menschen

M4 Afghanische Flüchtende am Flughafen von Kabul (Foto, 2021)

ARBEITSAUFTRÄGE

1 a) Nenne die Interessen der Sowjetunion und der USA in Afghanistan.
b) Vergleiche die sowjetischen Interessen mit denen der USA. HILFE

AUSWAHL **2** I Nenne den Zusammenhang zwischen den Mudschahedin und den Taliban.
II Erkläre die Verbindung der Mudschahedin mit den USA.
III Beurteile, ob die Unterstützung der Mudschahedin durch die USA erfolgreich war.

3 Erläutere die Probleme der Bevölkerung durch die sowjetische und amerikanische Einmischung in Afghanistan.

M1 Während Bildung für Mädchen und Frauen nicht erwünscht ist, besuchen viele Männer und Jungen spezielle Koran-Schulen. (Foto, 2021)

M2 Vor allem in ländlichen Regionen tragen die meisten afghanischen Frauen eine Burka. Sie dürfen sich in vielen öffentlichen Bereichen nicht aufhalten. (Aktuelles Foto)

Aspekte des Konflikts in Afghanistan

Die Rolle der Religion

Die am weitesten verbreitete Religion in Afghanistan ist der Islam, denn 99 % der Bevölkerung sind muslimischen Glaubens. Der Islam wurde hier jedoch stets sehr streng gelebt. Der Kampf gegen die sowjetischen „gottlosen" Kommunisten hat diese strenge Auslegung des Islam noch weiter verstärkt. Die Bevölkerung Afghanistans wurde hierbei unterdrückt. Besonders die Frauen sind betroffen. Die strengen religiösen Regeln der Taliban bestimmen ihr Leben und das der gesamten Gesellschaft.

Strenge Regeln der Taliban

Die Taliban wollen einen Gottesstaat errichten, „westliche" Einflüsse wie Demokratie und Freiheit gelten als gefährlich. Um das umzusetzen, werden strenge Vorschriften eingesetzt:

- Die Nutzung von Handykameras ist verboten.
- In Radio, Kino und Fernsehen sind unterhaltende Inhalte kaum noch erlaubt. Stattdessen werden Propaganda und Koranstunden der Taliban übertragen.
- Viele private Feiern und Zeremonien sind ebenfalls untersagt.
- Strafen fielen während des 1. Emirats sehr hart aus. Auch seit 2021 drohen wieder öffentliche Steinigungen, Hinrichtungen und Amputationen.

Frauen ohne Rechte

Die Taliban verletzen viele Menschenrechte, vor allem aber die der Frauen:

- Mädchen ist es verboten, eine weiterführende Schule zu besuchen. Doch auch der Besuch der Grundschule ist bei den Taliban eigentlich verpönt.
- An den Universitäten herrscht strenge Geschlechtertrennung. Tatsächlich kommt diese Trennung oftmals einem Studierverbot für Frauen gleich.
- Ohne männliche Begleitung dürfen sich Frauen nur sehr eingeschränkt in der Öffentlichkeit bewegen. Der Weg zum Arbeitsplatz wird dadurch häufig unmöglich gemacht.
- Auch sonst dürfen Frauen viele ihrer Berufe nicht mehr ausüben.

In den Städten treffen die Gesetze die Frauen besonders hart, da hier die westliche Orientierung am stärksten ausgeprägt war. Viele Frauen sind gut ausgebildet, hatten Arbeit und trugen westliche Kleidung.

Die Auswirkungen der Kriege

Über 40 Jahre an Konflikten und Krieg haben Afghanistan zugesetzt:
- Straßen und Häuser sind zerstört.
- Nahrungsmittel sind knapp.
- Die Chancen für Aus- und Weiterbildung der Menschen sind gering.
- Sogenannte „Warlords" betreiben Drogenhandel und haben ganze Regionen unter ihre Gewaltherrschaft gebracht.

Das Regime der Taliban verschärft all dies noch zusätzlich. Zudem machen dem Land die Auswirkungen des Klimawandels zu schaffen.

Ökologische Probleme in Afghanistan

Im Zuge des Klimawandels treten Naturkatastrophen in Afghanistan immer häufiger auf. So gehen Experten davon aus, dass es künftig jedes Jahr Phasen extremer Trockenheit geben wird. Bereits zwischen 2017 und 2018 flohen mehr Menschen vor der Dürre als vor den bewaffneten Konflikten.

Q1 Afghanistans ehemaliger Klimabeauftrage Samim Hoshmad berichtet:

Es gibt eine Häufung von Naturkatastrophen. Bei uns sind das vor allem verheerende Sturzfluten und Dürren. Die meisten Menschen in Afghanistan wissen nicht, was der Klimawandel ist. Aber sie müssen trotzdem mit den Folgen leben. Aus den Wetterkatastrophen folgt meist eine Spirale aus sozialer Gewalt, Armut und Elend, verstärkt vom Krieg und seinen Folgen. [...] Die Menschen versuchen, alle Ressourcen zu nutzen, die ihnen noch bleiben. So kommt es zu Abholzung oder Zerstörung natürlicher Lebensräume. Aber sie haben keine andere Wahl.

M3 Die Dürre in Afghanistan bedeutet für viele Menschen eine Hungersnot. (Foto, 2021)

M4 Ein Konvoi der Hilfsorganisation Internationales Rotes Kreuz bringt Nahrungsmittel über einen Gebirgspass nach Kabul. (Foto, 1994)

Die Vereinten Nationen befürchten eine Hungersnot und unterstützen deshalb die Menschen. Die Konflikte in Afghanistan bleiben ungelöst.

ARBEITSAUFTRÄGE

AUSWAHL **1**
- I Nenne die Maßnahmen der Taliban.
- II Erläutere das Ziel, das die Taliban mit ihren Maßnahmen erreichen wollen.
- III Fasse zusammen, welche Bedeutung der Religion in Afghanistan zukommt.

2 Bewerte mithilfe von M3 und M4 die Aussagen in Q1 zur ökologischen Situation in Afghanistan. Stühletausch

Innere Spannungen

M1 Die Lage von Syrien

Wieso Syrien?

Die Baath-Partei ist seit über 40 Jahren die einzige politische Partei in Syrien. An ihrer Spitze steht ebenso lange eine Familiendynastie, die das Land diktatorisch regiert. Es gab seither nur zwei Präsidenten: Zuerst herrschte Hafez Al-Assad. Als er im Jahr 2000 starb, ging die Macht an seinen Sohn Bashar Al-Assad über.

Sonderrechte der Alawiten

Die Al-Assad-Familie ist alawitisch. Die Alawiten sind eine Glaubensrichtung des Islam, die in Syrien jedoch eine Minderheit bilden. Dennoch erhielten sie durch die Herrschaft der Al-Assad-Familie sehr viele Sonderrechte. Die Mehrheit der Bevölkerung wurde hingegen unterdrückt. Viele Menschen litten Hunger, und vor allem Oppositionelle wurden vielfach gefoltert, verschleppt oder getötet.

Die Unzufriedenheit wächst

Die Ungleichheit und Unterdrückung in Syrien führte bei einem Großteil der Bevölkerung zu wachsender Unzufriedenheit. Wer sich aber öffentlich gegen die Regierung äußerte, riskierte, verhaftet und ins Gefängnis gebracht zu werden. Dennoch gingen 2011 viele Menschen auf die Straße und protestierten gegen die Regierung. Sie verlangten Freiheit, Demokratie und bessere Lebensbedingungen.

M2 Proteste in der Stadt Aleppo in Syrien (Foto, 2011)

Die Religion als Grund für den Konflikt

Nach dem Beginn der regierungskritischen Aufstände versammelte sich die überwiegende Mehrheit der Alawiten hinter dem Al-Assad-Regime aus Angst vor Diskriminierung. Als Al-Assad die gewaltfreien Demonstrationen mit brutaler Gewalt niederschlug, gründete sich die Freie Syrische Armee. Sie begann, mit Gegengewalt gegen die Regierungstruppen zu kämpfen.

Doch auch andere bewaffnete Gruppen wollten die Macht in Syrien erringen oder schlossen sich dem Kampf gegen Al-Assad an. Zu ihnen gehört der Islamische Staat (IS), eine Terrorgruppe, die im Nahen und Mittleren Osten Krieg führt und für viele Anschläge auch in westlichen Staaten verantwortlich ist. Ihnen geht es um die Errichtung eines islamistischen „Gottesstaates" unter anderem in Syrien und im Irak. Kurdische Kämpfer im Norden gehören einer weiteren muslimischen Glaubensrichtung an und führen ebenfalls Krieg gegen Al-Assad, aber auch gegen den IS.

M3 Anhänger Al-Assads demonstrieren in der Stadt Hama. (Foto, 2011)

M4 Ein Soldat in einem zerstörten Vorort von Damaskus (Foto, 2016)

Geflüchtete als Folge des Konflikts

Viele Menschen in Syrien leiden stark unter den Kämpfen und der Gewalt und verlassen deshalb ihre Heimat. Sie suchen an einem anderen Ort sichere Lebensbedingungen. Nach Schätzungen der Vereinten Nationen sind etwa 8,7 Millionen Menschen innerhalb Syriens auf der Flucht. Über vier Millionen sind ins Ausland geflohen, unter anderem auch in die EU. Die Hälfte der Geflüchteten sind Kinder.

Auch nach Deutschland sind bereits syrische Staatsbürger und -bürgerinnen geflohen. Viele haben einen langen und gefährlichen Weg über Land oder über das Meer hinter sich. Ihre Aufnahme und ihr Recht auf Aufenthalt sind zwischen den EU-Staaten umstritten.

ARBEITSAUFTRÄGE

1. Beschreibe, wie die Familie Al-Assad in Syrien herrschte.
2. Erkläre, weshalb es zu regierungskritischen Protesten kam.
3. Diskutiert die Folgen des Konflikts für die Bevölkerung und für die Nachbarländer. Fishbowl

M1 Syrische Kinder besuchen mit Unterstützung des UN-Kinderhilfswerks UNICEF eine Dorfschule. (Foto, 2021)

Verschiedene Interessen an Syrien

Die Rolle der Vereinten Nationen in Syrien

Aufgrund des Vetorechts von Russland und China wurden die im UN-Sicherheitsrat angeregten Sanktionen gegen Syrien lange Zeit blockiert. Im April 2012 ermahnte die UNO stattdessen alle Kriegsparteien in Syrien zur Wahrung der Menschenrechte. Als im August 2013 ein Giftgasangriff auf einen Vorort von Damaskus verübt wurde, nahm die UNO eine Untersuchung vor. In der Folge überwachte sie auch die Vernichtung aller vorhandenen Chemiewaffen des syrischen Staats. Wer für den Giftgaseinsatz verantwortlich war, konnte bislang jedoch nicht zweifelsfrei geklärt werden. Die USA gehen von Al-Assad aus, Russland und der Iran beschuldigen syrische Rebellengruppen, was die UNO weiterhin spaltet.

M2 US-Soldaten patrouillieren Straßen in Syrien. (Foto, 2020)

Wirtschaftliche Interessen in Syrien

Was als Aufstand gegen die Familie Al-Assad begann, ist längst zu einem internationalen Konflikt geworden, in dem verschiedene ausländische Mächte um Einfluss ringen. Ihnen geht es im Syrien-Konflikt um politische Interessen, aber auch um einen Anteil an Syriens Ölvorkommen.

Die Interessen der USA

Den USA geht es in Syrien vor allem um die Bekämpfung des Islamischen Staats. Sie fliegen einzelne Luftschläge gegen den IS und Al-Assads Armee. Zudem unterstützen sie die Freie Syrische Armee und kurdische Kämpfer mit Waffen, Ausbildern und Spezialkräften. Dies stellt aber auch einen Streitpunkt dar, insbesondere mit der Türkei, einem NATO-Partner der USA.

Russlands Interessen in Syrien

Russlands Präsident steht seit Beginn des Krieges 2011 fest an der Seite Al-Assads. Mit seinem militärischen Eingreifen 2015 hat Russland den Sturz seines langjährigen Verbündeten verhindert und den Krieg zu dessen Gunsten gewendet. Es wurden Luftangriffe auf syrische Städte gestartet, ohne Rücksicht auf die Zivilbevölkerung.

Irans Interessen in Syrien

Als einziger Verbündeter in der arabischen Welt ist Syrien für den Iran von besonderer Bedeutung. Der Iran schickte daher früh militärische Berater nach Syrien, um den Sturz Al-Assads zu verhindern. Später warben sie auch irakische und afghanische Söldner an, die in Syrien kämpfen. Zudem half der Iran Al-Assad finanziell. Er gewährte Kredite, die ihn in die Lage versetzten, den Krieg und seine Soldaten weiter zu bezahlen.

Söldner: Soldaten, die in keiner Armee, sondern für Geld in Konflikten und Kriegen kämpfen

Die Interessen der Türkei und der EU

Die Türkei unterstützt seit Beginn des Konflikts die Freie Syrische Armee und andere Rebellengruppen im Kampf gegen Al-Assad. Dass sie dabei auch mit radikalen Islamisten verhandelte und die mit dem Westen verbündeten kurdischen Verbände angriff, brachte ihr Kritik ihrer NATO-Partner ein, insbesondere der USA. Zugleich hat die Türkei drei Mio. syrische Flüchtlinge aufgenommen. Hierfür erhält sie von der EU Hilfszahlungen in Milliardenhöhe. Die EU möchte hierdurch verhindern, dass syrische u.a. Flüchtende aus dem Nahen und Mittleren Osten weiter in die EU fliehen.

M3 Der russische Präsident Wladimir Putin (links), der türkische Präsident Recep Tayyip Erdogan (Mitte) und der iranische Präsident Hassan Rouhani (rechts) schütteln Hände beim sogenannten „Dreiergipfel" zu Syrien. (Foto, 16.09.2019)

Auch wegen dieser vielen unterschiedlichen Interessen ist der Konflikt in Syrien heute noch nicht gelöst.

ARBEITSAUFTRÄGE

1 Beschreibe mithilfe von M1 die Rolle der Vereinten Nationen in Syrien.

2 I Nenne die politischen Ziele der am Krieg beteilligten Länder.

II Erläutere das Vorgehen dieser Länder gegenüber Syrien.

III Diskutiert mithilfe von M1, M2 und M3 die Probleme, die sich aus den unterschiedlichen Interessen der Länder ergeben.

M1 Die Lage der Ukraine

Holodomor: Stalin sah die ausbleibenden Lieferungen als Auflehnung der Ukrainer an. Deshalb setzte er den Hungertod dazu ein, ihren angeblichen Widerstand zu brechen. Bauern, die das Soll nicht erfüllten, wurden die wenigen Lebensmittel zur Selbstversorgung zusätzlich weggenommen. Die Bevölkerung wurde daran gehindert, vor dem Hunger in andere Gebiete zu fliehen. Es starben über drei Millionen Menschen.

Innere Spannungen – verschiedene Interessen

Wieso die Ukraine?

Bis zum Jahr 1991 war die Ukraine zunächst Teil des russischen Zarenreichs, dann der Sowjetunion. Aus dieser Zeit ist vielen Ukrainern eine große Hungersnot Anfang der 1930er-Jahre noch sehr präsent. Im Zuge der Planwirtschaft waren die ukrainischen Bauern verpflichtet worden, große Mengen ihres Getreides an die UdSSR abzuliefern. Obwohl die Bevölkerung Hunger litt, bestand die sowjetische Führung unter Josef Stalin auf den Lieferungen. Dies setzte eine Hungerkatastrophe in Gang, die in der Ukraine als „Tötung durch Hunger“ (Holodomor) bezeichnet wird.

Nach dem Zerfall der UdSSR wurde die Ukraine ein eigenständiger Staat. Dennoch blieb etwa die russische Schwarzmeerflotte auf der Krim stationiert. Und auch sonst sind die Beziehungen der Menschen zwischen Russland und der Ukraine nach wie vor sehr eng.

Die Ukraine zwischen Russland und der EU

Schon früh bemühten sich verschiedene ukrainische Regierungen um eine Anbindung an westliche Staaten, insbesondere an die EU. Seit 2007 wurden Verhandlungen über eine engere wirtschaftliche und politische Verbindung geführt, die letztlich zu einem möglichen EU-Beitritt der Ukraine führen sollten. Russland sah hierdurch seinen machtpolitischen und wirtschaftlichen Einfluss in Osteuropa dahinschwinden. Es übte Druck auf den ukrainischen Präsidenten Viktor Janukowytsch aus, der daraufhin ein wichtiges Abkommen mit der EU nicht ausführte.

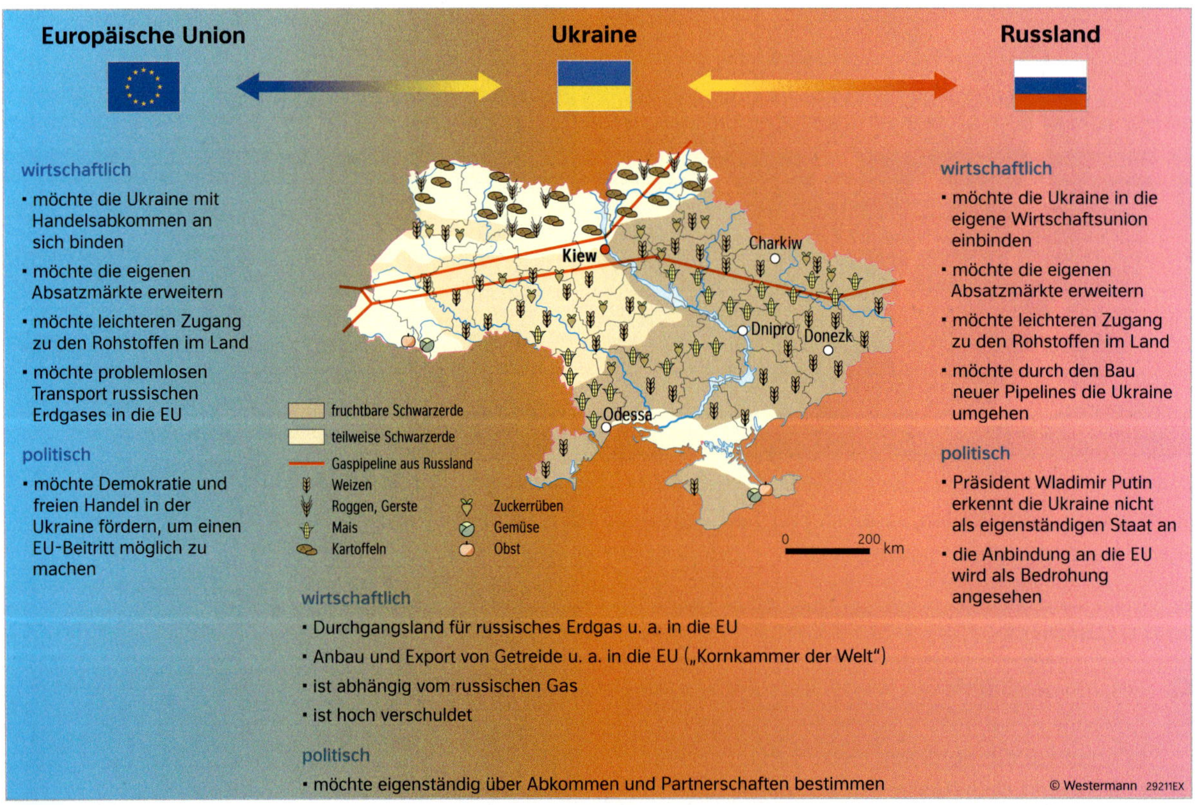

M2 Die Ukraine zwischen russischen Interessen und denen der EU

M3 Demonstration auf dem Maidan-Platz in Kiew (Foto, 2013)

Unruhen und Proteste

Dies führte im November 2013 zu großen Protesten und Demonstrationen zunächst in der Hauptstadt Kiew. Dort protestierten viele Bürger und Bürgerinnen gegen Janukowytschs Politik. Sie fanden, dass er zu wenig mit Europa und zu viel mit Russland zusammenarbeitete. Obwohl die Proteste friedlich begannen, kam es bald zu gewaltsamen Auseinandersetzungen. Der Präsident wurde schließlich vom Parlament abgesetzt.

Die Krimkrise

Auf der Halbinsel Krim gingen die Proteste jedoch weiter. Dort leben viele Anhänger Russlands. Sie wollen nicht, dass sich die Ukraine enger an die EU bindet. Schließlich schickte Russland Soldaten auf die Krim und griff so aktiv in den inneren Konflikt der Ukraine ein.

Im Jahr 2014 sollten die Bewohner der Krim schließlich wählen, ob sie zur Ukraine oder zu Russland gehören wollen. Knapp 96 % sprachen sich für Russland aus. Die ukrainische Regierung und auch die EU erkennen das Ergebnis jedoch nicht an. Denn zum einen erlaubt die Verfassung der Ukraine keine Abstimmungen über die Veränderung der Grenzen. Zum anderen ging die Abstimmung nicht von der ukrainischen Regierung aus, sondern von Russland, das die Krim militärisch besetzt hatte.

M4 Die Kertsch-Brücke verbindet die Halbinsel Krim mit dem russischen Festland. Sie wurde zunächst gemeinsam geplant, seit 2014 jedoch von Russland im Alleingang fertiggestellt. Eröffnung war im Jahr 2018. (Foto, 2019)

Konflikt und Krieg in der Ostukraine

Auch in der Ostukraine wollen einige Menschen lieber zu Russland gehören. Sie nennt man „Separatisten“. Auch hier griff Russland ein, unterstützte die Separatisten und schickte eigene Soldaten. Die ukrainische Regierung möchte die Abspaltung nicht, deswegen kämpften die Separatisten, die russische und die ukrainische Armee in der Ostukraine gegeneinander.

Die OSZE, die „Organisation für Sicherheit und Zusammenarbeit in Europa“, beobachtete die Situation in der Ukraine und versuchte, zwischen den Kriegsparteien zu vermitteln. Es gab viele Verhandlungen und Gespräche, die zu einer friedlichen Lösung des Konflikts führen sollten.

M5 Die OSZE überwacht einen Gefangenenaustausch zwischen ukrainischer Armee und ostukrainischen Separatisten. (Foto, 2019)

ARBEITSAUFTRÄGE

1 Beschreibe die Verbindung zwischen Russland und der Ukraine.

2 a) Nenne die Gründe, die zur Krimkrise führten.
b) Erläutere mithilfe von M2, M3 und M4 das Interesse Russlands an der Ukraine. Graffiti

3 Recherchiere zur Annäherung der EU und der Ukraine sowie zu Russlands Reaktionen. Stelle beides auf einem Zeitstrahl dar. HILFE

M1 Die Ukraine, die Halbinsel Krim und Russland

Vom Konflikt zum Krieg

Machtansprüche Russlands

Wegen der langen Zugehörigkeit zum Zarenreich und zur UdSSR leben auch heute noch viele russischsprachige Menschen in der Ukraine, vor allem in einigen östlichen Landesteilen und auf der Krim. Russlands Präsident Wladimir Putin sieht hierin einen Grund für eine besondere Verbindung der beiden Länder. Doch die Ansprüche und Befürchtungen des russischen Präsidenten gehen noch darüber hinaus.

So behauptet Putin, dass eine mögliche Aufnahme der Ukraine in die NATO eine Bedrohung für Russland sei – und ebenso eine Annäherung an die EU. Zudem ist Putin auch historisch nicht bereit, die Ukraine als eigenständigen Staat anzuerkennen. Dies hat er vielfach betont und ausgeführt, obwohl viele geschlossene Verträge dagegen sprechen.

Q1 **Eine Politologin schreibt über die russichen Interessen an der Krim:**

Der erste Verlierer der Krim-Krise heißt [...] atomare Nichtverbreitung. Denn 1994 unterzeichnete die Ukraine mit Russland, den USA und Großbritannien [einen Vertrag]. Als Gegenleistung für den Verzicht auf die im Land stationierten sowjetischen Nuklearwaffen erklärten sich Russland, die USA und Großbritannien bereit, die Souveränität, die Grenzen und die politische und wirtschaftliche Unabhängigkeit der Ukraine zu achten.

Der Beginn des Krieges

Im aktuellen Konfklikt versucht Russland nun, seinen Einfluss auf allen Ebenen zu sichern und auszuweiten – machtpolitisch, kulturell, territorial und wirtschaftlich. Im Winter 2021 hatte Russland ein großes Truppenaufgebot mit über 100 000 Soldaten an der Grenze zur Ukraine stationiert. Dies geschah angeblich nur zu Manöverzwecken. Zunächst erkannte Putin die umkämpften Gebiete der Ostukraine als eigenständige Staaten an. Am 24.02.2022 rückte dann die russische Armee auf ukrainisches Gebiet vor. Seither befindet sich die Ukraine in einem offenen Krieg mit Russland.

M2 Zerstörungen in Kiew nach einem russischen Raketenangriff (Foto, 26.03.2022)

Die Rolle der NATO

Russlands Armee beschießt und belagert Städte im Osten und Süden der Ukraine, aber auch die Hauptstadt Kiew im Norden des Landes. Einige Städte sind hierdurch von vielen lebenswichtigen Versorgungen abgeschnitten, die Lage der Menschen dort ist von großer Not geprägt.

Viele westliche Staaten unterstützen die Ukraine mit Waffenlieferungen und beschlossen scharfe Wirtschaftssanktionen gegen Russland. Ukrainische Flüchtende wurden und werden in großer Zahl von den Nachbarstaaten aufgenommen. Da die Ukraine aber kein Mitglied der NATO ist, greifen Staaten wie Deutschland, Polen oder die USA nicht mit eigenen Soldaten in den Krieg ein.

Sanktionen: Strafen, die wegen eines Fehlverhaltens verhängt werden

Q2 Warum will die Ukraine in die NATO?

[D]ie Nato dient der Unterstützung einzelner Mitgliedsländer in militärischen Konflikten. Wird ein Nato-Mitglied angegriffen, sieht Artikel 5 des Nato-Vertrags vor, dass dieser militärische Angriff als ein Angriff gegen alle Nato-Mitglieder angesehen wird. Die anderen Staaten verpflichten sich, militärischen Beistand zu leisten. Das wird als Bündnisfall bezeichnet. […] [S]o ist es für kein Land von Vorteil, ein Nato-Mitglied anzugreifen, weil der Gegenangriff dann von allen Nato-Staaten gemeinsam ausgehen würde.

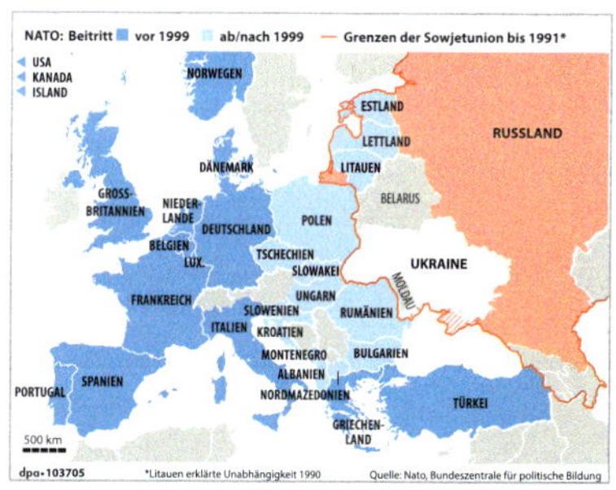

M3 Die Grenzen Russlands und der NATO

Der ukrainische Präsident Wolodymyr Selenskyj unterstreicht seine Forderung nach einem NATO-Beitritt seines Landes und bittet die westliche Staatengemeinschaft um weitere Unterstützung im Krieg mit Russland. 2022 dauert der Krieg nach wie vor an, der Konflikt ist nicht gelöst.

ARBEITSAUFTRÄGE

Erstellt eine Wandzeitung zum Krieg in der Ukraine.
a) Benennt die Gruppen, die miteinander im Konflikt liegen.
b) Beschreibt die Ursachen für den Konflikt.
c) Erklärt, wie die Europäische Union, die NATO und Russland agieren.
d) Recherchiert weitere Informationen zu eurem Thema.

Konflikte in einem Kalender darstellen

Die Wurzeln des Nordirlandkonflikts

Nordirland ist der nördliche Teil des Inselstaates Irland. Der Nordirlandkonflikt geht viele Jahrhunderte zurück. England unterwarf im 16. Jahrhundert die gesamte Insel. In der Folgezeit verloren die Iren ihre politischen und wirtschaftlichen Selbstbestimmungsrechte. Zudem versuchten die Engländer, ihren protestantischen Glauben im katholischen Irland durchzusetzen.

Nach dem Ersten Weltkrieg begannen die Iren einen Bürgerkrieg gegen die englische Herrschaft. Im Jahr 1922 wurde der südliche Teil der Insel als Republik Irland unabhängig. Nordirland blieb aber Teil des Vereinigten Königreichs. Zwischen radikalen protestantischen und katholischen Gruppen entwickelte sich seit den 1960er-Jahren ein weiterer Bürgerkrieg um die Zukunft Nordirlands. Die Katholiken forderten eine Vereinigung mit der Republik Irland, also die Unabhängigkeit von Großbritannien. Die Protestanten hingegen bestanden auf der Zugehörigkeit Nordirlands zum Vereinigten Königreich und wurden vom britischen Militär unterstützt.

Durch Attentate und Straßenkämpfe verloren viele Menschen ihr Leben. Erst 1998 konnten die verfeindeten Gruppen zu einem Friedensschluss bewegt werden. Der große Konflikt scheint damit gelöst, doch einzelne radikale Splittergruppen akzeptieren den Frieden nach wie vor nicht.

Um an Konflikte oder Kriege zu erinnern, gibt es die Möglichkeit, einen „Erinnerungskalender“ zu gestalten.

M1 Die Lage von Nordirland

M2 Ausschnitt Erinnerungskalender

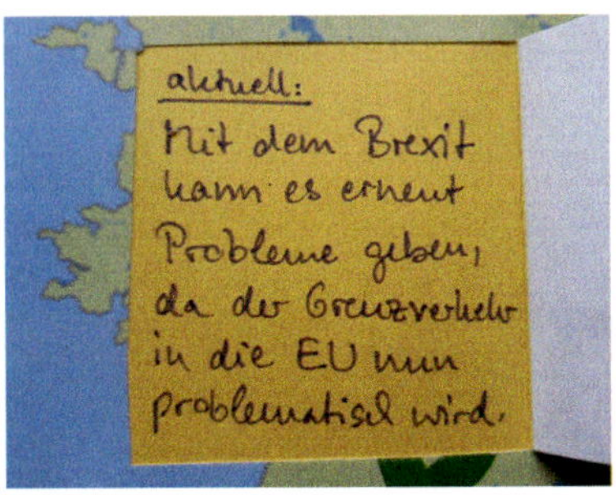

M3 Element Erinnerungskalender

M4 Erinnerungskalender

So geht ihr vor:

1. Schritt: Recherchiert in Gruppen
- Bildet Gruppen und teilt euch die Themen auf (Israel/Palästina, Afghanistan, Syrien, Ukraine).
- Recherchiert weitere Materialien zu eurem Thema, nehmt aber das Schulbuch als Grundlage.

2. Schritt: Wählt die Inhalte aus
- Filtert die Ergebnisse auf 8–10 wichtige Inhalte. Die Anzahl der Inhalte bestimmt gleichzeitig die Anzahl der Türchen im Erinnerungskalender.

3. Schritt: Fertigt den Kalender an
- Sucht euch ein passendes Cover, etwa eine Karte des jeweiligen Landes oder ein für den Krieg/Konflikt sehr bezeichnendes Bild. Ist es aussagekräftig genug, könnt ihr auch selbst ein Bild als Cover malen.
- Schneidet die Türchen zu und klebt das Cover dann auf das Papier für den Hintergrund.
- Schreibt nun eure Inhalte auf den Hintergrund unter den Türen oder klebt sie dort ein.

ARBEITSAUFTRÄGE

Erstellt einen Erinnerungskalender zu einem der im Buch dargestellten Kriege/Konflikte.

14.05.1948: Staatsgründung Israel

seit 1948: Nahostkonflikt

05.–10.06.1967: Sechstagekrieg

1973: Jom-Kippur-Krieg

1979–1988: UdSSR in Afghanistan

1987–1993: 1. Intifada

2000–2005: 2. Intifada

2001–2021: NATO in Afghanistan

seit 2011: Krieg in Syrien

seit 2014: Ukrainekonflikt

1950 1960 1970 1980 1990 2000 2010 2020

Fallbeispiel: Historische Wurzeln eines aktuellen Konflikts

Der Nahostkonflikt dauert seit Beginn des 20. Jahrhunderts an. Israelis und Palästinenser beanspruchen beide das Land für sich. Ein erster Teilungsplan der UNO wurde nie umgesetzt. Von den Nachbarstaaten wurde Israel vielfach angegriffen. Im Zuge dessen eroberte Israel viele Gebiete und lässt hier jüdische Siedlungen zu. Die Palästinenser verüben Anschläge und greifen Israel mit Raketen an. Israel reagiert mit Bombardierungen und sperrte ihre Gebiete mit Sperranlagen ab.

Der Krieg in Afghanistan umfasst eine Reihe von bewaffneten Konflikten. 1979 marschierten sowjetische Truppen in Afghanistan ein. 1989 kam es zum Bürgerkrieg. 1996 übernahmen die Taliban die Kontrolle über weite Teile des Landes. 2001 wurden sie von NATO-Truppen vertrieben. Nach dem NATO-Abzug errichteten die Taliban 2021 erneut ihre Herrschaft.

Der Krieg in Syrien begann 2011 mit Protesten gegen den Herrscher Baschar Al-Assad. Im Laufe der Zeit kämpften immer mehr Gruppen in Syrien um die Macht. Nach und nach mischten sich auch andere Länder wie die USA, Russland, die Türkei und der Iran in den Krieg ein.

Der Ukrainekonflikt hatte seinen Ausgangspunkt in der Absetzung des Staatspräsidenten im Februar 2014. Kurz darauf entbrannten neue Konflikte in der Ostukraine und auf der Krim, die Russland schließlich besetzte. Mit dem Einmarsch russischer Truppen weitete sich der Konflikt im Februar 2022 zu einem Krieg aus.

WICHTIGE BEGRIFFE:

die Friedensmissionen
die Hilfsprojekte
die historischen Wurzeln
die kulturellen Aspekte
die machtpolitischen Aspekte
die NATO
die ökologischen Aspekte
die ökonomischen Aspekte
die religiösen Aspekte
die Rolle der EU
die Rolle der UNO
die Rolle Europas
der UN-Sicherheitsrat

1 Der Nahostkonflikt

Du kannst ...
a) die Sprechblasen in M1 sinnvoll ergänzen. ✓
b) die Folgen des UN-Teilungsplans von 1947 beschreiben. ✓✓
c) die Rolle des Jordan in Israel erläutern. ✓✓✓

M1 Palästinenserinnen im Gazastreifen (Foto, 2018)

2 Der Afghanistankrieg

Du kannst ...
a) die Rolle der UdSSR 1979 in Afghanistan benennen. ✓
b) anhand von M2 die Politik der Taliban beschreiben. ✓✓
c) die Bedeutung der NATO und der UNO im Zusammenhang mit dem Krieg in Afghanistan herausarbeiten. ✓✓✓

M2 Demonstration für die Rechte afghanischer Frauen in Frankfurt/M. (Foto, 1996)

WES-104984-405
Lösungen zum Kompetenzcheck

3 Der Krieg in Syrien

Du kannst ...

a) die Karten von M3 in der richtigen Reihenfolge wie eine Dominokette in dein Heft übertragen. ✓

b) mithilfe der Dominokarten die Gründe für den Krieg in Syrien beschreiben. ✓✓

c) anhand der Karten die Rolle der Familie Al-Assad erklären. ✓✓✓

START	Die in Syrien herrschende Familie Al-Assad ...
... wurde unterdrückt.	Viele Syrer und Syrerinnen sehnten sich ...
... bringt ihr viel Kritik ein.	Die USA unterstützen Syrien ...
... nach mehr Freiheit und Demokratie	China und Russland haben ...
... verfolgen eigene Interessen in Syrien.	Das Bündnis der Türkei mit islamistischen Gruppen ...
... gehört den Alawiten an.	Die Mehrheit der Bevölkerung ...
... im UN-Sicherheitsrat alles abgelehnt.	Russland, der Iran, die Türkei und die USA ...
... mit Waffen, Ausbildern und Spezialkräften.	ENDE

M3 Dominokarten zum Krieg in Syrien

4 Der Konflikt in der Ukraine

Du kannst ...

a) die Interessen Russlands in der Ukraine benennen. ✓

b) mithilfe von M4 das Vorgehen des russischen Präsidenten in der Frage der Ukraine beschreiben. ✓✓

c) mithilfe von M4 die Handlungen der Europäischen Union und der NATO nachvollziehen. ✓✓✓

M4 „Der Rote Teppich wird ausgerollt“: Karikatur zum Krieg in der Ukraine (2022)

Worterklärungen

A

Alliierte
Die bei Ausbruch des Ersten Weltkrieges gegen die Mittelmächte verbündeten Staaten Frankreich, Großbritannien und Russland, zu denen später weitere hinzutraten. Für sie ist auch die Bezeichnung „Entente“ gebräuchlich. Im Zweiten Weltkrieg hießen die gegen Deutschland verbündeten Mächte ebenfalls Alliierte. Die Hauptalliierten der „Anti-Hitler-Koalition“ waren die Sowjetunion, die USA, Großbritannien und die Volksrepublik China. Nach der Befreiung des Landes im Jahr 1944 kam Frankreich als Hauptalliierter hinzu.

American Way of Life
Typische Merkmale des American Way of Life sind die Freiheitsliebe, das Streben nach Wohlstand und die Idee, dass jeder den Aufstieg durch harte Arbeit schaffen kann (→ American Dream). Ikonen der Pop- und Jugendkultur wie Elvis Presley, James Dean und Marlon Brando beeinflussten den Kleidungsstil. Weitere Kennzeichen sind eine freie Wirtschaft, Massenkonsum und Konsumkultur.

American Dream
Der American Dream lässt sich auch in die griffige Formel „Vom Tellerwäscher zum Millionär“ übersetzen. Der American Dream geht davon aus, dass es die US-amerikanische Gesellschaft jedermann ermöglicht, aus ärmsten Verhältnissen Wohlstand und Zufriedenheit zu erlangen. Ausschlaggebend seien hierfür allein der eigene Wille und die eigene Leistungsbereitschaft.

B

Berliner Blockade
Von der sowjetischen Besatzungsmacht verhängte Blockade West-Berlins durch Sperrung aller Zufahrtswege am 24.06.1948. Dieser Versuch der Sowjetunion, ganz Berlin unter ihre Kontrolle zu bringen, scheiterte am Widerstand der Westmächte. Sie versorgten West-Berlin über eine Luftbrücke, sodass die sowjetische Regierung die Blockade am 12.05.1949 wieder aufhob.

Besatzungsstatut
Wurde von den drei Westmächten parallel zur Gründung der Bundesrepublik Deutschland erlassen. Mit ihm traten sie wesentliche Hoheitsrechte an den neuen Staat ab, behielten sich jedoch Kontrollbefugnisse und die außenpolitische Vertretung vor. 1955 hoben die Pariser Verträge das Statut nach mehrfacher Lockerung endgültig auf, doch blieben den Alliierten weiterhin Rechte in Berlin sowie Notstandsbefugnisse vorbehalten.

Besatzungszonen
Die Besatzungsgebiete der vier alliierten Siegermächte, in die Deutschland nach einem Abkommen vom 05.06.1945 aufgeteilt wurde. Berlin wurde ebenfalls in vier Sektoren unterteilt.

Binnenmarkt
Wirtschaftsraum, der durch den freien Verkehr von Waren, Dienstleistungen, Kapital und Personen gekennzeichnet ist. Innerhalb dieses Wirtschaftsraums gibt es somit weder Zölle noch sonstige Handelsbeschränkungen. Die größten Binnenmärkte sind die USA, die Europäische Union, China und Indien.

Blockbildung
Der Gegensatz zwischen Ost und West wurde nach der → Berliner Blockade 1948 zu einem globalen Konflikt, der zu einer weltweiten Blockbildung führte. Die USA und ihre westlichen Verbündeten schlossen ein Militärbündnis, die → NATO, welches den Staaten des → Warschauer Vertrags gegenüberstand. Beide Seiten rüsteten mit Atomwaffen auf, um die Gegenseite abzuschrecken.

Bundeskanzler/-in
Deutsches Regierungsoberhaupt, das von einer Mehrheit des → Bundestages auf Vorschlag des/der → Bundespräsidenten/-in gewählt wird. Er/Sie bestimmt die Richtlinien der Politik und ist Chef/-in der ausführenden Gewalt (Exekutive).

Bundespräsident/-in
Deutsches Staatsoberhaupt, das von der Mehrheit der Bundesversammlung für fünf Jahre gewählt wird. Die Aufgaben sind die Vertretung Deutschlands und der Abschluss von Verträgen des Bundes mit dem Ausland sowie die Verkündigung und Ausfertigung der Gesetze. Außerdem besitzt er/sie das Recht, den/die → Bundeskanzler/-in vorzuschlagen. Er/sie ernennt das Regierungsoberhaupt und entlässt es auf Ersuchen des Deutschen → Bundestages.

Bundesrat
Der Deutsche Bundesrat ist die zweite Kammer des Parlaments in Deutschland. Durch ihn wirken die Bundesländer bei der Gesetzgebung unter Verwaltung des Bundes und in Angelegenheiten der → Europäischen Union mit.

Bundesstaat
Zusammenschluss von Bundesländern zu einem Gesamtstaat. Jedes Bundesland hat ein Landesparlament, eine Landesregierung und eine Landesverwaltung. Die Bundesrepublik Deutschland besteht aus 16 Bundesländern.

Bundestag
Parlament in Deutschland. Seine Mitglieder, die Abgeordneten, werden in allgemeiner, unmittelbarer, freier, gleicher und geheimer Wahl für vier Jahre von den deutschen Bürgern und Bürgerinnen gewählt. Der Bundestag wählt unter anderem den/die → Bundeskanzler/-in und beschließt Gesetze (Legislative).

D

Deutsche Demokratische Republik (DDR)
In der sowjetischen → Besatzungszone am 07.10.1949 gegründeter deutscher Teilstaat. In der Deutschen Demokratischen Republik sollte unter Führung der Arbeiterklasse und der SED der → Sozialismus verwirklicht werden. Die DDR bestand bis zur → Wiedervereinigung Deutschlands am 03.10.1990.

Demokratie
(griech. = „Herrschaft des Volkes“) In einer repräsentativen Demokratie, wie z. B. der Bundesrepublik Deutschland, wählen die Bürgerinnen und Bürger ihre Repräsentanten, die Politiker. Direkte Demokratie durch Volksabstimmungen oder Volksentscheide ist in der Bundesrepublik Deutschland nur bedingt möglich.

Demontage
Erzwungener Abbau von Industrieanlagen in einem besiegten Land. In den westlichen → Besatzungszonen wurde die Demontage ab 1946 nur teilweise durchgeführt und 1951 endgültig eingestellt. Grund dafür war der sich verschärfende Ost-West-Konflikt. In der sowjetischen Besatzungszone kam es hingegen zu umfassenden Demontagemaßnahmen, die den Wiederaufbau stark behinderten.

Deutsche Frage
Bezeichnung für die Situation Deutschlands nach dem Zweiten Weltkrieg. Die Teilung Deutschlands in zwei Staaten, die Abtrennung der Ostgebiete, das Fehlen eines Friedensvertrages, eine eingeschränkte staatliche Souveränität sowie die Auswirkungen des → Kalten Krieges kennzeichneten die politische Situation. Erst mit der deutschen Einheit 1990 und der Anerkennung der deutsch-polnischen Grenze war die Deutsche Frage gelöst.

Diktatur
Herrschaft einer einzelnen Person oder einer Gruppe, die die gesetzgebende, ausführende und richterliche Gewalt des Staates vereint und damit unkontrollierbar wird. Diese Machtkonzentration bewirkt die weitgehende Rechtlosigkeit des Volkes.

E

Einigungsvertrag
Vertrag zwischen der BRD und der → DDR, der die Auflösung der DDR, den Beitritt zur Bundesrepublik und die Deutsche Einheit regelt. Nachdem im Mai 1990 die wirtschaftliche und soziale Einheit durch die Währungs-, Wirtschafts- und Sozialunion hergestellt war, wurde durch den Vertag vom 31.8.1990 die politische und staatliche Einheit vollzogen.

Elysee-Vertrag
Am 22.01.1963 geschlossener Vertrag über die deutsch-französische Zusammenarbeit und Zeichen der Aussöhnung beider Staaten. Um die Zusammenarbeit zu stärken, wurden regelmäßige Treffen auf politischer Ebene festgelegt. Zudem wurden das Deutsch-Französische Jugendwerk sowie zahlreiche Städtepartnerschaften ins Leben gerufen, um auch eine gesellschaftliche Annäherung der Menschen zu fördern.

Einparteienstaat
Ein Staat, in dem nur eine Partei das Machtmonopol besitzt, während andere Parteien und Verbände entweder verboten oder gleichgeschaltet sind. Das Prinzip der Gewaltenteilung ist aufgehoben und eine Opposition, die eine demokratische Willensbildung ermöglichen würde, nicht vorhanden. Einparteienstaaten lassen sich durch Scheinwahlen bestätigen.

Eiserner Vorhang
Von Winston Churchill 1945 geprägtes Schlagwort. Es bezeichnet die waffenstarrende Grenze in Europa, mit der die Sowjetunion nach dem Zweiten Weltkrieg ihren Machtbereich von der übrigen Welt abriegelte.

Entnazifizierung
Bestrafung der Nationalsozialisten bzw. deren Entfernung aus allen staatlichen, politischen und wirtschaftlichen Schlüsselstellungen. Die US-Amerikaner errichteten dazu sogenannte Spruchkammern, die über die Schuld des Einzelnen entschieden.

Europäische Union (EU)
Entstand aus dem 1957 erfolgten Zusammenschluss der Bundesrepublik Deutschland, Frankreichs, Italiens sowie der Benelux-Staaten zur → Europäischen Wirtschaftsgemeinschaft (EWG). Nach ihrer Verschmelzung mit der Montanunion und der Europäischen Atomgemeinschaft (EURATOM) entstanden 1967 die Europäischen Gemeinschaften (EG), denen weitere europäische Staaten beitraten. 1992 kam es mit dem Vertrag von Maastricht zu einer grundlegenden Ergänzung, später zum Beitritt zahlreicher osteuropäischer Staaten. Die Europäische Union (EU) ist heute eine Gemeinschaft von 27 Staaten

Europäische Wirtschaftsgemeinschaft (EWG)
Am 25.03.1957 schlossen die Regierungen von Belgien, der Bundesrepublik Deutschland, Frankreich, Italien, Luxemburg und den Niederlanden den Vertrag über die Gründung der Europäischen Wirtschaftsgemeinschaft. Die Vertragsstaaten verpflichteten sich, untereinander alle Zoll- und sonstigen Handelsschranken schrittweise abzubauen. Diese Zollunion war der Beginn der wirtschaftlichen Einigung in Westeuropa.

F

Freie Deutsche Jugend (FDJ)
Als staatliche Jugendorganisation der → SED in der → DDR diente sie vor allem der Kontrolle der Jugendlichen und der Vermittlung sozialistischer Erziehungsziele.

Freihandelsabkommen
Vertrag, mit dem die Handelsschranken zwischen Staaten abgebaut werden sollen.

Friedliche Revolution
Wende in der → DDR von der → Diktatur zur parlamentarischen → Demokratie, eingeleitet durch von der Bevölkerung ausgehende Initiativen und Proteste. Die Friedliche Revolution führte zum Ende der → SED-Herrschaft und machte die → Wiedervereinigung möglich.

Föderalismus
(lat.: foedus = Bündnis, Vertrag): Gliederung eines Staates in mehrere gleichberechtigte, in bestimmten politischen Bereichen selbstständige Bundesländer, die an der Willensbildung des Bundes mitwirken.

G

Glasnost und Perestroika
Von Michail Gorbatschow in den 1980er-Jahren veranlasste Reformen, die die Sowjetunion modernisierten und liberalisierten. Glasnost (russ.=„Offenheit") meinte die offene Diskussion gesellschaftlicher Probleme. „Perestroika" (russ.=„„Umbau") bezeichnete wirtschaftliche und soziale Maßnahmen, die das System der Planwirtschaft reformieren sollten.

Grundgesetz
Die vom → Parlamentarischen Rat ausgearbeitete und 1949 in Kraft getretene Verfassung der Bundesrepublik Deutschland. Die Benennung als Grundgesetz und nicht als Verfassung sollte dessen provisorischen Charakter angesichts der deutschen Teilung verdeutlichen. Ein Gebot des Grundgesetzes war es, diese Teilung aufzuheben.

Grundlagenvertrag
Vertrag von 1972 „über die Grundlagen der Beziehungen zwischen der Bundesrepublik und der DDR". Der Vertrag erkannte erstmals die Souveränität der → DDR an und sollte im Rahmen der → Neuen Ostpolitik der damaligen Bunderegierung eine Normalisierung zwischen beiden deutschen Staaten einleiten.

H

Hamas
Die Hamas ist eine palästinensische Terrororganisation. Sie wurde 1987 in Konkurrenz zur → PLO gegründet. Im Vergleich zu dieser verfolgt sie noch radikalere Ziele und schreckt noch weniger vor Attentaten und Anschlägen gegen die israelische Zivilbevölkerung zurück. Seit dem Jahr 2000 gewann sie immer mehr an politischer Bedeutung. Seit einem Wahlsieg 2006 und einem kurzen anschließenden Bürgerkrieg stellt sie die Regierung des Gazastreifens.

Holocaust
(griech. = Brandopfer) Bezeichnung für den Massenmord am jüdischen Volk durch die Nationalsozialisten in den Vernichtungslagern. In Israel wird dafür auch der hebräische Begriff „Shoa" (= Zerstörung, Katastrophe) verwendet.

I

Inoffizieller Mitarbeiter (IM)
Ein IM war in der → DDR eine Person, die verdeckt Informationen an das → Ministerium für Staatssicherheit (MfS) lieferte, ohne ein Dienstverhältnis mit dem MfS zu haben. Das Netz der rund 189 000 IM deckte nahezu alle gesellschaftlichen Bereiche ab und war ein wichtiges Instrument zur Durchdringung der Gesellschaft durch das MfS.

Islamismus
Islamismus ist eine politische Ideologie, die im Namen des Islam die Errichtung einer allein religiös legitimierten Gesellschafts- und Staatsordnung anstrebt. Die Anhänger des Islamismus radikalisieren und verengen den Islam. Sie lehnen Grund- und Menschenrechte sowie die Trennung zwischen Staat und Religion ab. Islamistische Organisationen sind zum Beispiel die Muslimbrüder in Ägypten, der Islamische Staat (IS) in Syrien und im Irak, die Taliban und Al-Qaida in Afghanistan oder die Hisbollah im Libanon. Insbesondere der IS und Al-Qaida verüben auch terroristische Anschläge in westlichen Demokratien, Al-Qaida ist etwa für die Anschläge in New York vom 11.09.2001 verantwortlich

K

Kalter Krieg
Machtpolitischer und ideologischer Konflikt zwischen den USA und der Sowjetunion nach dem Zweiten Weltkrieg. Es standen sich die Militärblöcke der → NATO und des → Warschauer Vertrags gegenüber. Die beiden Supermächte vermieden eine direkte militärische Konfrontation, da beiden die Vernichtungskraft ihrer nuklearen Waffen bewusst war. Stattdessen versuchten sie, die Position des Gegners durch Militärbündnisse, Spionagetätigkeit, wirtschaftlichen Druck und → Stellvertreterkriege zu schwächen. Dennoch kam es häufig bis an den Rand einer kriegerischen Auseinandersetzung. Nach 1963 ließen Entspannungsbemühungen den Kalten Krieg abklingen, der Zerfall des Ostblocks 1989/90 führte zu seinem endgültigen Ende.

Kapitalismus
Von Karl Marx geprägter Begriff, der zur Beschreibung einer Wirtschafts- und Gesellschaftsordnung verwendet wird, die nach → marktwirtschaftlichen Prinzipien funktioniert.

Kollektivierung
Überführung von Produktionsmitteln – vor allem landwirtschaftlichem Privatbesitz – in Gemeineigentum, das von Genossenschaften bewirtschaftet wird. Die Kollektivierung der sowjetischen Landwirtschaft erfolgte hauptsächlich nach 1927 unter Josef Stalin. Nach 1945 kollektivierten auch die sozialistischen Ostblockstaaten ihre Landwirtschaft, so z.B. die → DDR in Form der → Landwirtschaftlichen Produktionsgenossenschaften (LPG).

Konferenz über Sicherheit und Zusammenarbeit in Europa (KSZE)
Die KSZE begann 1973 in Helsinki. In der Schlussakte von 1975 wurden die Menschenrechte sowie Maßnahmen zur Zusammenarbeit in Wirtschaft, Technik und Wissenschaft von den 36 Teilnehmerstaaten anerkannt.

L

Liberalismus
Weltanschauung, die Freiheit, Eigenverantwortung und freie Entfaltung des Einzelnen in den Mittelpunkt stellt. Im Wirtschaftsliberalismus soll der Staat möglichst wenig in die Wirtschaft eingreifen, ihm wird lediglich eine koordinierende Rolle zugedacht.

Landwirtschaftliche Produktionsgenossenschaften (LPG)
Nach dem Vorbild der Sowjetunion führte auch die → DDR die → Kollektivierung der Landwirtschaft durch. Bäuerliche Betriebe wurden meist zwangsweise zu LPG zusammengeschlossen, der Boden wurde einheitlich bestellt und gemeinsam bewirtschaftet.

M

Marktwirtschaft
Wirtschaftsordnung, die nicht durch den Staat gelenkt wird, sondern dem freien Spiel der Kräfte des Marktes gehorcht. Art und Umfang der erzeugten Güter werden von der Nachfrage bestimmt, die Preisregulierung erfolgt im Wettbewerb mit Konkurrenzprodukten. Voraussetzungen einer Marktwirtschaft sind Privateigentum, Gewerbe- und Vertragsfreiheit, freie Berufs- und Arbeitsplatzwahl sowie ein freier Wettbewerb. Das Gegenmodell zur Marktwirtschaft ist die → Planwirtschaft.

Marshallplan
Vom US-Außenminister Marshall 1947 angeregtes Europäisches Wiederaufbauprogramm, das in Form von Maschinen, Nahrungsmitteln und Krediten als Wirtschaftshilfe für das im Zweiten Weltkrieg zerstörte Europa diente. Die Ostblockstaaten lehnten den Marshallplan unter sowjetischem Druck ab und gründeten unter Führung der UdSSR 1949 den → Rat für gegenseitige Wirtschaftshilfe (RGW).

Ministerium für Staatsicherheit (MfS)

Kurz Stasi. Geheimpolizei der → DDR und Überwachungsinstrument der → SED gegenüber der eigenen Bevölkerung. Gängige Methoden waren Überwachung, Bespitzelung, Unterdrückung, Einschüchterung und Freiheitsberaubung.

N

Nahostkonflikt

Konflikt, der nach der Gründung des Staates Israel 1948 zwischen Israelis und Palästinensern sowie den arabischen Nachbarstaaten Israels entstand. Der Nahostkonflikt führte zu mehreren kriegerischen Auseinandersetzungen und ist bis heute nicht gelöst.

North Atlantic Treaty Organization (NATO)

Ein im Jahr 1949 gegründetes westliches Verteidigungsbündnis, dessen ursprüngliches Ziel es war, die kommunistischen Staaten von einem Angriff abzuschrecken. Nach dem Ende des → Kalten Kriegs zählt der weltweite Einsatz für Frieden und Freiheit zu den Hauptaufgaben. 2022 waren 30 europäische und nordamerikanische Staaten Mitglied des Bündnisses. Die Bundesrepublik trat 1955 bei.

Neue Ostpolitik

Verständigungspolitik der BRD unter der Regierung des → Bundeskanzlers Willy Brandt mit der → DDR und anderen osteuropäischen Staaten. Die westdeutsche Außenpolitik sollte der internationalen Entspannung angepasst werden und die zwischen beiden deutschen Staaten entstandenen Differenzen abbauen.

O

Ostverträge

Bezeichnung für mehrere Verträge, die die Bundesregierung unter → Bundeskanzler Willy Brandt (SPD) schloss. Hierzu zählen der Moskauer Vertrag mit der Sowjetunion von 1970, der Warschauer Vertrag mit Polen aus demselben Jahr und der Grundlagenvertrag mit der DDR von 1972. In diesen Verträgen erkannte die Bundesrepublik die Unverletzlichkeit der polnischen Westgrenze und die Souveränität der DDR an.

P

Palästinensische Autonomiegebiete

Von den Palästinensern eigenständig verwaltete und regierte Gebiete. Dazu zählen der Gazastreifen und ein Teil des Westjordanlandes. In den Gebieten leben 4,36 Millionen Menschen.

Parlamentarischer Rat

Am 01.09.1948 in Bonn zusammengetretene Versammlung, die auf Anordnung der Westmächte eine Verfassung für die Länder der westdeutschen → Besatzungszonen ausarbeiten sollte. Der Rat umfasste 65 Mitglieder, die von den elf Landtagen der damaligen Bundesländer delegiert worden waren. Zum Präsidenten des Rats wurde Konrad Adenauer (CDU) gewählt. Am 08.05.1949 verabschiedete der Rat das „Grundgesetz für die Bundesrepublik Deutschland", das am 23.05.1949 verkündet wurde.

Parteien

Parteien sind Organisationen politisch gleichgesinnter Menschen. Sie verfolgen bestimmte wirtschaftliche, gesellschaftliche und andere Vorstellungen, die meist in Parteiprogrammen festgeschrieben sind. Parteien haben das Ziel, den Staat zu regieren.

Planwirtschaft

Bezeichnung für ein Wirtschaftssystem, in dem der Staat die gesamte Volkswirtschaft lenkt und kontrolliert. Produktion, Verteilung von Waren und Preisfestsetzung erfolgen nach einem einheitlichen Plan, dessen Erfüllung eine zentrale Planbehörde überwacht. Ein Wettbewerb ist in diesem System nicht vorgesehen. Das freie Spiel der Kräfte des Marktes zur Regulierung von Angebot, Nachfrage und Preisen ist außer Kraft gesetzt. Die Planwirtschaft – auch Zentralverwaltungswirtschaft genannt – ist vor allem in sozialistischen Staaten verbreitet. Das gegensätzliche Modell ist die → Marktwirtschaft.

Palestine Liberation Organization (PLO)

Palästinensische Befreiungsorganisation, die für die Errichtung eines unabhängigen Staates Palästina kämpft. Die PLO wurde 1964 in Kairo gegründet und ist der Dachverband für die meisten palästinensischen Organisationen. Um ihre Ziele zu erreichen, verübte die PLO auch Terroranschläge. 1993 begannen in Oslo unter Beteiligung der PLO Friedensverhandlungen mit Israel. Die PLO ist mittlerweile gemäßigt und wird als rechtmäßige Vertretung der Palästinenser anerkannt. Seit 1994 wurden Teile der → palästinensischen Autonomiegebiete von der PLO regiert. Ab dem Jahr 2000 verlor die PLO an politischer Bedeutung. Radikalere Kräfte wie die → Hamas gewannen an Zuspruch und Macht und regieren große Teile der → palästinensischen Autonomiegebiete.

Potsdamer Konferenz

Konferenz der drei Hauptalliierten des Zweiten Weltkrieges (USA, UdSSR, Großbritannien), 17.07.–02.08.1945 in Potsdam. Die Regierungschefs der → Siegermächte trafen dort zusammen, um über die deutsche Nachkriegsordnung zu beraten. Im Potsdamer Abkommen vom 02.08.1945 verankerten sie wichtige Beschlüsse wie Demilitarisierung und Denazifizierung. Die Beschlüsse der Potsdamer Konferenz bestimmten die Deutschlandpolitik nach 1945 entscheidend, wurden jedoch infolge des ausbrechenden → Kalten Krieges und der Gründung der beiden deutschen Staaten in vielen Bereichen bedeutungslos.

Prager Frühling

Als Prager Frühling werden die Versuche der tschechoslowakischen Kommunistischen Partei (KPČ) verstanden, den Sozialismus des Landes mit mehr Freiheitsrechten zu versehen. Hierzu versuchte sie im Frühjahr 1968, Reformen durchzusetzen. Dabei ging es um Wirtschaftsreformen, aber auch um mehr Presse- und Meinungsfreiheit. Es sollte ein demokratischer Sozialismus entstehen. Dies wurde von einer breiten Öffentlichkeit begrüßt und unterstützt. Am 21. August 1968 marschierten Truppen des Warschauer Vetrags in die Tschechoslowakei ein. Am 23. August 1968 wurden unter dem Druck der militärischen Präsenz alle Reformversuche rückgängig gemacht. Der Prager Frühling war vorbei. Laut offiziellen Angaben wurden beim und im Nachgang des Einmarsches 98 tschechoslowakische Demonstranten getötet.

R

Reparationen

(lat.: reparare = wiederherstellen) Alle Leistungen, die einem besiegten Staat auferlegt werden, um die Kriegsschäden des Siegerstaates zu beheben. Hierzu zählen Geld-, Sach- oder Dienstleistungen.

Rat für gegenseitige Wirtschaftshilfe (RGW)

Der RGW wurde 1949 von der Sowjetunion und fünf weiteren Ostblockstaaten als Reaktion auf den → Marshallplan der USA gegründet. Die → DDR trat dem RGW 1950 bei. Ziel des RGW war, die einzelnen Volkswirtschaftspläne der Ostblockstaaten zu koordinieren und so zu einer internationalen sozialistischen Arbeitsteilung zu gelangen.

S

Sozialistische Einheitspartei Deutschlands (SED)

Führende Staatspartei in der → DDR. Die SED wurde am 21.04.1946 durch den erzwungenen Zusammenschluss von KPD und SPD in der sowjetischen → Besatzungszone gegründet.

Solidarnoscz

Erste freie und unabhängige Gewerkschaft Polens, die 1980 aus einer Streikbewegung entstand. Sie war die wichtigste polnische Protestbewegung und wurde 1981 verboten. Eine erneute Streikwelle 1988 unter Führung der Gewerkschaft trug zum politischen Wandel in Polen bei. Bei den Parlamentswahlen von 1989 siegte die Solidarnoscz, ihr Vorsitzender Lech Walesa wurde Staatspräsident.

Sozialismus

Im 19. Jh. entstandene politische Bewegung, die bestehende gesellschaftliche Verhältnisse mit dem Ziel sozialer Gleichheit und Gerechtigkeit verändern will. Als Mittel hierzu dienen die Abschaffung des Privateigentums, die Überführung der Produktionsmittel in Gemeineigentum und die Beseitigung der Klassenunterschiede.

Soziale Marktwirtschaft

Wirtschaftsordnung, die auf → marktwirtschaftlichen Prinzipien basiert, dem Staat jedoch die Aufgabe zuweist, sozialpolitische Korrekturen vorzunehmen und auf sozialen Ausgleich hinzuwirken. Unter Bundeswirtschaftsminister Ludwig Erhard wurde dieses Modell zur Grundlage des deutschen Wirtschaftssystems.

Stellvertreterkrieg

In der Zeit des → Kalten Krieges kam es nie zu einer direkten militärischen Auseinandersetzung der beiden Großmächte USA und UdSSR. Beide griffen aber mehrfach in kriegerische Konflikte kleinerer verbündeter Staaten ein, um eine Ausweitung des gegnerischen Machtbereichs zu verhindern. Diese Konflikte bezeichnet man als Stellvertreterkriege. Die bekanntesten und weitreichendsten waren der Koreakrieg 1950–1953, der Vietnamkrieg 1955–1975 und der Krieg der UdSSR in Afghanistan 1979–1988.

T

Terrorismus

Strategische Anwendung von Gewalt bestimmter Gruppen, die sich gegen eine politische oder religiöse Ordnung richtet. Mit diesen Aktionen werden Menschen eingeschüchtert, das Interesse der Medien geweckt und gleichzeitig die eigene Anhängerschaft in ihrem Kampfeswillen bestärkt.

Transatlantische Beziehungen

Bezeichnung für die Beziehungen zwischen der Europäischen Union und den USA, die durch wirtschaftliche, politische und militärische Zusammenarbeit bestimmt sind.

V

Vereinte Nationen (UN/UNO)

(engl. = United Nations Organization, UNO) Die UNO wurde 1945 gegründet, ihr Hauptsitz ist in New York. 2022 sind 193 Staaten Mitglied der Vereinten Nationen. Ihre Hauptaufgaben sind die Sicherung des Friedens und die Garantie der internationalen Sicherheit sowie der Schutz der Menschenrechte. Die UNO verfügt über fünf Hauptorgane: Zentrale Beratungsinstanz ist die Generalversammlung, die aus den Vertretern der Mitgliedsstaaten besteht. Sie wählt die nichtständigen Mitglieder des Sicherheitsrats, den Wirtschafts- und Sozialrat sowie den Generalsekretär. Ihre Beschlüsse haben den Charakter von Empfehlungen. Der Sicherheitsrat entscheidet über Maßnahmen zur Friedenssicherung. Er umfasst fünf ständige Mitglieder mit Vetorecht (USA, Russland, Volksrepublik China, Großbritannien, Frankreich) sowie zehn nichtständige Mitglieder. Weitere Organe sind der Internationale Gerichtshof in Den Haag sowie der Generalsekretär als ausführende Instanz. Zahlreiche Sonderorganisationen nehmen sich weiterer Aufgaben der UNO an.

Vertrag von Lissabon

Mit dem 2009 in Kraft getretenen Vertrag kam es zum Ausbau der Entscheidungen, die der Rat der → EU mit einer qualifizierten Mehrheit beschließen kann. Außerdem wurde die Beteiligung der nationalen Parlamente an der europäischen Gesetzgebung erweitert und die außenpolitische Zusammenarbeit verstärkt. Daneben wurde das Amt des Präsidenten des Europäischen Rates geschaffen, das die meisten Aufgaben des früheren Vorsitzenden des Europäischen Rats übernommen hat.

W

Warschauer Vertrag

1955 in Warschau gegründetes Militärbündnis, dem sieben Ostblockstaaten unter Führung der Sowjetunion angehörten (Warschauer Vertragsstaaten). Albanien trat 1968 aus. Der Vertrag entstand als Reaktion der UdSSR auf den Beitritt der Bundesrepublik zur → NATO. Der Warschauer Vertrag erwies sich rasch als Herrschaftsinstrument der Sowjetunion. Mit der deutschen → Wiedervereinigung verließ 1990 die → DDR den Warschauer Vertrag, der sich nach Zerfall des Ostblocks 1991 auflöste.

Werte

Eigenschaften oder Qualitäten, die als erstrebenswert gelten. Als amerikanische Werte gelten → Demokratie, Freiheit und Selbstbestimmung.

Wiedervereinigung

So wird der durch die friedliche Revolution in der → DDR angestoßene Prozess der Jahre 1989 und 1990 bezeichnet, der zum Beitritt der DDR zur Bundesrepublik Deutschland am 3. Oktober 1990 führte. Die damit vollzogene Deutsche Einheit beendete die als Folge des Zweiten Weltkrieges entstandene deutsche Teilung.

Z

Zwei-plus-Vier-Vertrag

Staatsvertrag zwischen → DDR, BRD und Frankreich, USA, Großbritannien und der Sowjetunion. Er machte den Weg für die → Wiedervereinigung Deutschlands frei und trat am 15. März 1991 in Kraft. Der Vertrag markiert das Ende der Nachkriegszeit und ist ein diplomatischer Beitrag zur Friedensordnung in Europa. Es handelt sich um einen sogenannten „Statusvertrag", dessen Rechtswirkungen sich auch auf dritte, nicht direkt betroffene Staaten erstrecken.

Zweistaatenlösung

Von der UNO angestrebte Lösung für den Nahostkonflikt. Sie sieht die Teilung des Landes in einen jüdischen und einen arabischen Staat vor. Jerusalem soll einen Sonderstatus erhalten. Der Teilungsplan entstammt der Resolution 181 der Vereinten Nationen aus dem Jahr 1947.

Hilfen

Hier findest du zu allen Aufgaben mit diesem Symbol HILFE Hilfen zur Bearbeitung der Aufgaben.

Die Mauer – ein Symbol für die Teilung Deutschlands, Europas und der Welt

Seite 11 Aufgabe 2 III

Beachte, dass die Bilder die vielfältigen Schwierigkeiten der Stadtbevölkerung abdecken und auch indirekt Bezug nehmen. So z. B. M3, denn die Kochstelle im Freien beinhaltet neben der Wohn- auch die Ernährungssituation.

Seite 13 Aufgabe 2 III

1. Überlege dir, ob die damaligen Bürger einen anderen Ausweg hatten.
2. Beziehe in deine Antwort den Gewissenskonflikt in Q1 mit ein.

Seite 17 Aufgabe 3 III

Beachte im Bild M4, wie viel Gepäck die Menschen bei sich hatten. Begründe dieses mithilfe der Quelle Q1.

Seite 19 Aufgabe 2 a)

Tipp für die Recherche:
https://www.mdr.de/geschichte/sowjetische-spezial-lager-104.html

Seite 19 Aufgabe 2 b)

Gestalte die Collage aus verschiedenen Bildern mit kurzen Infotexten.

Seite 21 Aufgabe 1 II

1. Beachte in der Karikatur, welche Nationen auf jeder Seite an einem Stück von Deutschland ziehen.
2. Ordne zuerst der östlichen Seite die jeweiligen wirtschaftlichen, politischen und gesellschaftlichen Vorstellungen zu.
3. Stelle diesen dann die westlichen Vorstellungen gegenüber.

Seite 21 Aufgabe 2

Erarbeite zunächst einige Fragen, die der Reporter dem Einwohner stellen würde, wie z. B.:
Auf welche Weise können sie sich noch mit ihren Nachbarn treffen?
Was ist, wenn die Kinder gemeinsam spielen wollen?
Gibt es noch eine gemeinsame Dorfschule?
In welchem Bereich liegt der Dorfladen?
Können sie dort einkaufen gehen?

Seite 23 Aufgabe 2 III

1. Beachte, dass er eine Forderung indirekt benennt.
2. Überlege dir, was er mit dem Begriff „Ideale“ meint und damit verbindet.

Seite 23 Aufgabe 3

1. Denke bei der Bearbeitung der Aufgabe an deine konkrete Lebenssituation und wie sich diese durch die Luftbrücke verändert hat.
2. Überlege dir auch, warum du die Flugzeuge begrüßt und jubelst.

Seite 25 Aufgabe c)

Tipp für die Recherche:
https://www.bundestag.de/parlament/aufgaben/rechtsgrundlagen/grundgesetz/gg_01-245122

Seite 25 Aufgabe d)

1. Benutze die Begriffe „gesetzgebende Gewalt“, „ausführende Gewalt“ und „richterliche Gewalt“.
2. Starte jeweils bei den Bürgerinnen und Bürgern. Folge dann den Pfeilen im Schaubild.
3. Beschreibe jeweils, wie die Institution gewählt wird.
4. Begründe dann, wie die Gewaltenteilung umgesetzt ist.

Seite 27 Aufgabe 2 a)

Tipp für die Recherche:
https://www.bundestag.de/parlament/aufgaben/rechtsgrundlagen/grundgesetz/gg_01-245122

Seite 29 Aufgabe 3 I

1. Denke daran, dass in der SED zwei Parteien verschmolzen.
2. Benenne die Partei, die von der sowjetischen Besatzungsmacht unterstützt wurde.
3. Beschreibe dann, wie es zur Verschmelzung der beiden Parteien kam. Stelle dabei heraus, ob das freiwillig geschah.

Seite 29 Aufgabe 3 III

Überlege dir das Vorgehen der KPD gegenüber der SPD und beurteile daraufhin, ob der Zusammenschluss freiwillig geschah.

Seite 31 Aufgabe b)

1. Benutze die Begriffe „gesetzgebende Gewalt", „ausführende Gewalt" und „richterliche Gewalt".
2. Starte jeweils bei den Bürgerinnen und Bürgern. Folge dann den Pfeilen im Schaubild.
3. Beschreibe jeweils, wie die Institution gewählt wird.
4. Begründe dann, ob die Gewaltenteilung umgesetzt ist.

Seite 35 Aufgabe 1 II

Denke bei der Bearbeitung der Aufgabe an den Begriff, den der Redner benutzt und wozu er diesen verwendet.

Seite 35 Aufgabe 1 III

1. Überlege dir, welche Ziele die Sowjetunion in ihrem Machtbereich verfolgte.
2. Beschreibe dann, welche Sicht der Redner dazu einnimmt.

Seite 37 Aufgabe 2

Tipps für die Recherche:
https://astrokramkiste.de/geschichte-der-raumfahrt
https://www.dlr.de/next/desktopdefault.aspx/tabid-6798/

Seite 37 Aufgabe 3

Tipps für die Recherche:
https://www.esa.int/Space_in_Member_States/Germany/Biografie_von_Sigmund_Jaehn
https://www.hall-of-fame-sport.de/mitglieder/detail/Katarina-Witt

Seite 39 Aufgabe c)

Denke bei deiner Antwort vor allem auch an den Begriff „Kalter Krieg".

Seite 41 Aufgabe 3

1. Beziehe in deine Antwort die Textinfos aus M3 mit ein.
2. Benutze die Satzanfänge „Zuerst ...", „Dann ...", „Darauf ...".
3. Du kannst auch einige Ereignisse in einem gemeinsamen Satz zusammenführen (z.B. 14.10–22.10.1962).

Seite 45 Aufgabe 1 a)

Tipps für die Recherche:
https://www.deutschlandfunk.de/65-jahre-wunder-von-bern-durch-diesen-wm-titel-war-100.html
https://www.dfb.de/die-mannschaft/news-detail/finale-1954-das-wunder-von-bern-183023/full/1/

Seite 45 Aufgabe 2 III

1. Überlege dir zur Bearbeitung der Aufgabe die Belastungen der Nachkriegszeit und stelle dir die Frage, wie viel Vermögen der Einzelne oft hatte.
2. Beziehe in deine Überlegungen auch mit ein, was für das Reisen alles notwendig war.

Seite 47 Aufgabe 3

1. Blättere gegebenenfalls zurück auf die Seiten 42 und 43. Dort ist die Partnerschaft der Bundesrepublik zu den USA und Westeuropa ausführlicher dargestellt.
2. Vergleiche vor allem, ob die Anbindungen jeweils freiwillig erfolgten.
3. Überlege dir auch, ob die Partnerschaft überwiegend einseitig ausgestaltet war oder ein partnerschaftliches Miteinander gestaltet wurde.

Seite 49 Aufgabe 2 I

1. Orientiere dich bei der Bearbeitung der Aufgabe zunächst nur an den grünen Pfeilen.
2. Überlege dir, was im Plan vorgegeben werden könnte.
3. Beschreibe dann, mithilfe der orangen Pfeile, welche Aufgabe die Plankontrolle hatte.

Seite 49 Aufgabe 2 II

1. Ordne zunächst die Planungskommission in das Schaubild M1 ein.
2. Beschreibe dann, welche Aufgabe in Bild M2 dargestellt wird.

Seite 49 Aufgabe 2 III

1. Arbeite zunächst aus Q1 die dort kritisierten Fehler und Mängel heraus.
2. Überlege dir Gründe, warum es zu diesen Fehlern kam.
3. Belege deine Antwort mithilfe des Schaubilds M1. Denke dabei daran, dass für die Herstellung eines Produkts meist sehr viele verschiedene Zulieferer notwendig sind.

Seite 51 Aufgabe d)

Tipps für die Recherche:
https://www.mdr.de/geschichte/mitteldeutschland/orte/chemnitz-karl-marx-stadt-ddr-102.html
https://www.mdr.de/geschichte/karl-marx-stadt-wird-wieder-chemnitz100.html

Seite 53 Aufgabe 2
Tipp für die Recherche:
https://www.stsg.de/cms/bautzen/startseite

Seite 53 Aufgabe 3 II
Denke bei der Beantwortung daran, dass in der DDR keine echte Demokratie gegeben war.

Seite 55 Aufgabe 2 II
1. Benutze die Satzanfänge „Zuerst ...", „Dann ...", „Darauf ..." und „Schließlich ...".
2. Beachte bei der Bearbeitung der Aufgabe, dass der Fahnenaufrduck der Demonstranten in M1 den Ausgangspunkt des Volksaufstands wiedergibt.

Seite 55 Aufgabe 3 b)
Tipp für die Recherche:
https://www.bundesstiftung-aufarbeitung.de/de/recherche/dossiers/volksaufstand-am-17-juni-1953/erinnerungsorte

Seite 57 Aufgabe c)
Tipps für die Recherche:
https://www.stiftung-hsh.de/geschichte/
https://www.planet-schule.de/wissenspool/orte-des-erinnerns-deutschland/inhalt/das-stasi-gefaengnis-berlin-hohenschoenhausen/film

Seite 57 Aufgabe d)
Tipps für die Recherche:
https://www.mdr.de/geschichte/roland-jahn-112.html
https://www.jugendopposition.de/lexikon/personen/148256/biografie-roland-jahn

Seite 59 Aufgabe 1 I
Orientiere dich am Bild und stelle dir unter anderem folgende Fragen:
Was machen die Bauarbeiter?
Wozu dienen die Soldaten?
Wie viele andere Bürger kannst du auf der Ostseite entdecken?
...

Seite 61 Aufgabe 1 b)
Beachte, dass du mit Nummer 14 im Schaubild beginnen musst, da du dich von der Ostseite näherst.

Seite 61 Aufgabe 2 I
1. Benutze bei deiner Beschreibung die Begriffe demokratisch bzw. undemokratisch.
2. Überlege dir, welcher der beiden Wechsel durch eine Wahl der Bürgerinnen und Bürger erfolgte.

Seite 61 Aufgabe 3
Informiere dich, wie alt du sein musst, um in Sachsen wählen zu dürfen.
Tipp für die weitere Recherche:
https://www.zdf.de/kinder/logo/diskussion-um-wahlrecht-ab-16-100.html

Seite 63 Aufgabe 1 III
1. Beschreibe zuerst die Schwierigkeiten, die unmittelbar durch das fremde Land vorgegeben waren.
2. Beachte aber auch, wie die deutsche Gesellschaft auf die „Gastarbeiter" reagierte. Begründe jeweils deine Aussagen.

Seite 65 Aufgabe 2
Tipp für die Recherche zu „Saurer Regen":
https://klassewasser.de/content/language1/html/3628.php
Tipp für die Recherche zu „Waldsterben":
https://www.planet-wissen.de/natur/umwelt/waldsterben/index.html

Seite 67 Aufgabe 1 II
Beachte, dass die Zeitzeugin zwei verschiedene Ansichten äußert. Sie bezieht sich sowohl auf den eigentlichen Vorgang als auch auf ihr eigenes Empfinden und Erleben.

Seite 67 Aufgabe 2
Denke bei der Bearbeitung der Aufgabe an die Schwierigkeiten, die unangepassten DDR-Bürgerinnen und -Bürgern drohten.

Längsschnitt: Europa im Aufbruch

Seite 81 Aufgabe 1 I
Beantworte folgende Fragen:
Was wurde alles zerstört?
Wie wohnten die Menschen?
...

Seite 83 Aufgabe 2 b)
Stelle Informationen zu folgenden Punkten vor:
- kulturelle Zusammenarbeit
- Schüleraustausch
- Freundschaftstreffen
- besondere Aktionstage
- ...

Seite 85 Aufgabe 3
Erstelle eine Tabelle:

	EG	RGW
Mitgliedstaaten		
Ziele		
...		

Seite 90 Aufgabe 3
Einen Audio-Mitschnitt von Kennedys Rede findest du unter:
https://www.jfklibrary.org/asset-viewer/archives/JFKWHA/1963/JFKWHA-190-002/JFKWHA-190-002

Seite 95 Aufgabe 2 b)
1. Lies zur Bearbeitung der Aufgabe eventuell noch einmal ab Seite 28 über den Kalten Krieg.
2. Beschreibe, wie die beiden Politiker miteinander im Bild umgehen. Achte etwa auf Mimik, Gestik und die Körperhaltung.
3. Vergleiche die Informationen über den Kalten Krieg mit deiner Beschreibung von M2.

Seite 99 Aufgabe 3
Erinnere dich für die Bearbeitung der Aufgabe an die Methode zur Analyse einer Karikatur aus Band 7, S. 122/123. Die in der Methode aufgezeigten Schritte beinhalten:
1. Entstehung der Karikatur:
   Wer ist der Zeichner?
   ...
2. Inhalt der Karikatur erfassen:
   Was ist dargestellt?
   ...
3. Absichten der Karikatur deuten:
   Wer war die Zielgruppe?
   ...
4. Die Karikatur verstehen:
   Welche Meinung wird deutlich?
   Was wird kritisiert, gelobt oder verächtlich gemacht?

Seite 105 Aufgabe 2
Beantworte zur Bearbeitung der Aufgabe folgende Fragen:
Wo sind die Zeitzeugen geboren?
Welche Aufgaben hatten sie vor der Wiedervereinigung?
Welche Aufgaben hatten sie nach der Wiedervereinigung?
...

Seite 119 Aufgabe 2 a)
Berücksichtige in deiner Beschreibung etwa folgende Punkte:
- Aufgaben
- Mitglieder
- Bereich innerhalb der EU
- Abhängigkeit von anderen EU-Institutionen
- ...

Seite 123 Aufgabe 1
Erstelle eine Tabelle und liste in dieser die Staaten in der Reihenfolge ihres Beitritts auf:

Mitgliedstaat	Beitrittsjahr
Niederlande	
...	

Seite 128 Aufgabe 1
Suche dir in der Stichwortliste unter Schritt 2 Oberthemen aus, die dich interessieren. Du solltest aber auf jeden Fall folgende Themen recherchieren und Hinweise beachten:
- Geschichte und Politik:
  Geschichte sehr kurz fassen, Regierungsform ...
- Erdkunde:
  Lage, Nachbarstaaten, Flächengröße, Hauptstadt, Bevölkerungszahl, wichtige Flüsse ...
- Besonderheiten:
  Was macht dieses Land so besonders? ...

USA und Europa

Seite 135 Aufgabe 1 I
Tipps für die Recherche:
https://www.info-usa.de/freiheitsstatue/
https://www.dw.com/de/13-fakten-%C3%BCber-die-freiheitsstatue/a-36160904

Seite 135 Aufgabe 2
Notiere in einer Tabelle Stichpunkte zum „American Dream" und dessen Schattenseiten:

American Dream	Schattenseiten
Jeder kann Wohlstand erreichen.	Ohne Grundsicherung kann man obdachlos werden.
...	...

Seite 135 Aufgabe 3

Erstelle einen Steckbrief zu folgenden und weiteren Punkten:

- Geburtsdatum
- Geburtsort
- Zeitpunkt Einwanderung in die USA
- Ausbildung
- Erfolge
- ...

Seite 138 Aufgabe a)

Tipps für die Recherche:
https://www.zeitklicks.de/weimarer-republik/zeitklicks/zeit/weltgeschichte/es-war-einmal-in-amerika/was-ist-los-in-amerika/
https://usa.usembassy.de/geschichte-ww1.htm

Seite 141 Aufgabe 2

Tipps für die Recherche:
https://www.geo.de/magazine/geo-epoche/1880-rtkl-zweiter-weltkrieg-d-day-invasion-der-normandie
https://www.dhm.de/lemo/kapitel/der-zweite-weltkrieg/kriegsverlauf/landung-in-der-normandie-1944.html

Seite144 Aufgabe 1

Tipps für die Recherche:
https://www.dw.com/de/die-gr%C3%B6%C3%9Ften-teenie-idole-aller-zeiten/g-19083998
https://www.planet-wissen.de/geschichte/deutsche_geschichte/jugend_in_den_fuenfziger_jahren/pwiewissensfrage584.html

Seite 144 Aufgabe 2

Tipps für die Recherche:
https://www.partnership.de/2021/03/11/typisch-amerikanisch-was-bedeutet-eigentlich-der-american-way-of-life/
https://menschengerechtewirtschaft.de/american-way-of-life-fur-alle-traum-oder-alptraum

Seite 145 Aufgabe 3

Finde positive und negative Seiten und ordne sie in einer Tabelle ein:

Negative Seiten	Positive Seiten
Ein Eigenheim und ein eigenes Auto können mit Fleiß erworben werden.	Es gibt Trailerparks, in denen arme Menschen in Campingbussen leben.
...	...

Tipps für die Recherche:
https://www.usa-info.net/usa-tipps/american-way-of-life/
https://www.mitwelt.org/american-way-of-life-dream-traum-kritik

Seite 147 Aufgabe 2 a)

Berücksichtige unter anderem folgende und weitere Punkte:

- Geburtsdatum
- Geburtsort
- Eltern und Geschwister
- Ausbildung
- Erfolge
- ...

Recherchiere auch die Herkunft und Bedeutung der nach oben gestreckten Faust, die beide Sportler zeigen.

Seite147 Aufgabe 4

Tipp für die Recherche:
https://www.rnd.de/panorama/tod-von-george-floyd-protokoll-der-ereignisse-T7D6FX6TVFBAXBIBLCKX5UOKXU.html

Seite 153 Aufgabe 2

Tipp für die Recherche:
https://www.bdaf-germany.de/

Seite153 Aufgabe 3 a)

Tipps für die Recherche:
https://www.bmvg.de/de/themen/gsvp-sicherheits-verteidigungspolitik-eu/pesco
https://www.bundesregierung.de/breg-de/aktuelles/gemeinsam-staerker-durch-pesco--269336

Seite 155 Aufgabe 1 III

1. Überlege dir, welche Rolle die Religion im Leben eines islamistischen Terroristen spielt.
2. Recherchiere, wie die Terrororganisationen in Kontakt zu ihm treten.
3. Recherchiere auch, welchen „Preis" er angeblich bekommt, wenn er sein Leben beispielsweise bei einem Selbstmordattentat opfert.

Tipps für die Recherche:
https://www.bpb.de/themen/islamismus/dossier-islamismus/36382/selbstmordattentaeter/
https://www.schoeningh.de/view/book/edcoll/9783657788118/BP000027.xml

Seite 157 Aufgabe 3
Tipp für die Recherche:
https://internationalepolitik.de/de/wurzeln-und-gefahr-des-antiamerikanismus

Seite 159 Aufgabe 1 a)
Tipps für die Recherche:
https://praxistipps.focus.de/hippie-bewegung-alles-wissenswerte-zur-jugendrebellion-der-hippies_110792
https://www.zeitklicks.de/brd2/zeitklicks/zeit/kultur/musik/musik-der-hippies-folk-und-rock/

Seite 160 Aufgabe 1
Tipps für die Recherche:
https://www.info-usa.de/native-americans-e28093-die-ureinwohner-der-usa/
https://usa.usembassy.de/gesellschaft-natives.htm

Fallbeispiel: Historische Wurzeln eines aktuellen Konflikts

Seite 167 Aufgabe 2 b)
Tipps für die Recherche:
https://www.frieden-fragen.de/entdecken/weltkarten/kriege-weltweit-2020.html
https://www.wiso.uni-hamburg.de/fachbereich-sowi/professuren/jakobeit/forschung/akuf/laufende-kriege.html

Seite 169 Aufgabe 1
Konkretisiert eure Suche unter anderem nach den folgenden und weiteren Punkten:
- der Tempelberg und die Klagemauer für das Judentum,
- das Wirken und der Tod von Jesus für das Christentum,
- der Felsendom und die Al-Aksa-Moschee für den Islam.

Seite 173 Aufgabe 2
Tipp für die Recherche:
https://www.deutschlandfunk.de/staatsgruendung-vor-70-jahren-israel-feiert-sich-70-stunden-100.html

Seite 176 Aufgabe b)
Entscheide, ob sie aus palästinensischer oder israelischer Sicht formuliert wurden.

Seite 179 Aufgabe 2
Bei der Analyse der Karikatur solltest du nach den dir bekannten Schritten vorgehen. Lese hierzu auch noch einmal die Hilfe zu Seite 99 Aufgabe 3. Beachte bei der Beantwortung vor allem auch die Symbole wie die Taube.

Seite 181 Aufgabe 1 b)
Stelle die Interessen in einer Tabelle einander gegenüber:

Interessen der UdSSR	Interessen der USA
Verhinderung eines Bürgerkriegs	Sturz der Taliban-Regierung
Truppenabkommen zur Stärkung der Bindung an die UdSSR	Zerschlagung Al-Qaida, die für 9/11 verantwortlich ist
...	...

Tipps für die Recherche:
https://www.bpb.de/themen/kriege-konflikte/dossier-kriege-konflikte/155323/afghanistan/
https://www.planet-wissen.de/kultur/naher_und_mittlerer_osten/afghanistan/index.html

Seite 189 Aufgabe 3
1. Beginne die Recherche nach der Unabhängigkeit der Ukraine 1991.
2. Suche nach Ereignissen, Verhandlungen, Verträgen, die zwischen der Ukraine und der EU stattgefunden haben.
3. Suche dann nach Reaktionen Russlands.
4. Trage beides auf dem Zeitstrahl ein. Hierbei bietet es sich an, oberhalb des Zeitstrahls die Annäherungen und unterhalb die Reaktionen darzustellen, oder anders herum.

Stühletausch

Vergleich und Vorstellung von Ideen, Materialien, Ergebnissen; gemeinsame Auswertung

1. Jeder Schüler löst die gestellte Aufgabe und legt sein Ergebnisblatt auf seinen Stuhl.
2. Nun sucht sich jeder Schüler einen anderen Stuhl und liest das dort ausgelegte Ergebnis. Dann notiert er eine Rückmeldung.
3. Jeder geht auf seinen Platz zurück und liest die Rückmeldung zu seiner Lösung.
4. Gemeinsam wird in der Klasse ein auswertendes Gespräch geführt.

Galeriegang

Präsentation von Gruppenergebnissen

1. Bildet möglichst gleich große Gruppen.
2. Innerhalb der Gruppe werden unterschiedliche Themen bearbeitet.
3. Anschließend werden die Gruppen neu zusammengesetzt: Aus jeder alten Gruppe wechselt ein Experte in eine neue Gruppe.
4. Dort präsentiert der Experte die Arbeitsergebnisse und beantwortet Fragen.

Graffiti

Individuelles und kooperatives Lernen; Vorwissen oder bereits Gelerntes sammeln, strukturieren und visualisieren

1. Bildet so viele Gruppen, wie es Aufgaben gibt. Jede Gruppe erhält einen Arbeitsauftrag und einen Papierbogen.
2. Jede Gruppe beginnt mit ihrer Aufgabe. Jedes Gruppenmitglied schreibt seine Gedanken/Ideen zu der Aufgabe auf und achtet nicht darauf, was die anderen schreiben.
3. Nach einer gewissen Zeit wechselt ihr an einen anderen Gruppentisch und notiert dort eure Ideen.
   Ihr wechselt so lange die Tische, bis ihr wieder an dem eigenen ankommt.
4. Lest alle auf dem Bogen stehenden Ideen, ordnet sie, fasst die Ergebnisse zusammen und stellt sie der Klasse vor.

Think – Pair – Share

Kooperatives Lernen in einem 3-Schritt-System, Austausch von Ideen und Gedanken

1. **Nachdenken:**
   Denke in Einzelarbeit über die Aufgabe nach, löse sie und mache dir Notizen.
2. **Austauschen:**
   Stellt eure Lösung einer Partnerin oder einem Partner vor, lernt die Lösung des anderen kennen.
3. **Vorstellen:**
   Stellt das Ergebnis der Klasse vor, lernt andere Lösungen kennen und vergleicht sie mit dem eigenen Ergebnis.

Fishbowl

Diskussionsform eines Themas in einer Kleingruppe, während eine Großgruppe zuhört und sich beteiligen kann

1. Die Arbeitsgruppe setzt sich in einen inneren Stuhlkreis und diskutiert ein Thema/Problem. Ein Stuhl bleibt für einen Gast frei.
2. Die übrigen Schüler sitzen in einem äußeren Stuhlkreis und hören zu. Die Gruppe im Innenkreis stellt ihre Arbeitsergebnisse vor.
3. Die Zuhörer im Außenkreis können sich am Gespräch beteiligen. Wer mitdiskutieren möchte, setzt sich als Gast auf den freien Stuhl bei der Arbeitsgruppe und äußert seinen Beitrag. Danach verlässt er den Innenkreis und setzt sich wieder auf seinen ursprünglichen Platz.
4. Andere, die nicht mehr mitdiskutieren möchten, können aussteigen und sich ebenfalls in den Außenkreis setzen. Zum Abschluss erfolgt eine Reflexion des Gesagten.

Kugellager

Vergleich und Vorstellungen von Ideen, Materialien, Meinungen, Hausaufgaben, Ergebnissen einer Einzelarbeit

1. Teilt euch in zwei Gruppen. Bildet dann einen inneren und einen äußeren Stuhlkreis. Jeweils ein Schüler aus dem Innenkreis und sein Gegenüber aus dem Außenkreis bilden Gesprächspartner.
2. Der Schüler aus dem Außenkreis stellt seine Fragen, der Schüler aus dem Innenkreis beantwortet sie.
3. Die Gesprächspartner wechseln, indem der Außenkreis sich einen Platz weiterbewegt. Jetzt stellt der Schüler aus dem Innenkreis seine Fragen und der Partner im Außenkreis beantwortet sie.
4. Der Platz- und Rollenwechsel wird zwei- bis dreimal wiederholt.

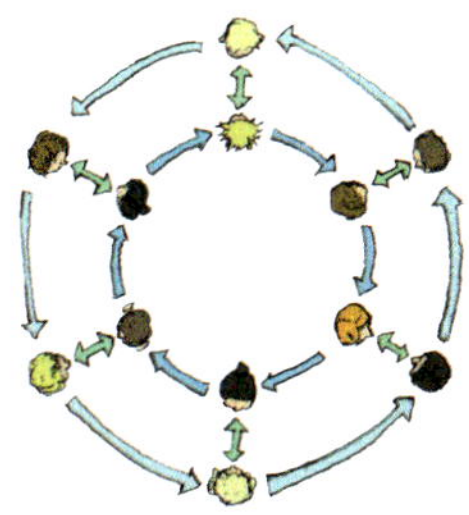

Partnervortrag

Vergleich und Vorstellung von Ideen, Materialien, Ergebnissen

1. Lest die Aufgabenstellung. Arbeitet in Einzelarbeit einen Vortrag aus.
2. Setzt euch mit eurem Partner zusammen und einigt euch, wer zuerst der Sprecher und wer der Zuhörer ist.
3. Der Zuhörer hört aufmerksam zu und wiederholt dann, was der Sprecher erzählt hat. Der Sprecher achtet darauf, ob sein Vortrag vollständig und richtig wiedergegeben wird.
4. Danach wechselt ihr die Rollen.

Placemat

Zusammenführen von individuellen Gedanken als Gesprächsanlass, um zu einem Gruppenprodukt zu kommen

1. Ein Blatt wird in Felder eingeteilt. Jeder schreibt seine Ergebnisse zum Arbeitsauftrag in ein Außenfeld.
2. Diese Ergebnisse werden in der Gruppe besprochen.
3. In der Mitte wird anschließend das übereinstimmende Arbeitsergebnis notiert.
4. Die Gruppe stellt ihre Ergebnisse vor.

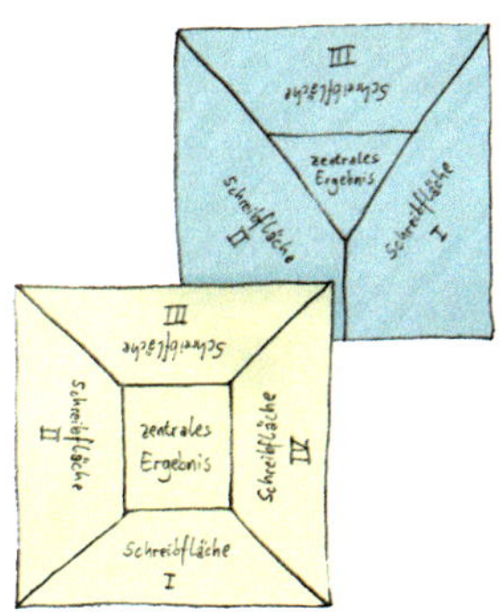

Gruppenpuzzle

Gegenseitige Präsentation von Gruppenergebnissen; Bearbeitung von jeweils einem anderen Themenbereich

1. In der Stammgruppe: In der ersten Arbeitsphase bearbeitest du mit deiner Gruppe gemeinsam euer Thema. Nach Beendigung der Arbeit bereitet ihr die Präsentation für die Expertengruppe vor.
2. In der Expertengruppe: Ihr bildet nun neue Gruppen. In jeder Expertengruppe befindet sich ein Mitglied aus jeder Stammgruppe. Ihr informiert euch nun gegenseitig über die in der ersten Phase erarbeiteten Inhalte und haltet diese schriftlich fest. Die einzelnen Themen werden nacheinander präsentiert.
3. Rückkehr in die Stammgruppe: In der dritten Gruppenarbeitsphase kehrt ihr wieder in eure Stammgruppe zurück, um euch über das in den anderen Gruppen erworbene Wissen miteinander auszutauschen.
   Die Aufzeichnungen aus der zweiten Arbeitsphase sollt ihr hier ergänzen.
4. Wertet in einem offenen Klassengespräch die inhaltlichen Ergebnisse eurer Arbeit aus.

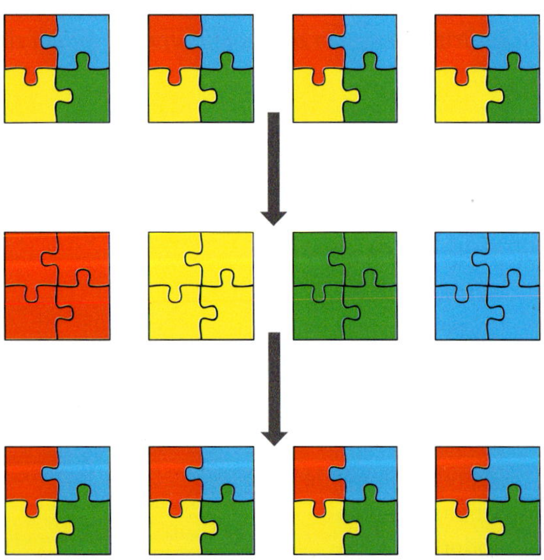

Bushaltestelle

Erarbeitung in Einzelarbeit und Vergleich der Ergebnisse in Partnerarbeit

1. Erarbeitung: Du erhältst zu Beginn eine oder mehrere Aufgaben. In der ersten Phase bearbeitest du in Einzelarbeit deine Aufgabe.
2. Vergleichen: Wenn du mit der Aufgabe fertig bist, stehst du auf und gehst zur Haltestelle. Dort wartest du auf eine Person, die ebenfalls die Aufgabe bearbeitet hat. Sobald ihr zu zweit seid, sucht ihr euch einen Platz in der Klasse und vergleicht, korrigiert und ergänzt eure Ergebnisse gegenseitig. Danach setzt sich jeder wieder an seinen Platz.

Wiederholung der Phasen: Nun kann eine zweite Aufgabe in Einzelarbeit bearbeitet werden. Danach stehst du wieder auf und gehst zur Haltestelle. Die Phasen wiederholen sich immer wieder.

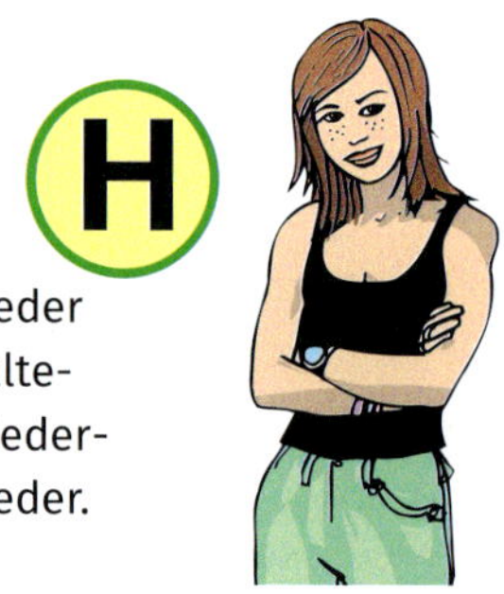

Marktplatz

Austausch von Informationen und Meinungen

1. Geht im Raum umher, bis ihr ein Signal von der Lehrkraft bekommt.
2. Bleibt dann stehen und besprecht mit der Person, die euch am nächsten steht, eure Aufgabe oder Frage. Beim nächsten Signal geht ihr wieder weiter.
3. Wenn erneut das Signal erklingt, bleibt ihr wieder stehen und sprecht mit einer Person.

Engel und Teufel

Argumente austauschen und Entscheidungsfindung

1. Ihr bearbeitet ein Thema in einer Dreiergruppe. Ein Schüler ist der Engel, der allem zustimmt, einer der Teufel, der alles ablehnt, und einer ist der Richter, der entscheidet, welches die besten Argumente sind.
2. Am Ende präsentieren die Richter der Klasse, wie die Gruppe entschieden hat und welche Argumente ihr genannt habt.

Bienenkorb

Austausch von Ideen und Gedanken im Klassenverband

1. Ihr tauscht euch mit einem Mitschüler oder einer Mitschülerin über ein Thema aus.
2. Wechselt den Austauschpartner mindestens zwei Mal.
3. Ihr könnt aber auch paarweise, in Dreier- oder Vierergruppen euer Thema besprechen.
4. Stellt eure gemeinsame Lösung in der Klasse vor.

Reporter

Informationsaustausch und -präsentation

1. Ein Schüler übernimmt die Rolle des Reporters und zwei oder drei andere Schüler übernehmen die Rolle der Interviewpartner.
2. Jeder macht sich Notizen zu seiner Meinung zu einem bestimmten Thema.
3. Danach spricht der Reporter mit seinen Interviewpartnern über das Thema.
4. Spielt anschließend das Interview der Klasse vor.
5. Abschließend kann jeder aus der Klasse seine Meinung dazu äußern.

Debatte

Sammlung und Abwägen von Argumenten

1. Vorstellung einer Streitfrage, die kontrovers diskutiert werden kann.
2. Aufteilung der Klasse in Vierergruppen, die wieder in zwei Paare geteilt werden.
3. Das erste Paar hat die Aufgabe, möglichst viele Argumente für die These (pro) und das zweite Paar für die Antithese (kontra) zu finden.
4. Wechselseitige Präsentation der Ergebnisse durch die beiden Schüler, welche jeweils für die gleiche Position Argumente gesammelt haben.
5. Vorstellung der Argumentation: Jetzt stellt jedes Paar seine Argumente dem jeweils anderen vor. Das zuhörende Paar darf das redende Paar hierbei nicht unterbrechen und soll sich lediglich Notizen machen.
6. Erst nach Abschluss der Vorstellung dürfen eventuelle Fragen zum Verständnis gestellt werden.
7. Die Paare überdenken nun die gehörten Argumente und stellen sich mögliche Probleme und Widersprüche gegenseitig vor.

Textquellen

11 **Q1** Mork, Werner: Sorge vor dem Winter 1945, in: Lebendiges Museum Online (Lemo), Stiftung Deutsches Historisches Museum, https://www.hdg.de/lemo/zeitzeugen/werner-mork-sorge-vor-dem-winter-1945.html, Berlin/Kronach, Dezember 2008 (Zugriff: 12.02.2022)

12 **Q1** Zit. nach: Unruh, Trude (Hg.): Trümmerfrauen: Biografien einer betrogenen Generation, Klartext, Essen, 1987

14 **Q1** Aufzeichnungen von Gabriele Reißmann nach einem von ihr geführten Interview, 2014.

14 **Q2** Schmidt, Dieter: Nachkriegszeiten 1945–1951, in: Lebendiges Museum Online (Lemo); Stiftung Deutsches Historisches Museum, https://www.hdg.de/lemo/zeitzeugen/dieter-schmitt-nachkriegszeiten-1945-1951.html, Berlin/Lübeck, 2000 (Zugriff: 14.03.2022)

17 **Q1** Flucht und Vertreibung, Pommern 1944–1947, zit. nach: Zeitzeugenforum.de, http://www.zeitzeugenforum.de/Krieg%20-%20Nachkriegszeit,BI/siteeckard.htm (Zugriff: 14.03.2022)

23 **Q1** Reuter, Ernst: Ernst Reuters Rede am 9. September 1948 vor dem Reichstag, in: Berlin.de, https://www.berlin.de/berlin-im-ueberblick/geschichte/artikel.453082.php, Berlin, o. J. (Zugriff: 14.03.2022)

24 **Q1** Zit. nach: Böttger, Barbara: Das Recht auf Gleichheit und Differenz. Elisabeth Selbert und der Kampf der Frauen um Art. 3.2 Grundgesetz, Westfälisches Dampfboot, Münster, 1990, S. 184 f.

28 **Q1** Leonhard, Wolfgang: Die Revolution entlässt ihre Kinder, KiWi, Köln, 1955, S. 231 f.

30 **Q1** Mögenburg, Harm: Kalter Krieg und Wirtschaftswunder. Die fünfziger Jahre im geteilten Deutschland 1949–1961, Diesterweg, Braunschweig, 1993, S. 174

34 **Q1** Churchill, Winston: Rede in Fulton/USA, 5. März 1946, zit. nach: Weber, Jürgen (Hg.): 30 Jahre Bundesrepublik Deutschland, Bd. II: Entscheidungsjahr 1948, Bayerische Landeszentrale für Politische Bildungsarbeit, München, 1979, S. 34 f.

42 **Q1** Adenauer, Konrad: Rede vor der Europäischen Kulturstiftung, 23.11.1957, zit. nach: Konrad-Adenauer-Stiftung e. V., https://www.konrad-adenauer.de/zitate/europa/, Berlin (Zugriff: 14.03.2022)

43 **Q2** Adenauer, Konrad: Erinnerungen, Bd. 3, 1955–1959, 2. Auflage, Deutsche Verlags-Anstalt GmbH, Stuttgart, 1978, S. 424 ff.

49 **Q1** Schmidt, Elli: Redebeitrag von Elli Schmidt zum Gesetz über den Volkswirtschaftsplan 1953 in der Volkskammer, 17.12.1952, in: Bundeszentrale für politische Bildung/Deutschlandradio/Zentrum für Zeithistorische Forschung Potsdam: 17. Juni 1953 online, http://www.17juni53.de/chronik/5212/doc_1.html (Zugriff: 12.02.2022)

50 **Q1** Grotewohl, Otto: Rede vom 10.05.1953, zit. nach: karl.marx.name, http://www.karl-marx.name/karl-marx-stadt.html (Zugriff: 14.03.2022)

50 **Q2** Protokoll, VI. Parteitag der SED vom 15. bis 21. Januar 1963, zit. nach: Bundesarchiv, http://www.argus.bstu.bundesarchiv.de/dy30part/index.htm?kid=67e44d9e-d73e-4780-962a-c91367e5dc27, Koblenz (Zugriff: 03.09.2014) © 2022 Bundesarchiv

51 **Q3** Zit. nach: Lindner, Otto (Hg.); Beuchel, Karl J. (Mitarbeit): Chemnitz–Karl-Marx-Stadt und zurück, Chemnitzer Verlag, Chemnitz, 2002, S. 110

52 **Q1** Graul, Elisabeth: Die Farce. Autobiographischer Roman, Impuls, Magdeburg, 1991, S. 229 f.

55 **Q1** Zit. nach: Bundeszentrale für politische Bildung; Deutschlandradio; Zentrum für Zeithistorische Forschung Potsdam: 17. Juni – Reden zum Tag der Deutschen Einheit, Schriftenreihe der Bundeszentrale für politische Bildung, Bonn, 1964, zusammengestellt von Herbert Hupka, http://www.17juni53.de/material/bpb/doku009.html (Zugriff: 15.03.2022)

57 **Q1** Jablonski, Marietta: „Verhören bis zum Geständnis". Der Operativ-Vorgang „Optima", Die Landesbeauftragte für die Unterlagen des Staatssicherheitsdienstes der ehemaligen DDR in Sachsen-Anhalt (Hg.), 2. Auflage, Magdeburg, Juni 1997, S. 23 f.

57 **Q2** Jahn, Roland: „Das Lügen darf nicht belohnt werden" – Die Antrittsrede Roland Jahns am 14. März 2011, in: https://www.stasi-unterlagen-archiv.de/ueber-uns/der-bundesbeauftragte/reden/das-luegen-darf-nicht-belohnt-werden/#c3646 (Zugriff: 15.03.2022)

59 **Q1** Zit. nach: Bundeskanzler-Willy-Brandt-Stiftung (Auftraggeber); Grebing, Helga; Schöllgen, Gregor; Winkler, Heinrich (Hg.);

Heimann, Siegfried (Bearbeiter): Willy Brandt – Berlin bleibt frei. Politik in und für Berlin 1947–1966. Berliner Ausgabe, Bd. 3, Dietz, Berlin, 2004, S. 333

61 **Q1** Zit. nach: Stüwe, Klaus (Hg.); Rechmann, Annika; Schmidt, Harald (Mitarbeit): Die Großen Regierungserklärungen der deutschen Bundeskanzler von Adenauer bis Schröder, Leske + Budrich, Opladen, 2002, S. 163 ff.

63 **Q1** Akyün, Hatice: Ali zum Dessert: Leben in einer neuen Welt, Goldmann, München, 2008, S. 10 f.

66 **Q1** Rusch, Claudia: Meine freie deutsche Jugend, Fischer, Frankfurt/M., S. 47 ff.

70 **Q1** Festl, Florian: DDR-Flucht – „Mit Steckschuss im Rücken durch den Fluss". Interview mit Andreas Kieling, in: Focus online, https://www.focus.de/politik/deutschland/20-jahre-wende/mit-steckschuss-im-ruecken-durch-den-fluss-ddr-flucht_id_1864411.html, 25.10.2015 (Zugriff: 12.02.2022)

72 **Q1** Zit. nach: Janssen, Wiebke: Halbstarke in der DDR. Verfolgung und Kriminalisierung einer Jugendkultur. Studien zur DDR-Gesellschaft, Ch. Links, Berlin, 2010, S. 100

72 **Q2** Zit. nach: Janssen, Wiebke: Halbstarke in der DDR. Verfolgung und Kriminalisierung einer Jugendkultur. Studien zur DDR-Gesellschaft, Ch. Links, Berlin, 2010, S. 98

81 **Q1** Zit. nach: Gasteyger, Curt: Europa zwischen Spaltung und Einigung 1945–1990. Eine Darstellung und Dokumentation über das Europa der Nachkriegszeit, Bundeszentrale für politische Bildung, Bonn, 1990, S. 39 f.

81 **Q2** Zit. nach: Teske, Horst: Europa zwischen gestern und morgen: Von den Römischen Verträgen bis zur Europäischen Akte, Bundesanzeiger Verlagsgesellschaft, Köln, 1988, S. 32 f.

82 **Q1** Maugain, Paul; Adenauer, Konrad: Interview von Bundeskanzler Adenauer mit Paul Maugain, dem Korrespondenten des Französischen Rundfunks und Fernsehens, in: Konrad-Adenauer-Stiftung e.V., https://www.konrad-adenauer.de/seite/20-januar-1963-1/, Berlin, 20.01.1963 (Zugriff: 22.03.2022)

83 **Q2** Zit. nach: Deutsch-Französisches Jugendwerk, https://www.de-fra.com/articles/das-deutsch-franzosische-jugendwerk-zeiten-und-begegnungen, Berlin (Zugriff: 12.11.2014)

88 **Q1** Bahr, Egon: „Das musst du erzählen": Erinnerungen an Willy Brandt, Propyläen, Berlin 2013, S. 105

89 **Q2** DPJW; PNWM: Man muss heute niemanden mehr überzeugen. Interview mit Tadeusz Stawecki, in: DPJW; PNWM (Hg.), Info – Magazin des deutsch-polnischen Jugendwerks, DPJW, Warschau; PNWM, Potsdam, Nr. 1/2015, S. 17

90 **Q1** Kennedy, John F.: A strategy of peace. American University Commencement Address, in: John F. Kennedy Presidential Library and Museum, https://www.jfklibrary.org/learn/about-jfk/historic-speeches/american-university-commencement-address, Washington, D. C., Boston, 10.06.1963 (Zugriff: 22.03.2022)

92 **Q1** Dehm, Dieter: Das weiche Wasser, zit. nach: Buhmann, Heide; Haeseler, Hanspeter: Das kleine dicke Liederbuch. Lieder und Tänze bis in unserer Zeit, Rockbuch Verlag Buhmann und Haeseler, S. 788. © 2022 Edition Musikant GmbH, Bleicherode.

94 **Q1** Gorbatschow, Michail: Perestroika. Der revolutionäre Weg der Umgestaltung. Die Rede zum 70. Geburtstag der Oktoberrevolution mit einem Kommentar von Hans-Peter Riese, ARD-Korrespondent in Moskau, Heyne, München, 1987, S. 17

96 **Q1** Kuron, Jacek: „Die Führung hat total versagt". SPIEGEL-Interview mit dem polnischen Regimekritiker Jacek Kuron über die Welle illegaler Streiks, in: Spiegel online, https://www.spiegel.de/politik/die-fuehrung-hat-total-versagt-a-72ce1c43-0002-0001-0000-000014319230, Hamburg, 03.08.1980 (Zugriff: 22.03.2022)

98 **Q1** Hager, Kurt: Interview mit Kurt Hager, in: Neues Deutschland, 10.04.1987, S. 3

98 **Q2** Zit. nach: Marienfeld, Wolfgang: Die Geschichte des Deutschlandproblems im Spiegel der politischen Karikatur, Niedersächsische Landeszentrale für Politische Bildung, Hannover, 1991, S. 226

100 **Q1** Zit. nach: Kleinschmid, Harald: Geschichte aktuell: Wasserwerfer und bestellter Jubel, in: Deutschlandfunk online, https://www.deutschlandfunk.de/geschichte-aktuell-wasserwerfer-und-bestellter-jubel-100.html, Köln, 07.10.2009 (Zugriff: 22.03.2022)

102 **Q1** Stöber, Thomas: Schonungslose Offenheit bei gestellten Fragen auf dem Markt, in: Leipziger Volkszeitung Torgau, 08.11.1989

106 **Q1** Stiftung Haus der Geschichte der Bundesrepublik Deutschland; Zeitgeschichtliches Forum:

Organisation, https://www.hdg.de/zeitgeschichtliches-forum/organisation, Bonn (Zugriff: 22.03.2022)

110 Q1 Zit. nach: Spiegel Digital Publishing: Die Geschichte der Deutschen von 1871 bis heute, CD-Rom, München, 1998

110 Q2 Zit. nach: Bundespräsidialamt online: https://www.bundespraesident.de/SharedDocs/Reden/DE/Richard-von-Weizsaecker/Reden/1990/10/19901003_Rede.html, 03.10.1990 (Zugriff: 29.03.2022)

123 Q1 Informationsbüros des Europäischen Parlaments in Berlin und München; Informationsbüro in Österreich (Hg.); Heinzel,Hubert; Weber, Thomas (Überarbeiter): Mein Europa, Europäisches Parlament, Wien, 2013, S. 48

134 Q1 Job & Karriere Blog: Vom Tellerwäscher zum Millionär: 6 inspirierende Karrieren, https://www.jobundkarriereblog.ch/vom-tellerwaescher-zum-millionaer-5-inspirierende-karrieren/, Thalwil, 26.10.2020 (Zugriff: 22.03.2022)

135 Q2 Simon, Doris: Hunger und Armut in den USA. Jeder achte Amerikaner hat nicht genug zu essen, in: Deutschlandradio online, https://www.deutschlandfunkkultur.de/hunger-und-armut-in-den-usa-jeder-achte-amerikaner-hat-100.html, Köln, 11.12.2020 (Zugriff: 22.03.2022)

136 Q1 Zit. nach: Lautemann, Wolfgang; Schlenke, Manfred (Hg.); Schönbrunn, Günter (Bearb.): Geschichte in Quellen. Weltkriege und Revolutionen 1914–1945, Bayerischer Schulbuch-Verlag, München, 1979, S. 57f.

140 Q1 Trägerkreis Atomwaffen abschaffen: Atomwaffentests weltweit, https://www.atomwaffena-z.info/geschichte/atomwaffentests/auflistung-aller-tests.html, Stuttgart, 2022 (Zugriff: 22.03.2022) © 2022 Atomwaffen A-Z

146 Q1 King, Martin Luther: I have a dream – Text in deutscher Übersetzung, zit. nach: Bund Evangelisch-Freikirchlicher Gemeinden; Hokema, C. (Übers.), https://ewigkite.de/glaubenssachen/38-angedacht/740-i-have-a-dream-text-in-deutscher-uebersetzung, Oldenburg, o. J. (Zugriff: 22.03.2022)#

147 Q2 Pitzke, Marc: Die Geschichte hinter den „Black-Lives-Matter"-Protesten, in: Spiegel online, https://www.spiegel.de/deinspiegel/die-geschichte-hinter-den-black-lives-matter-protesten-fuer-kinder-erklaert-a-00000000-0002-0001-0000-000172000171 2059695, Hamburg, 07.08.2020 (Zugriff: 22.03.2022)

148 Q1 Zit. nach: Thomas, Andreas: „Easy Rider", in: filmgazette online, https://filmgazette.de/2017/07/10/easy-rider/, Splitter Verlag, Bielefeld, 10.07.2017 (Zugriff: 22.03.2022)

155 Q1 Bota, Alice; Blume, Georg; Dachs, Gisela; Denso, Christian; Dürr, Tobias; Klingst, Martin; Voswinkel, Johannes: Wie war das damals, am 11. September?, Zeit online, https://www.zeit.de/2011/37/9-11-Erfahrungsberichte, Hamburg, 08.09.2011 (Zugriff: 22.03.2022)

157 Q1 Baars, Gerald: „Ein trauriger Tag für unser Land" – Interview mit Robert Kennedy, in: tagesschau.de, https://www.tagesschau.de/ausland/meldung198452.html, Hamburg, 26.08.2007 (Zugriff: 22.03.2022)

162 Q1 Grimm, Katharina: Als Deutsche die Flüchtlinge waren – und zu erfolgreichen Unternehmern wurden, in: Stern online, https://www.stern.de/wirtschaft/news/usa--als-deutsche-fluechtlinge-waren---und-sehr-erfolgreich-wurden-8481854.html, Hamburg, o. J. Zugriff: 22.03.2022)

183 Q1 Götze, Susanne: „Die Taliban sollten in Glasgow mitverhandeln" – Interview mit Samim Hoshmand, in: Spiegel online, https://www.spiegel.de/wissenschaft/mensch/ex-klimadiplomat-aus-afghanistan-die-taliban-sollten-in-glasgow-mitverhandeln-a-1cbfd64e-c224-44fc-8386-1d037c376674, Hamburg, 08.11.2021 (Zugriff: 23.03.2022)

190 Q1 Puglierin, Jana: Wir dürfen die Annexion der Krim nicht einfach hinnehmen!, in: Deutsche Gesellschaft für Auswärtige Politik e. V., https://dgap.org/de/forschung/publikationen/wir-duerfen-die-annexion-der-krim-nicht-einfach-hinnehmen, Berlin, 03.04.2014 (Zugriff: 23.03.2022)

191 Q1 Mendelson, Ben: Das Militärbündnis Nato einfach erklärt, in: Handelsblatt online, https://www.handelsblatt.com/politik/international/ukraine-krise-das-militaerbuendnis-nato-einfach-erklaert/27131330.html, Düsseldorf, 16.02.2022 (Zugriff: 23.03.2022)

Bildquellen

|akg-images GmbH, Berlin: 14.2, 15.1, 16.1, 17.1, 19.1, 22.1, 29.1, 45.1, 46.1, 46.2, 47.1, 51.2, 54.1, 59.1, 61.1, 61.2, 68.1, 68.2, 69.1, 69.3, 69.4, 75.10, 84.1, 96.1, 114.2, 137.1, 138.2, 139.1, 141.1, 146.1, 161.8, 162.2, 169.1; Almasy, Paul 144.2; Archiv Boelte 4.1, 9.1; Becker, Elizaveta 95.2; Bildarchiv Pisarek 10.1, 14.3, 15.2, 15.4, 28.1; De Agostini/W. Buss 138.4; Hebler, Peter 65.1; Hoppe, Dieter E. 56.1, 56.2, 57.1; IAM 136.1; Imagno/k. A. 170.1; Michaud, Roland and Sabrina 182.2; picture-alliance/dpa 100.3; Sammlung Berliner Verlag/Archiv 49.1, 49.2, 142.2; SNA 36.1, 147.3; Universal Images Group/Underwood Archives 139.2; Vaccaro, Tony 10.2, 11.1; Vaccaro,Tony 15.3. |Alamy Stock Photo, Abingdon/Oxfordshire: 2ebill 115.3; alimdi.net 131.1; Bagosi, Zoltan 97.2; bestravelvideo 117.1; Bildagentur-online 114.1; Branson, David 181.2, 193.6; Ciufo, Antonio 177.1; CTK 99.1, 99.2, 99.3, 191.1, 193.7; Ellis, Richard 180.1; Gerald, Eddie 177.4; Gilmour, Angela Serena 89.2; Global Warming Images 157.2; Goran ?afarek 185.2; Heritage Image Partnership Ltd 144.7; Horree, Peter 185.1; imageBROKER 114.4, 115.4, 134.2, 156.1; Jansson, Julius 121.2; Jeffrey Isaac Greenberg 9+ 153.1; Jerome Cid 156.3; Kujawa, Stan 113.1; Kuttig - Archival 114.3; Matthews, Jenny 181.1; Nikreates 144.1; Nir Alon 177.2; Pavone, Sean 115.1; Pictures Now 145.1; Pixel-shot 152.1; PixelPro 184.1; public domain sourced/access rights from Archive PL 80.2; public domain sourced/access rights from CBW 136.2; public domain sourced/access rights from PJF Military Collection 140.1; public domain sourced/access rights from US Army Photo 186.2; RBM Vintage Images 58.1; SOPA Images Limited 177.6, 194.1; Tack, Jochen 108.1; theodore liasi 183.2; UPI 174.1, 174.2, 178.3; Wilhelm-Stempin, Nikolaus 112.1; Yakov Oskanov 189.2; Zoonar GmbH 89.1, 105.1; ZUMA Press, Inc. 157.1, 186.1. |Alamy Stock Photo (RMB), Abingdon/Oxfordshire: Bocek, Eva 5.1, 79.1; Universal Art Archive 115.2. |Archiv Bürgerbewegung Leipzig e.V., Leipzig: Krause, Henry 103.1, 103.2, 103.3, 103.4, 103.5. |bpk-Bildagentur, Berlin: 76.2; Kunstbibliothek, SMB / Petersen, Knud 143.3; Pisarek, Abraham 13.2. |Bredol, Martin Heinrich, Seeheim-Jugenheim: 124.2. |BStU, Berlin: BArch, MfS HA I Fo 365 Bild 0033 60.1. |Bundeswehr, Koblenz: PIZ SanDstBw 153.2. |CARE Deutschland e.V., Bonn: Rositzki, Maik 142.1. |Cartoon Movement, Amsterdam: Royaards, Tjeerd 195.1. |Das Bundesarchiv, Koblenz: B 145 Bild-F013068-0031/Wegmann, Ludwig 62.1; Bild 183-19540-0014/Horst Sturm 50.1; Bild 183-1983-0422-304 12.1; Bild 183-G0717-0012-001/Wolfgang Thieme 50.2; Bild 183-N0415-363/ADN/O. Donath 21.1; Bild 183-N1006-0004/Wolfgang Thieme 51.1. |Deutsch-Amerikanisches Institut Sachsen e.V., Leipzig: 152.2. |Deutsch-Deutsches Museum Mödlareuth, Mödlareuth: Foto: Bayerische Grenzpolizei, Alfred Eiber 112.4; Foto: Bundesgrenzschutz 112.2, 112.3. |dreamstime.com, Brentwood: Maksym Yemelyanov 120.1. |epd-bild, Frankfurt/M.: Schoelzel, Andreas 101.2. |Europäische Kommission, Brussels: 126.1, 127.1. |fotolia.com, New York: eyetronic 119.1, 129.9; nicomax 121.3; noel moore 134.1; spectrumblue 128.2. |Gedenkstätte Deutsche Teilung Marienborn, Marienborn: 113.3; Bönsch, Rudolf 113.2. |Getty Images, München: AFP/Adem Altan 187.1; AFP/Hoshang Hashimi 183.1; AFP/Said Khatib 179.1; Bettmann 144.4; Corbis/Franken, Owen 159.2; Corbis/NurPhoto 177.3, 193.5; Foltin, Isa 63.2; Hulton Archive 147.2; Keystone-France/Gamma-Keystone 53.1; Keystone-France/Gamma-Rapho 18.1; Margaret Bourke-White 6.1, 133.1; Schober, Gisela 74.2. |Griese, Dietmar, Laatzen: 20.1. |Haitzinger, Horst, München: 91.1. |Haus der Bayerischen Geschichte, Augsburg: Lorz, Kurt 45.3; Schmidbauer, G. 104.1, 105.2. |Haus der Geschichte der Bundesrepublik Deutschland, Bonn: 111.1; https://audio.hdg.de/zeitgeschichtlichesforum/de/index.html 107.2; https://www.hdg.de/zeitgeschichtliches-forum 106.1, 107.1; Organisation (hdg.de) 106.2; Rechteinhaber: Offsetdruck: Gerth & Oppenrieder, Gera 143.2; Wolfgang Hicks (Künstler) 87.2. |Holtz, Karl: 34.1. |Hütten-Werke, Klaus Kühner, Hamburg: 190.1. |Imago, Berlin: Müller, Raimund 152.3; Tack, Jochen 116.1. |Interfoto, München: Friedrich 93.1; TV-Yesterday 144.5. |iStockphoto.com, Calgary: Barraud, Martin Titel; claylib Titel; Domijan Titel; Lorado Titel; mozcann; © 2019 - www.atomium.be 121.1; Mustang_79 128.4; PeopleImages Titel; stellalevi 135.1. |Janson, Jürgen, Landau: 179.3. |Kassing, Reinhild, Kassel: 209.2. |Kieling, Andreas, Hümmel: 70.1. |Kohlbrenner, Joachim, Berlin: 98.1. |laif, Köln: 101.1, 129.8; Don Hogan Charles/The New York Times/Redux 159.1. |Landesarchiv Baden-Württemberg, Stuttgart: Hauptstaatsarchiv Stuttgart, J 153 Nr. 415 143.1. |Langner & Partner Werbeagentur GmbH, Hemmingen: 116.2. |Lohse, Ulrike, Diepersdorf: 151.1, 192.1, 192.2, 192.3. |mauritius images GmbH, Mittenwald: Alamy Stock Photos/Moviestore Collection 148.2; Alamy Stock Photos/Pictorial Press 149.2; Cinema Legacy Collection/Cinema Legacy Collection/The Hol 149.1; Collection Christophel/Pando Company Inc/Raybert Productions 148.1. |MGM Media Licensing, Los Angeles: ONE, TWO, THREE © 1961 Metro-Goldwyn-Mayer Studios Inc. All Rights Reserved. 73.2. |Münchner Stadtmuseum, München: Sammlung Reklamekunst 42.2. |Museen für Kulturgeschichte Hannover, Hannover: Kurt Julius 13.1. |Naumann, Andrea, Aachen: 77.1. |Niggemann, Nils, Berlin: Titel. |Picture-Alliance GmbH, Frankfurt a.M.: 109.3, 154.2, 172.1, 177.5; abaca 167.5, 178.1; Abaca/Witt Jacques 83.1; AFP 167.4; AFP/A. Booher 155.1; AFP/Macallister 154.1, 161.9;

akg-images 38.1, 55.1; AP 96.2; AP Images/Bourgeois 81.1; AP Photo 90.1; AP Photo/Farah Abdi Warsameh 167.1; ASSOCIATED PRESS 159.3; dap/Votava 131.2; dpa 23.1, 64.1, 94.1, 100.1, 146.3; dpa-Bildarchiv 99.4; dpa-infografik 191.2; dpa/Consolidated 37.1; dpa/dpaweb/epa apa Robert Jaeger 97.1; dpa/Hennig, Alfred 87.3; dpa/Maxppp/Marchi, Alexandre 119.2; dpa/McCoy 156.2; dpa/Settnik, Bernd 105.3; dpa/Stache, Soeren 57.2; dpa/Vennenbernd, Rolf 63.1; dpa/Weiken, Oliver 182.1; epa/Alaa Badarneh 173.1; Glasshouse Images/Circa Images 145.3, 146.2; Hennig, Alfred / picture-alliance 86.2; Imagno 43.1; IMAGNO 80.1; JOKER/Hartwig Lohmeyer 92.1; Newscom/SIPA USA 163.9; Photoshot 189.3; PIXSELL/Kasap, Daniel 123.1; REUTERS/Rosenberg, Ilan 168.1; REUTERS/Stringer 189.1; Schalit, Ariel 179.2; SOLO Syndication/Illingworth, Leslie 40.1, 75.9; ZB/Büttner, Jens 109.1; ZB/Jutrczenka, Bernd von 113.4; ZB/Kaufhold, Reinhard 109.2; ZB/Kroh, Peter 100.2; ZPress 144.3, 161.7; ZUMA Press/Khader, Ibrahim 7.1, 165.1. |Science Photo Library, München: Universal History ArchiveUIG 140.2. |Shutterstock.com, New York: Kelleher Photography 160.1; Rainer Lesniewski 128.1. |Spangenberg, Frithjof, Konstanz: 208.1, 208.3, 209.1, 209.3. |stock.adobe.com, Dublin: bulgn 147.1; designer_things 144.6; Dolgikh, George 124.1; Drone First 178.2; Mainka, Markus 128.3; Marchant, Xavier 162.1; rdnzl 82.1; rupbilder 124.3; Visions-AD 124.4. |Süddeutsche Zeitung - Photo, München: 39.1, 76.1; AP 65.2; Rue des Archives 82.2, 129.7; Scherl 145.2. |SUMA-EV - www.MetaGer.de, Hannover: 110.1. |Tonn, Dieter, Bovenden-Lenglern: 16.2, 26.1, 32.1, 75.1, 75.2, 75.3, 75.4, 75.5, 75.6, 75.7, 90.2, 129.1, 129.2, 129.3, 129.4, 129.5, 129.6, 138.1, 142.3, 142.4, 142.5, 142.6, 142.7, 150.1, 150.2, 150.3, 150.4, 160.3, 161.1, 161.2, 161.3, 161.4, 161.5, 161.6, 163.1, 163.2, 163.3, 163.4, 163.5, 163.6, 163.7, 163.8, 193.1, 193.2, 193.3, 193.4, 208.2, 208.4, 209.4, 210.1, 210.2, 210.3, 211.1, 211.2, 211.3, 211.4, 220.1, 220.2, 220.3, 220.4, 220.5, 220.6, 220.7, 220.8, 220.9, 220.10, 220.11, 221.1, 221.2, 221.3, 221.4, 221.5, 221.6, 221.7, 221.8, 221.9. |ullstein bild, Berlin: 11.2, 44.1, 54.2, 75.8, 138.3, 160.2, 194.2; AP 24.1, 71.2, 93.2; Döring, Volker 67.1; dpa 12.2, 14.1, 71.4, 74.1, 95.1; Hilde 62.2; imageborker/hwo 19.2; Keystone 71.3; Klaus Mehner 87.1; Korn, Herbert 42.1; Müller, Knut 69.2; Sakowitz(L) 71.1; Schneider 167.2; Simon, Sven 86.1; Spiegl 52.1; Sven Simon 44.2, 88.1; Thonfeld 37.2; Timm, Peter 111.2; United Archives 64.2; Wefringhaus/Volkswagen Aktiengesellschaft/Grafik: Hans Looser 45.2; Wiezorreck 66.1; Zentralbild/Hässler, Ulrich 66.2. |Visum Foto GmbH, München: Panos Pictures 167.3. |© DEFA-Stiftung, Berlin: 72.2, 73.1; Hans Adolf Baltzer 72.1. |© Europäische Union: 120.2.

Wir arbeiten sehr sorgfältig daran, für alle verwendeten Abbildungen die Rechteinhaberinnen und Rechteinhaber zu ermitteln. Sollte uns dies im Einzelfall nicht vollständig gelungen sein, werden berechtigte Ansprüche selbstverständlich im Rahmen der üblichen Vereinbarungen abgegolten.

Hinweise zur Bearbeitung der Aufgaben

Die Aufgaben in diesem Buch beginnen in der Regel mit einem Operator. Operatoren sind Verben, mit denen ein Arbeitsauftrag eingeleitet wird. Falls euch nicht klar ist, was von euch verlangt wird, findet ihr hier eine Erklärung und Tipps zu den Operatoren. Die Operatoren sind nach verschiedenen Anforderungsbereichen gegliedert.
Die einfachen Aufgaben finden sich im Anforderungsbereich I. Hier sollt ihr Sachverhalte wiedergeben und bekannte Arbeitstechniken anwenden, z. B. den Umgang mit Texten und Grafiken.
Bei den Aufgaben im Anforderungsbereich II sollen bekannte Inhalte selbstständig untersucht und danach erklärt werden.
Bei den schwierigen Aufgaben im Anforderungsbereich III sollt ihr euch mit neuen Inhalten und Problemen auseinandersetzen, um sie dann zu bewerten.

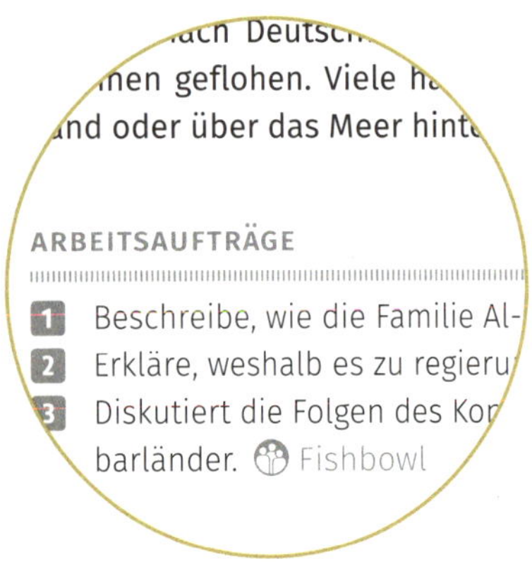

Anforderungsbereich I

nennen, aufzählen

Du sollst Informationen knapp und präzise auflisten. Hierbei musst du nichts begründen oder näher erläutern. Die Informationen können aus den vorgegebenen Materialien (z. B. Schulbuchtext, Quellentexte ...) stammen.

bezeichnen, benennen, schildern, skizzieren

Du sollst Sachverhalte, Strukturen und Prozesse verstehen und zutreffend darstellen. Dabei sollst du sie nicht näher vertiefen.

berichten

Du sollst den Sachverhalt formulieren. Achte dabei besonders auf Verläufe, Begebenheiten und Zusammenhänge. Sammle Informationen zu den Fragen: Wer? Wann? Was? Wo? Warum?

beschreiben, zusammenfassen, wiedergeben

Du schilderst wesentliche Aspekte eines Sachverhalts oder den Inhalt eines Textes bzw. anderer Materialien kurz und knapp in eigenen Worten. Achte darauf, dass du nicht alles nacherzählst, sondern konzentriere dich dabei nur auf die wichtigsten Punkte.

durchführen

Mithilfe eines vorgegebenen Verfahrens (z. B. Rollenspiel, Internetrecherche, Zeitzeugeninterview ...) sollst du dir Sachverhalte erschließen, um diese besser verstehen oder nachempfinden zu können.

Anforderungsbereich II

analysieren, untersuchen

Du sollst dir Materialien oder Sachverhalte erschließen. Hierfür musst du bestimmte Kriterien beachten bzw. gezielte Fragen stellen, die du beantwortest. Diese Antworten sollst du begründen.

begründen, nachweisen

Du sollst Aussagen (z. B. Behauptungen, Wertungen) durch Argumente unterstützen. Deine Argumente untermauerst du mit Beispielen oder anderen Belegen.

erklären

Mithilfe deines Wissens schilderst du bestimmte Sachverhalte (Theorien, Modelle, Regeln, Gesetze, Funktionszusammenhänge ...) und ordnest sie ein. Dabei zeigst du Zusammenhänge auf und begründest sie.

erläutern

Du sollst Sachverhalte erklären. Darüber hinaus machst du sie mithilfe zusätzlicher Angaben (Beispiele, Vergleiche...) anschaulich.

einordnen

Du stellst Sachverhalte oder Aussagen mithilfe erläuternder Hinweise in einen Zusammenhang.

Wirkungsgrad	$\eta = \frac{E_{nutz}}{E_{zu}}$		E_{nutz} ist die Nutzungsenergie, E_{zu} die zugeführte Energie.
Schwingungsdauer	T	$[T] = 1$ s (Sekunde)	Zeit für eine vollständige Hin- und Herbewegung.
Frequenz	$f = \frac{1}{T}$	$[f] = \frac{1}{s} = 1$ Hz (Hertz)	f gibt die Anzahl der Schwingungen in 1 Sekunde an.

Elektrizitätslehre

Stromstärke	I	$[I] = 1$ A (Ampere)	Ströme durch den menschlichen Körper bis zu 20 mA sind ungefährlich.
Elektrische Ladung	$Q = I \cdot t$	$[Q] = 1$ As	I ist die Stromstärke im Leiter, t die Zeitspanne, in der die Ladung Q durch einen Leiterquerschnitt fließt.
Elementarladung	$e = 1{,}60 \cdot 10^{-19}$ As		Ladung des Protons $+e$, des Elektrons $-e$.
Spannung	U	$[U] = 1$ V (Volt)	Spannungen bis zu 24 V sind für den menschlichen Körper ungefährlich.
Elektrischer Widerstand	$R = \frac{U}{I}$	$[R] = 1\,\Omega$ (Ohm)	
Ohm'sches Gesetz	$U \sim I \Rightarrow$	$U = R \cdot I$	Der Widerstand R ist die Proportionalitätskonstante.
Elektrische Arbeit	$W_{el} = U \cdot I \cdot t$	$[W_{el}] = 1$ VAs $= 1$ J	1 kWh = 3,6 MWs = 3,6 MJ
Elektrische Leistung	$P_{el} = U \cdot I$	$[P_{el}] = 1$ VA $= 1$ W (Watt)	
Widerstand eines Drahtes	$R = \frac{\rho l}{A}$	$[\rho] = 1\,\Omega \cdot \frac{mm^2}{m}$	ρ ist der spezifische Widerstand, l die Länge des Drahtes, A die Querschnittsfläche.
Transformatorformeln	$U_p : U_s \approx n_p : n_s$ $I_s : I_p \approx n_p : n_s$		U_p und U_s sind die Primär- und Sekundärspannung, n_p und n_s die Windungszahlen von Primär- und Sekundärspule.

Wärmelehre

Celsius-Temperatur	ϑ	$[\vartheta] = 1\,°C$ (Grad Celsius)	Wasser gefriert bei 0 °C und siedet bei 100 °C bei 1013 hPa.
Kelvin-Temperatur	T	$[T] = 1$ K (Kelvin)	0 K ist die Temperatur des absoluten Nullpunkts. Umrechnung: $\frac{T}{K} = 273 + \frac{\vartheta}{°C}$
Allgemeine Zustandsgleichung der Gase	$p \cdot \frac{V}{T} =$ konstant		p ist der Druck, V das Volumen und T die Kelvin-Temperatur der abgeschlossenen Gasmenge.
Innere Energie	E_i	$[E_i] = 1$ J	E_i eines Körpers kann durch Verrichtung von Arbeit oder durch Wärmeübergang verändert werden.
Änderung von E_i	$\Delta E_i = c \cdot m \cdot \Delta\vartheta$	$[c] = 1\,\frac{J}{g\,°C}$	c ist die spezifische Wärmekapazität, m die Masse des Körpers, $\Delta\vartheta$ die Temperaturänderung; Wasser: $c = 4{,}2\,\frac{J}{g\,°C}$
Heizwert	$H = \frac{E}{m}$	$[H] = 1\,\frac{kJ}{g}$	E ist die Energie, die ein Brennstoff der Masse m bei Verbrennung abgibt.

Atomphysik

Atomradius	$r_{Atom} \approx 10^{-10}$ m		10000mal kleiner als das kleinste unter dem Lichtmikroskop erkennbare Objekt.
Kernradius	$r_{Kern} \approx 10^{-14}$ m		10000mal kleiner als der Atomradius.
Atomare Masseneinheit	$u = 1{,}66 \cdot 10^{-24}$ g		Kernmassen sind näherungsweise ganzzahlige Vielfache von u.
Aktivität	A	$[A] = \frac{1}{s} = 1$ Bq (Becquerel)	$A = 1$ Bq bedeutet: 1 Zerfall pro Sekunde.
Zerfallsgesetz	$N(t) = N_0 \cdot \left(\frac{1}{2}\right)^{\frac{t}{t_H}}$		N_0 ist der Anfangsbestand an Kernen zum Zeitpunkt $t = 0$, t_H die Halbwertszeit und $N(t)$ die Anzahl der Kerne zum Zeitpunkt t.